中国廉政史鉴

李洪峰题

历史人物卷 1

李洪峰 主编

文化藝術出版社
Culture and Art Publishing House
國家圖書館出版社

《中国廉政史鉴》编辑委员会

谢冬荣　国家图书馆古籍馆副馆长，副研究馆员

方自今　国家图书馆出版社社长，副研究馆员

贾贵荣　国家图书馆出版社副总编辑，编审

郭又陵　国家图书馆高级馆员

秦建业　中央纪委驻文化部纪检组副组长、监察局局长

亓胜阁　中央纪委驻文化部纪检组监察局副局长、正局级纪检监察员

陈　锋　中央纪委驻文化部纪检组监察局办公室主任，博士研究生

《中国廉政史鉴·历史人物卷》编写人员

组　长：

张志清　国家图书馆副馆长，研究馆员

成　员：

汪桂海　国家图书馆研究院研究馆员

田晓春　国家图书馆古籍馆副研究馆员

李　坚　国家图书馆古籍馆副研究馆员

杨印民　国家图书馆古籍馆副研究馆员

赵爱学　国家图书馆古籍馆副研究馆员

徐　慧　国家图书馆古籍馆副研究馆员

尤海燕　国家图书馆古籍馆馆员，博士研究生

张伟丽　国家图书馆古籍馆馆员，博士研究生

彭文芳　国家图书馆古籍馆馆员，博士研究生

罗　瑛　国家图书馆古籍馆馆员，博士研究生

赵大莹　国家图书馆古籍馆馆员，硕士研究生

李　慧　国家图书馆古籍馆馆员，硕士研究生

序

中共中央书记处书记、
中央纪律检查委员会副书记　何勇

廉政文化建设，面向全党全社会，以党政机关和领导干部为重点，以培育廉洁价值理念为根本，以廉政制度和规范为支撑，以群众广泛参与的廉政文化创建活动和丰富多彩的廉政文化产品为载体，在反腐倡廉建设中处于基础性地位。

加强廉政文化建设，是贯彻落实科学发展观的必然要求，是建设社会主义核心价值体系的重要内容，是深入推进党风廉政建设和反腐败斗争的战略举措，对于坚定中国特色社会主义共同理想，加强党的执政能力建设和先进性建设，提高党员干部拒腐防变能力，增强全社会反腐倡廉意识，形成廉荣贪耻的思想道德基础和文化氛围，从源头上预防和减少腐败现象发生，具有重要意义。

中国几千年历史中蕴藏着丰厚的廉政文化精华，包括深刻的廉政思想、丰富的典章制度和灿若群星的历史人物。这些宝贵的历史文化精华，是新形势下加强廉政文化建设的重要资源，必须认真研究、充分利用，并赋予其崭新的时代内涵和鲜明的时代特色，使之不断发扬光大。

唐太宗李世民有一句名言："以铜为鉴，可正衣冠；以古为鉴，可知兴替；以人为鉴，可明得失。"〔1〕清代的龚自珍说："出乎史，入乎道；欲知大道，必先为史。"〔2〕

注重学习和借鉴历史经验，是我们党的优良传统。毛泽东同志指出，"历史的经验值得注意"，"我们要研究哪些是过去的成功和胜利，哪些是失败，前车之覆，后车之鉴"。〔3〕邓小平同志指出，"历史上成功的经验是宝贵财富，错误的经验、失败的经验也是宝贵财富。"〔4〕江泽民同志指出，"作为一个领导干部特别是高级干部，自然科学和社会科学的基本知识都应具备。不读点历史，

---

〔1〕《新唐书·魏徵传》。

〔2〕龚自珍：《定庵续集》卷一《尊史》，《四部丛刊》本。

〔3〕《毛泽东文集》第二卷，人民出版社 1993 年第 1 版，第 339 页。

〔4〕《邓小平文选》第三卷，人民出版社 1993 年第 1 版，第 234—235 页。

不了解中国历史和外国历史，不知道历史与现实的联系，不掌握中外历史上的成功与失败、经验与教训，怎么治理社会、治理国家啊？……所以，我始终主张，我们的领导干部特别是高级干部必须读点历史。”〔1〕胡锦涛同志强调：要铭记历史，特别是铭记我们党领导人民创造的中国革命史，要注重总结和发扬我们党在革命战争时期保持先进性的历史经验，坚持用时代发展的要求审视和认识自己，以改革的精神加强和完善自己，全面加强党的先进性建设，扎实做好保持共产党员先进性的各项工作。学习中国历史，了解和懂得自古以来中国人民创造的灿烂历史文化，从中汲取有益于加强修养、做好工作的智慧和营养，有助于在廉洁与腐败、进步与落后的斗争中，把握方向、站稳立场、坚定信念，筑牢反腐倡廉思想防线。〔2〕

当前，在严峻复杂的国际环境下，在国内经济体制深刻变革、社会结构深刻变动、利益格局深刻调整、思想观念深刻变化和各种社会矛盾凸显的历史条件下，我们党面临的执政考验、改革开放考验、市场经济考验、外部环境考验是长期的、复杂的、严峻的。精神懈怠的

〔1〕江泽民2000年5月14日《在江苏、浙江、上海党建工作座谈会上的讲话》，《江泽民论有中国特色社会主义（专题摘编）》，中央文献出版社2002年第1版，第700页。

〔2〕参见胡锦涛《在中共中央政治局第三十三次集体学习时的讲话》，《人民日报》2006年7月26日。

危险，能力不足的危险，脱离群众的危险，消极腐败的危险，更加尖锐地摆在全党面前。落实党要管党、从严治党的任务比以往任何时候都更为繁重、更为紧迫。提高党的领导水平和执政水平，提高拒腐防变和抵御风险能力，加强党的执政能力建设和先进性建设，面临许多前所未有的新情况、新问题、新挑战。现阶段的反腐败斗争，面临党风廉政建设和反腐败斗争呈现出成效明显和问题突出并存，防治力度加大和腐败现象易发多发并存，群众对反腐败期望值不断上升和腐败现象短期内难以根治并存的总体态势，反腐败斗争形势依然严峻、任务依然艰巨。我们必须警钟长鸣，深刻认识反腐败斗争的长期性、复杂性、艰巨性，深刻认识我们党反对腐败的坚强意志和坚定决心，深刻认识中国特色社会主义的政治优势，坚持“标本兼治、综合治理、惩防并举、注重预防”的战略方针，把反腐倡廉建设摆在更加突出的位置，以更加坚定的信心、更加坚决的态度、更加有力的举措推进惩治和预防腐败体系建设，不断把党风廉政建设和反腐败斗争引向深入，努力提高反腐倡廉建设科学化水平。

要把廉政文化建设摆在更加突出的位置。坚持以人为本、坚持突出重点、坚持重在建设、坚持服务大局，不断提高廉政文化水平。要坚持用科学理论引导人、廉洁理念教育人、先进文化熏陶人，不断提高干部群众的思想道德修养和廉洁从政、廉洁从业意识。要以党政机关和领导干部为重点，面向全体社会成员，扩大覆盖面，增强影响力，形成有利于反腐倡廉建设的广泛群众基础和良好社会氛围。要在运用以往行之有效的好经验好做法的基础上，抓活动、抓阵地、抓作品、抓舆论，积极探索新思路、新办法、新举措，扎实推进廉政文化建设取得积极进展和显著成效。

《中国廉政史鉴》的出版，是廉政文化建设的一件大事。2008 年 8 月以来，在文化部的大力支持下，在李洪峰同志主持下，中央纪委监察部驻文化部纪检组监察局会同中国艺术研究院和国家图书馆，组织一百多位专家学者，历时近四年时间，编纂了《中国廉政史鉴》，分别以著名历史人物廉政实践、重要典章制度沿革、重要廉政思想理论发展为线索，系统梳理了中国历史上的廉政精华，完成了四百多万字的巨帙。这部书容量巨大、可读性强、富有借鉴意义，相信它的出版一定会对推动廉政文化建设起到重要作用。

总目录

第一册

第二册

第三册

第四册

第五册

第六册

第七册

第八册

第一册目录

绪论

李洪峰

中国古代的廉政文化，是博大精深的中华历史文化的一脉清泉，源远流长，清净明澈；在今天，仍然极富教育意义，具有巨大的感染力。

中国古代的廉政文化，概括言之，可以分为三个方面，即思想理论、典章制度和历史人物。这三个方面，都包含着极为丰富、厚重的内容，充实而有光辉，体现了中国古代政治文明成就。为了弘扬伟大祖国优秀的历史文化，为加强廉政文化提供有益借鉴，我们对中国古代的廉政文化进行了初步的梳理。

一、 中国古代的廉政思想

中国古代思想文化资源博大精深，“百川异源，而皆归于海；

百家殊业，而皆务于治”[1]。其中廉政思想是一个重要的论题。

“廉”，最初指官员应具有的品德之一。舜时代提出从政者要有九种品德：“宽而栗，柔而立，愿而恭，乱而敬，扰而毅，直而温，简而廉，刚而塞，强而义。”[2] “简而廉”，意思是“性简大而有廉隅”，即性格豁达而又行为端方。

到西周时，“廉”作为官员一种必备的品质纳入考察考核。“以听官府之六计，弊群吏之治。一曰廉善，二曰廉能，三曰廉敬，四曰廉正，五曰廉法，六曰廉辨。”[3] “廉”在此当为坚持原则的意思。后来唐朝的贾公彦注释这里的“廉”字时说：“廉者，洁不滥浊也。”[4] 不过，廉狭义固定为“廉洁”之意是在春秋时期。管仲提出：“国有四维……一曰礼，二曰义，三曰廉，四曰耻。礼不逾节，义不自进，廉不蔽恶，耻不从枉。”[5] 这四维，都是指遵守法度、不逾规矩。晏婴曾提出：“廉者，政之本也”，“廉之谓公正”，[6] “故圣人伏匿隐处，不干长上，洁身守道，不与世陷乎邪，是以卑而不失义，瘁而不失廉。”[7] 凝而聚之，“行廉而不为苟得”[8] 作为一种品德内涵趋于固定，廉洁而不贪的意义明晰而特指了。

战国时，廉洁与不贪的意义固定下来。屈原说：“朕幼清以廉洁兮。”[9] 东汉人王逸注释说：“不受曰廉，不污曰洁。”这应该

---

〔1〕《淮南子·氾论训》。
〔2〕《尚书·皋陶谟》。
〔3〕《周礼·天官冢宰·小宰》。
〔4〕《周礼注疏·天官冢宰》。
〔5〕《管子·牧民》。
〔6〕《晏子春秋·内篇杂下》。
〔7〕《晏子春秋·内篇问上》。
〔8〕《晏子春秋·内篇杂上》。
〔9〕《楚辞·招魂》。

符合屈子的本义。韩非子讲："百官之吏，亦知为奸利之不可以得安也，必曰：'我不以清廉方正奉法，乃以贪污之心枉法以取私利，是犹上高陵之颠，堕峻溪之下而求生，必不幾矣。'安危之道若此其明也，左右安能以虚言惑主，而百官安敢以贪渔下？是以臣得陈其忠而不弊，下得守其职而不怨。此管仲之所以治齐，而商君之所以强秦也。"[1] 韩非子明确提出国家强盛的一个重要原因，就是臣僚清廉方正，而不是放纵贪污之心以徇私枉法。

因此，廉政的内涵在廉正与廉洁之间。廉政，在国家层面，是一种政治文明形态；对官员个人，则是一种从政品质和风范。廉政的思想观念，伴随公权的产生而产生；其相对固定和系统化，是在王朝建立之后。在几千年的中国政治思想史上，廉政思想集中表现为八个理念：民本、德治、任贤、治吏、明法、勤政、节用、教化。

（一）古代的民本思想

民本观念是中国古代倡导的从政价值理念。价值观是思想的灵魂，民本观念是中国廉政思想的基石。

夏启废禅让建立家天下，宣扬"有夏服天命"[2] 的天命观。但是，夏启的儿子太康即位后就沉迷游乐，不理朝政，结果被放逐。是时，《五子之歌》讽之曰："皇祖有训：民可近，不可下。民惟邦本，本固邦宁。"[3] 这是关于民本思想的第一次呐喊。夏商相继覆亡，西周汲取前两朝的政治教训，提出"敬德保民"、

〔1〕《韩非子·奸劫弑臣》。
〔2〕《尚书·召诰》。
〔3〕《尚书·五子之歌》。

“以德配天”，所谓“聿修厥德，永言配命，自求多福”[1]。其中“德”包括敬天、敬宗、保民三方面，尤其要“怀保小民”[2]，舍此难保天祚。

春秋战国的动荡，彰显了民心向背的力量。“贵以贱为本，高以下为基”[3]，“唯人是保，而利合于主，国之宝也。”[4] 于是，孔子提出了庶民富民教民的仁政思想[5]。孟子继而提出了“民为贵，社稷次之，君为轻”[6] 的政治秩序理论，要求统治者须有“忧民之忧”及“与民同乐”的思想境界，有解民于“倒悬”的政治作为，建立“恒产”的产权制度以保障民生。荀子则更进一步提出“天之生民，非为君也；天之立君，以为民也”[7] 的立君为民权力观。至此，先秦民本思想基本形成。

先秦民本思想具有通过制民巩固君权的政治立场。孔子讲仁政，要富民教民，归根结底是为了“使民”。孔子说：“百姓足，君孰与不足？百姓不足，君孰与足？”[8] 民众是国家的经济基础。孔子又说：“善人教民七年，亦可以即戎矣。”[9] 民众是国家的军事基础。孔子还说：“君子学道则爱人，小人学道则易使。”[10] 民众是国家的政治基础。儒家讲教化，但是它极其明确的立场却在

---

〔1〕《诗经·大雅·文王》。
〔2〕《尚书·无逸》。
〔3〕《道德经·第三十九章》。
〔4〕《孙子兵法·地形篇》。
〔5〕《论语·子路》。
〔6〕《孟子·尽心下》。
〔7〕《荀子·大略》。
〔8〕《论语·颜渊》。
〔9〕《论语·子路》。
〔10〕《论语·阳货》。

于，“民可使由之，不可使知之”〔1〕，“劳心者治人，劳力者治于人；治于人者食人，治人者食于人”〔2〕“君者，舟也；庶人，水也。水则载舟，水则覆舟。……故君人者，欲安则莫若平政爱民矣。”〔3〕这都是讲君主是为治主体，民众是治理客体，客体是基础，搞得不好客体就要颠覆主体。从秦始皇到汉武帝，封建专制制度在全国最终确立起来。应该说，封建君主政治正是植根于民本思想的上述政治立场，才把它作为治国策略思想。董仲舒发现了这一奥妙所在，指出“唯天子受命于天，天下受命于天子，一国受命于君”，“君者，民之心也；民者，君之体也。”〔4〕汉武帝欣赏君权天授原则基础上的民本思想，实行“罢黜百家，独尊儒术”，民本思想进入主流意识形态，奠定了君主集权制民的基石，也派生出天子与官僚都要“爱民如子”的廉政蕴涵。

民本思想也适应了春秋战国时期政治治理的转型，它的产生恰好伴随着世卿世禄制度到封建官僚制度的转变。世卿世禄制度的终结，统治主体代之以官僚集团。关于官僚政治，“从理论上讲，往往是如此的：（一）所尽的责任，减至最小限度。（二）所得的利益，扩充至最大限度。……所以怠惰和贪污，乃是官僚阶级的本性”〔5〕。“官僚和民众的利益，是处于相反的地位的。”〔6〕“君主所处的地位，一方面固然代表其一人一家之私……又一方面，则亦代表人民的公益，而代他们监督治者阶级。”〔7〕君主与

---

〔1〕《论语·泰伯》。
〔2〕《孟子·滕文公上》。
〔3〕《荀子·王制》。
〔4〕《春秋繁露·为人者天》。
〔5〕《吕思勉讲中国政治》，九州出版社2008年版（下同），第211页。
〔6〕同上书，第213页。
〔7〕同上书，第236页。

民众处在利益的两极，民本思想针对的是防止中饱阶层的形成。反对中饱官僚集团欺上压下，是专制体制反腐败的重要任务。中国古代民本思想的廉政意义及其局限性都在于此。

恰因如此，民本思想成为约束官僚集团政治行为的一个准绳。西汉思想家贾谊将以民为本视为国家政治生活的基本准则："闻之于政也，民无不为本也。国以为本，君以为本，吏以为本。故国以民为安危，君以民为威侮，吏以民为贵贱。此之谓民无不为本也。"〔1〕

在政治实践中，民本思想首先要求官吏关注民生。"夫民者，国之根也，诚宜重其食，爱其命。"〔2〕凡属把发展民生作为要务的官吏都受民拥戴，也为朝廷赞赏。例如，西汉宣帝时，渤海太守龚遂赈灾民、选良吏、施教化、劝农桑，治理升平，后被《汉书》列为第一循吏。

民本思想要求官僚顺应民心、惩恶扬善。"圣人无常心，以百姓心为心。"〔3〕民众的意志彰显社会的善恶，是行政的主要依据。唐朝宰相狄仁杰为官，不媚上、不阿贵，始终保持体恤百姓的本色，做大理丞到任一年，便处理了前任遗留下来的诸多案子，没有一人上诉伸冤，后被称之为"唐室砥柱"。

民本思想还体现于官员执政价值追求方面。北宋范仲淹"先天下之忧而忧，后天下之乐而乐"〔4〕，南宋陆游"位卑未敢忘忧国"〔5〕，清代黄宗羲"我之出而仕也，为天下，非为君也；为万

〔1〕《新书·大政上》。
〔2〕《三国志·吴书·陆凯传》。
〔3〕《道德经·第四十九章》。
〔4〕范仲淹：《岳阳楼记》。
〔5〕陆游：《病起书怀》。

民，非为一姓也”[1]，晚清龚自珍“落红不是无情物，化作春泥更护花”[2]，无不彰显了民本思想。

隋唐以后，民本思想通过科举制度注入政治体制之中，造就了中国古代政治特有的文化气质，形成了一股廉洁政治清流，源远流长数千年，在一定程度上对封建政治腐败现象起了抑制和延缓作用。

（二）古代的德治思想

中国古代的德治渊源可以追溯到上古。尧舜禹是部落首领，更是道德楷模，他们和睦群体，禅让而治。家天下开始后，夏商周三代统治集团很快认识到要“敬德、保民、配天”。

在春秋争霸的战火中，思想家疾呼德治。一方面是道家消极的德治，一方面是儒家积极的德治。老子提倡统治者“见素抱朴，少私寡欲”[3]，施行无为而治，薄税敛、轻刑罚、慎用兵、尚节俭。孔子反对暴虐政治和不义之战，明确提出了“为政以德”的主张。他说：“为政以德，譬如北辰，居其所而众星共（同‘拱’）之。”[4] 如何为政以德？孔子认为包括仁政与礼治两个方面，其中前者为本，后者为辅。仁是出发点，即律己宽人的“忠恕”之道，“己欲立而立人，己欲达而达人”[5]，“己所不欲，勿施于人”[6]。治是归宿，就是要“敬事而信，节用而爱人，使民

[1]《明夷待访录·原臣》。
[2] 龚自珍：《己亥杂诗》。
[3]《道德经·第十九章》。
[4]《论语·为政》。
[5]《论语·雍也》。
[6]《论语·颜渊》。

以时"[1]，"博施于民而能济众"[2]。

孟子把伦理和政治紧密结合起来，强调道德修养是搞好政治的根本，"乐以天下，忧以天下，然而不王者，未之有也。"[3] 因此，要顺民意、体民情、殖民产。荀子要求以政惠民、以德导民、以礼齐民，尤其要讲究礼乐法度，"人君者隆礼尊贤而王，重法爱民而霸，好利多诈而危，权谋、倾覆、幽险而亡。"[4]

秦统一了中国，但是迅速灭亡了。许多政治家、思想家认为秦朝灭亡的原因之一在于它违背了德政，"仁义不施而攻守之势异也"[5]。汉初大兴德政，倡导黄老无为之治，令民休养生息。汉武帝开始崇尚积极进取的儒学，德治进一步转型。董仲舒意识到君主统治集团权力日益强大，难免造成政治混乱与倾覆，于是在理论上提出一定要加强道德修养，依靠德治管理国家。董仲舒提出了天人合一学说，为德治提供理论依据。"天之任阳不任阴，好德不好刑"[6]，"天之生民，非为王也，而天立王以为民也。故其德足以安乐民者，天予之；其恶足以贼害民者，天夺之。"[7] "国之所以为国者，德也"，"是故为人君者，固守其德以附其民"[8]。"君民者，贵孝弟而好礼义，重仁廉而轻财利，躬亲职此于上，而万民听，生善于下矣。"[9] 而一旦君主滥用权力，有背天道，就会遭到"天谴"。从此之后，历代统治者大都重视道德教化对于

[1]《论语·学而》。
[2]《论语·雍也》。
[3]《孟子·梁惠王下》。
[4]《荀子·强国》。
[5] 贾谊:《过秦论》。
[6]《春秋繁露·阴阳位》。
[7]《春秋繁露·尧舜不擅移，汤武不专杀》。
[8]《春秋繁露·保位权》。
[9]《春秋繁露·为人者天》。

管理国家“如鸟有翼，如鱼依水，失之必死，不可暂无”[1]的作用。

宋朝重文治，“理学”应运而生，德治从理论到实践上升为治国轨度。理学认为，君主的个人品行是治乱兴衰的根本原因，君主要“正心诚意”，通过修德以正心去实施仁政，恤民养民，尽量避免耗用民力，使民安于生产，满足人民的衣食之需，进而达到修礼义、尊君亲。官吏要爱民，民为邦本，爱民就是爱君。在形式上要以礼治国，德是礼的根本，礼是德的制度表现，要通过礼治协调社会关系，完善社会等级秩序。

明末清初，黄宗羲、王夫之、顾炎武等进步思想家，批判“存天理，灭人欲”的宋明理学，提出“国家兴亡，匹夫有责”的德治思想，主张劝学和奖廉，通过正人心、厚风俗、行孝悌、倡廉耻，促进克己奉公，实现合天下之私以成天下之公的德治理想。

中国几千年历史，德治是基本一贯的政治主张，因此在为政道德建设方面积累了丰富的资源。例如，孔子提出：“尊五美，屏四恶，斯可以从政矣。”“五美”即“君子惠而不费，劳而不怨，欲而不贪，泰而不骄，威而不猛”。“四恶”即“不教而杀谓之虐；不戒视成谓之暴；慢令致期谓之贼；犹之与人也，出纳之吝谓之有司”[2]。汉代扬雄提出：“君子为国，张其纲纪，谨其教化。导之以仁，则下不相贼；莅之以廉，则下不相盗；临之以正，则下不相诈；修之以礼义，则下多德让。”[3]根据唐太宗李世民统治经验编写成的《贞观政要》和《帝范》，其中不少涉及帝王

〔1〕《贞观政要·慎所好》。
〔2〕《论语·尧曰》。
〔3〕《法言·先知卷第九》。

修养问题。武则天编《臣轨》专辟“廉洁”一章，论及廉洁的重要性：“君子虽富贵，不以养伤身；虽贫贱，不以利毁廉。……廉平之德，吏之宝也。”〔1〕欧阳修则提出：“廉耻，士君子之大节，罕能自守者，利欲胜之耳。”〔2〕南北朝时期苏绰提出君主必须具备八种品德：“必心如清水，形如白玉，躬行仁义、躬行孝悌、躬行忠信，躬行礼让，躬行廉平，躬行俭约，然后继之以无倦……加之以明察。”〔3〕北宋司马光则提出：“人君大德有三，曰仁，曰明，曰武。”〔4〕南宋朱熹提出治理天下的根本在于君主“正心诚意”〔5〕。康熙撰《廉静论》，论述“吏尤以廉为贵也”〔6〕。

为政道德思想，一方面针对君主，一方面针对官僚。君主道德修养由“天”管辖，官僚的道德修养则付诸考课制度。比如，唐代文官考课制度的标准是“四善二十七最”。其中，二十七最强调官吏的为政才能，四善则突出官吏的道德修养。“凡考课之法有四善：一曰德义有闻，二曰清慎明著，三曰公平可称，四曰恪勤匪懈。”〔7〕明清文官考核制度规定有“四格”和“八法”的内容。四格“才、守、政、年”之中的操守就是对道德方面的要求，八法“贪、酷、罢软无为、不谨、年老、有疾、浮躁、才力不及”之中的不谨、浮躁、贪、酷四项也主要是指官员道德方面的缺陷和错误。

中国古代思想家、政治家还提出一些方法，用来修养德性，

---

〔1〕武则天：《臣轨·廉洁章》。
〔2〕《欧阳修集·笔说·廉耻说》。
〔3〕《北史·苏绰列传》。
〔4〕《续资治通鉴·宋纪五十九》。
〔5〕《宋史·道学（三）》。
〔6〕《康熙御批·廉静论》。
〔7〕《唐六典·尚书吏部》。

直至仕进。如儒家经典《大学》讲三纲八目，阐述不断加强个人修养，强调通过格物、致知、诚意、正心、修身、齐家、治国、平天下，完善内在的德智修养，严格约束自己的行为举止，实现外在事业的完成。

（三）古代的任贤思想

任贤使能，或者说“尚贤”、“任贤”，是古代廉政思想的重要组成部分。“贤”，本义指“多才”，但依中国古代政治传统论，“贤”等同于“善”。《吕氏春秋》中讲：“以和氏之璧与百金以示鄙人，鄙人必取百金矣；以和氏之璧、道德之至言以示贤者，贤者必取至言矣。”〔1〕可以看出，贤人首先是有道德的人。它的反义词是“不肖”，如果是自谦，就是“不才”的意思；如果他指，就是“品行不端”。正是“贤”的双重含义，任贤总的要求是重用优异之人。

周文王和姜太公讨论圣贤之君的治道，姜尚列出的第一条就是“上贤，下不肖”〔2〕。后来周公旦摄政，思贤若渴，礼贤下士，“一沐三握发，一饭三吐哺，犹恐失天下之士”〔3〕，传为历史美谈。

春秋列国争霸，贤人政治备受推崇。打破贵贱出身的社会偏见，不拘一格选用贤人，成为一条重要的治国经验。齐桓公曾问郭国父老亡国之因，父老回答说：“国君爱贤人而不任用，恨坏人而不翦除，所以导致亡国。”齐桓公深受启发，重用鲍叔牙荐举的

〔1〕《吕氏春秋·异宝》。
〔2〕《太公六韬·文韬·上贤》。
〔3〕《韩诗外传》卷三。

管仲为相，“九合诸侯，一匡天下”[1]，遂成霸业。而晚年任用了易牙、开方、竖刁之类的奸佞，结果导致身死国衰。管仲树立贤人伟业，孔子评价道：“管仲相桓公，霸诸侯，一匡天下，民到于今受其赐。微管仲，吾其被发左衽矣！岂若匹夫匹妇之为谅也，自经於沟渎而莫之知也！”[2] 鉴于此，孔子力主“举贤”。在回答鲁哀公治乱问策时，他说：“政在选贤”[3]；在回答仲弓关于为政之要时，他说：“先有司，赦小过，举贤才”[4]；在谈大同理想时，他说：“大道之行也，天下为公，选贤与能，讲信修睦”[5]。孟子主张“贤者在位，能者在职”[6]，他所提出的可致“无敌于天下”的五项国策中，第一项即为“尊贤使能，俊杰在位”[7]。荀子也高度推崇“尚贤使能”，将“贤能不待次而举，罢不能不待须而废”列为“王者之政”[8]。荀子还讲：“君人者欲安则莫若平政爱民矣，欲荣则莫若隆礼敬士矣，欲立功名则莫若尚贤使能矣，是君人者之大节也。三节者当，则其余莫不当矣；三节者不当，则其余虽曲当，犹将无益也。”[9]

墨子曾经系统论述“尚贤”的思想。墨子把使用人才上升为治乱兴衰的根本国策，“尚贤者，政之本也”。他强调“贤”是选官的唯一标准，其他如身份、地位、职业等等社会因素都不可影响人才的使用。“故古者圣王之为政，列德而尚贤，虽在农与工肆之人，有能则举之，高予之爵，重予之禄，任之以事，断予之

---

[1]《史记·管晏列传》。
[2]《论语·宪问》。
[3]《韩非子·难三》。
[4]《论语·子路》。
[5]《礼记·礼运》。
[6][7]《孟子·公孙丑上》。
[8][9]《荀子·王制》。

令……故官无常贵，而民无终贱，有能则举之，无能则下之。”任贤的标准有三条，凡“厚乎德行，辩乎言谈，博乎道术者”，就要量才而任用，量功而分禄。[1]

法家选官突出“能”而重“事功”。李悝提出“为国之道，食有劳而禄有功，使有能而赏必行、罚必当”[2]，申不害提出“见功而与赏，因能而授官”[3]，商鞅提出“国以功授官予爵”[4]，韩非子提出“推功而爵禄，称能而官事”[5]，这些思想都属于任贤范畴。

任贤思想，强烈地冲击腐败的世卿世禄制度，推出了一批批崛起自社会各阶层的士官将相，推动了由分裂走向一统的历史进程，并最终将任贤思想制度化。汉武帝建立察举征辟制度，就是选贤的一种制度化。董仲舒说：“使诸列侯、郡守、二千石各择其吏民之贤者，岁贡各二人以给宿卫，且以观大臣之能；所贡贤者有赏，所贡不肖者有罚。……遍得天下之贤人，则三王之盛易为，而尧舜之名可及也。毋以日月为功，实试贤能为上，量材而授官，录德而定位，则廉耻殊路，贤不肖异处矣。”[6]

隋唐兴起科举制，进一步将选官制度与教育制度结合起来，任贤使能成为国家意志。史载唐太宗为网尽天下贤人而欣欣然，“尝私幸端门，见新进士缀行而出，喜曰：‘天下英雄入吾彀中矣！’”[7]

科举制度的廉政意义就在于把民间贤俊选拔到官僚集团中来，

---

〔1〕《墨子·尚贤上》。
〔2〕《说苑·政理》。
〔3〕《韩非子·外储说左上》。
〔4〕《商君书·靳（饬）令》。
〔5〕《韩非子·人主》。
〔6〕《天人三策·第二策》。
〔7〕王定保：《唐摭言·述进士上篇》。

源源不断地补充新生力量，这在一定程度上抵制了腐败发生。唐宋以来，中国逐渐形成一个地道的“士人政府”，形成“道统”对政统的完善与制衡。以范仲淹为例，朱熹曾高度评价其从政意义，他说：“且如一个范文正公，自做秀才时便以天下为己任，无一事不理会过。一旦仁宗大用之，便做出许多事业。”〔1〕今人余英时也认为，范仲淹是宋代士大夫的典范，代表北宋以来士阶层的共识〔2〕，这就是“先王建官，共理天下，必以贤俊授任，不以爵禄为恩，故百僚师师，各扬其职，上不轻授，下无冒进，此设官之大端也”〔3〕。由此说明，宋代以降，“‘士’不但以文化主体自居，而且也发展了高度的政治主体的意识；‘以天下为己任’便是其最显著的标识。”〔4〕

士人代表文化的力量，文化蕴含着道德和智识的力量。有宋开始，选贤任能更加强调德才兼备、以德为先。司马光对此作了透辟的阐述。“夫才与德异，而世俗莫之能辨，通谓之贤，此其所以失人也。夫聪察强毅之谓才，正直中和之谓德。才者，德之资也；德者，才之帅也。……才德全尽谓之‘圣人’，才德兼亡谓之‘愚人’；德胜才谓之‘君子’，才胜德谓之‘小人’。凡取人之术，苟不得圣人、君子而与之，与其得小人，不若得愚人。何则？君子挟才以为善，小人挟才以为恶。挟才以为善者，善无不至矣；挟才以为恶者，恶亦无不至矣。愚者虽欲为不善，智不能周，力不能胜，譬如乳狗搏人，人得而制之。小人智足以遂其奸，勇足

〔1〕《朱子语类》卷一二九。
〔2〕余英时：《朱熹的历史世界》，三联书店2004年版（下同），第210页。
〔3〕《范文正公文集》卷七《奏上时务书》。
〔4〕余英时：《朱熹的历史世界》总序，第3页。

以决其暴，是虎而翼者也，其为害岂不多哉！夫德者人之所严，而才者人之所爱；爱者易亲，严者易疏，是以察者多蔽于才而遗于德。自古昔以来，国之乱臣，家之败子，才有馀而德不足，以至于颠覆者多矣。”〔1〕 司马光的论述影响深远。

康熙曾经感言道：“国家用人，当以德器为本，才艺为末。凡才长者，虽能济事，亦为败检。若德器醇朴，必不至荡轶准绳之外。”〔2〕 道德是内心的法则、自律的防线，道德高尚，必至清廉。

（四）古代的吏治思想

官吏是执掌权力的管理集团，是腐败易发常发之处，所以，治国必先治吏。

尧舜之时就注意对官吏严加考课，严明赏罚。“三载考绩，三考黜陟幽明，庶绩咸熙。”〔3〕尧之“鞭作官刑”，舜之“流刑”，都是用来惩戒犯错误官吏的。商朝“制官刑，儆于有位”，惩治官吏“三风十愆”腐败行为。〔4〕 盘庚也曾告诫群臣，不要斤斤计较升官发财，而要专心关注民生和教化。〔5〕 西周“三岁则大计群吏之治而诛赏之”〔6〕，标准是“六廉”，奖惩的方式有爵、禄、予、置、生、夺、废、诛等。周朝制《吕刑》，判定罪与罚有“五刑”、“五罚”、“五过”、“五疵”的等级。〔7〕

春秋战国时期，世卿世禄制度逐步被官僚制所取代。君主通

〔1〕《资治通鉴·周纪一》。
〔2〕《圣祖御制文》二集卷三十八《张华以才学文识名重一时》。
〔3〕《文献通考·选举十二》。
〔4〕《尚书·伊训》。
〔5〕《尚书·盘庚》。
〔6〕《文献通考·选举十二》。
〔7〕《尚书·吕刑》。

过庞大的官僚机器实施统治，首先是对官吏的治理，其次才是对民众的治理，因而“明主治吏不治民”〔1〕。管仲相齐，提出“治官化民，其要在上”〔2〕，主张“明主之治也，明分职而课功劳”，“案其功而行赏，案其罪而行罚”〔3〕。为此，管仲提出“二察”（乡里察举、君主察问）、“三审”（德义未明于朝者，则不可加于尊位；功力未见于国者，则不可授以重禄；临事不信于民者，则不可使任大官）、“四慎”（大德不至仁，不可以授国柄；见贤不能让，不可与尊位；罚避亲贵，不可使主兵；不好本事、不务地利而轻赋敛，不可与都邑）〔4〕的考察任用官吏的准则。魏国的李悝制定了中国历史上最早的一部成文法典《法经》，其中《杂律》中有相当比重的关于吏治的条款：“博戏罚金三币，太子博戏则笞，不止则特笞，不止则更立……丞相受金，左右伏诛”〔5〕。秦国的商鞅重治吏，“守法守职之吏有不行王法者，罪死不赦，刑及三族。”〔6〕韩非子将治理官吏的思想系统化：一是依法治吏，“循法而治”〔7〕；二是不可使大臣权势太大，“渐更以离通比”〔8〕；三是坚持以贤能为用人的标准，“所举者必有贤，所用者必有能”〔9〕；四是进行经常的考核，“循名实而定是非，因参验而审言

〔1〕《韩非子·外储说右下》。
〔2〕《管子·君臣上》。
〔3〕《管子·明法解》。
〔4〕《管子·立政》。
〔5〕《法经·杂律》。
〔6〕《商君书·赏刑》。
〔7〕《韩非子·用人》。
〔8〕《韩非子·八经》。
〔9〕《韩非子·人主》。

辞”[1]；五是不可偏听偏信，要“决诚以参，听无门户”[2]；六是提倡廉耻，“立廉耻……以厉下”[3]，“以精洁固身”，“以治辩进业”[4]。

秦朝颁有《为吏之道》，涉及治国、理政、安民、趋利、远祸等方面。例如，为政品质要求有“必精絜（洁）正直，慎谨坚固，审悉毋（无）私，微密韱（纤）察，安静毋苛，审当赏罚”。官员行为有五善五失。“五善”指忠信敬上，清廉毋谤，举事审当，喜为善行，恭敬多让；“五失”指奢侈超过限度，妄自尊大，擅自决断，犯上弗知害，轻士人而重钱财。凡官吏能做到五善，则给予奖赏；反之，有五失者则受到处罚，直至“身及于死”[5]。

汉朝治国重治吏，首先要求官员惜民力、勤治事、尚节俭。西汉文帝提出，“廉吏，民之表也”[6]，官吏不得大吃大喝。汉景帝时，禁止官吏利用职权参与经济活动和受贿，“若买故贱，卖故贵，皆坐臧为盗，没入臧县官。吏迁徙免罢，受其故官属所将监治送财物，夺爵为士伍，免之。无爵，罚金二斤，令没入所受。有能捕告，畀其所受臧。”[7] 汉元帝时规定，坐赃者，皆禁锢不得为吏。到了东汉，赃官子孙三代不得为官。汉朝治吏，形成循吏传统，“政优则增秩赐金，绩负则论输左校。选任之道，皇汉其优。”[8] 特别是汉宣帝为政，尤其以治吏为根。“信赏必罚，综核

---

〔1〕《韩非子·奸劫弑臣》。
〔2〕《韩非子·八说》。
〔3〕《韩非子·诡使》。
〔4〕《韩非子·孤愤》。
〔5〕《睡虎地秦墓竹简·为吏之道》。
〔6〕《汉书·文帝纪》。
〔7〕《汉书·景帝纪》。
〔8〕《旧唐书·良吏上》。

名实，政事文学法理之士咸精其能"[1]，地方官吏"所居民富，所去见思"[2]。

西汉察举制极有利于选拔民间孝廉为官，但到东汉末年滋生了私门请谒求荐现象。九品中正制实行后，谒送之风更加严重，加速了官吏贪腐。为了遏制此风，魏晋南北朝法典增设《请赇》篇，专司贪污与受贿的惩处。但是，这样的法律制度基本上没有执行下去。

积习难返，延至隋朝。"隋政不纲，彝伦斯紊。天子事巡游而务征伐，具僚逞侧媚而窃恩权。是时朝廷无正人，方岳无廉吏。跨州连郡，莫非豺虎之流；佩紫怀黄，悉奋爪牙之毒。以至土崩不救，旋踵而亡。"[3] 因之，唐朝重典治吏。官吏分等次考课，凡属"居官饰诈、贪浊有状"者必得罢官惩处。[4] 《唐六典》规范了政务活动。《唐律疏议》以严刑峻法惩治官吏贪赃枉法。受赃枉法、受赃不枉法、受所监临财物、强盗、窃盗、坐赃，"六赃"必办。

宋代文官治国，考课官员定有"四善三最"标准，依次奖罚。"宋以忠厚开国，凡罪罚悉从轻减，独于治赃吏最严。"[5] 王安石也说："今朝廷之法所尤重者，独贪吏耳。"[6] 宋设武德司（皇城司），专司官僚贪腐罪罚。宋朝还推行高俸禄以养廉的方法，"使其足以养廉耻而离于贪鄙之行"[7]。其消极的结果是文官厚禄、

---

〔1〕《汉书·宣帝纪》。
〔2〕《汉书·循吏传序》。
〔3〕《旧唐书·良吏上》。
〔4〕《文献通考·选举十二》。
〔5〕 赵翼：《廿二史劄记·宋初严惩赃吏》。
〔6〕〔7〕《临川先生文集·上仁宗皇帝言事书》。

冗官泛滥、武备不足，最终成为亡国的一个重要原因。

元朝擢拔“吏员”，“首论行止，次取吏能，又次计月日多者为优”[1]，兼以“六事”考绩。然而，重吏员轻儒生，“由进士入官者仅百之一，由吏致位显要者常十之九”[2]，学而优则仕的途径不能畅通，官僚整体素质走低，腐败衰亡在所难免。

明代官僚管理素称严酷，先评定“三等”（称职、平常、不称职），再稽查“八法”（贪、酷、浮躁、不及、老、病、罢、不谨）[3]。凡被列入“八法”之中的，就要降级或罢免，有的终身不再被录用。朱元璋明刑弼教，律己示范，尤其是酷刑惩腐，“凡三《诰》所列凌迟、枭示、种诛者，无虑千百，弃市以下万数”[4]，于是，洪武以来，“吏治澄清者百余年”[5]。

清代学者王夫之曾说：“严者，治吏之经也；宽者，养民之纬也；并行不悖，而非以时为进退者也。……严以治吏，宽以养民，无择于时而并行焉，庶得之矣。”[6]清初考课官僚实行“四格”（才、守、政、年）和“八法”制，嘉庆以后课以“四格”、“六法”（不谨、罢软、浮躁、才力不及、年老、有疾）。如果官员贪、酷，将革职拿问，永不叙用。清朝初期几个皇帝励精图治，宽以养民，严以治吏，渐进盛世。乾隆中期以后，官员自律日益松弛，清官不称于世，墨吏不乏其人，贪墨日甚，终成积重，下启19世纪的鸦片战争败局。曾国藩、左宗棠、张之洞等中兴之臣奋起救赎，释

---

〔1〕《元典章·吏部六》。
〔2〕《元史·韩镛传》。
〔3〕《明史·选举志三》。
〔4〕《明史·刑法志二》。
〔5〕《明史·循吏传序》。
〔6〕王夫之：《读通鉴论》卷八《桓帝》。

放了传统文化的教化之功，然无力回天，终是专制腐败的恶果。

（五）古代的法治思想

在传统文化意义上，中国古代治理方法分德治、礼治和法治。但它们都属于人治，即强调官员特别是最高统治者依规则（包括基本道德规范、礼、法）而治。这些规则就是治理民众的法。所以，明法之治是中国古代政治准则之一。“明于五刑，以弼五教，期于予治。”〔1〕

儒家治国出发点是“道之以德，齐之以礼”〔2〕，但是德与礼往往通过法律制度来落实，所谓“经有正义，律有明刑”〔3〕，“故治国无法则乱，守法而弗变则悖。”〔4〕因此，儒家讲德治礼治，但不反对法（刑）治。管仲相齐，提出治国“三本”、“四固”、“五事”〔5〕，既重视道德教化，又重视法制建设。“法律政令者，吏民规矩绳墨也”〔6〕，“君臣上下贵贱皆从法，此谓为大治。”〔7〕管子还提出执法要公平的“壹刑”主张：“壹刑者，刑无等级，自卿相将军以至大夫庶人，有不从王令、犯国禁、乱上制者，罪死不赦。”〔8〕孟子认为，不以规矩不能成方圆，呼吁弘扬“先王之法”。荀子推崇规范之治，主张隆礼重法，“隆礼至法则国有常，尚贤使能则民知方”〔9〕。

---

〔1〕《尚书·大禹谟》。
〔2〕《论语·为政》。
〔3〕《后汉书·阜陵质王延传》。
〔4〕《吕氏春秋·察今》。
〔5〕《管子·立政》。
〔6〕《管子·七臣七主》。
〔7〕《管子·任法》。
〔8〕《商君书·赏刑》。
〔9〕《荀子·君道》。

法家从根本上崇尚法治。商鞅认为，法度是维护公共利益的柱石，是治国的根本。“故明主慎法制，言不中法者不听也，行不中法者不高也，事不中法者不为也。”[1] 他也主张公平执法，“任法去私，而国无隙蠹矣。”[2] 韩非子认为，以法治国治吏是最有效、最周全的治国之策，“故舍己能而因法数，审赏罚”[3]。“二柄而已矣。二柄者，刑、德也。何谓刑、德？曰：杀戮之谓刑，庆赏之谓德。”[4]

墨子认为，“天下从事者，不可以无法仪；无法仪而其事能成者，无有也。”[5] 墨家的“义”就是大经大法。早期社会一人一义，因而相争。后来选君，君有同一天下之义的责任，此“同一天下之义”者，实为制定与遵守法律之谓也。[6]

明法治国的思想，在春秋战国时期形成。但是，对法度成分理解的不同、实践程度的不同，形成明显派别之分。儒家更重视道德和礼治的内在规定作用，法家更重视刑罚的震慑制驭作用。例如，孔子讲：“道之以政，齐之以刑，民免而无耻；道之以德，齐之以礼，有耻且格。”[7]以政令来规范，以刑罚来整治，以德来引导，这样的观点为后世儒家治国思想发展开辟了方向。至南宋，朱熹将这种观点讲到透彻的程度：“政者，为治之具，刑者，辅治之法；德礼，则所以出治之本，而德又礼之本也，此其相为终始，虽不可以偏废，然政刑能使民远罪而已，德礼之效，则有以使

---

〔1〕《商君书·君臣》。
〔2〕《商君书·修权》。
〔3〕《韩非子·有度》。
〔4〕《韩非子·二柄》。
〔5〕《墨子·法仪》。
〔6〕《墨子·尚同下》。
〔7〕《论语·为政》。

民日迁善而不自知，故治民者不可徒恃其末，又当深探其本也。”[1] 战国末期，秦国统一中国。“皇帝临位，作制明法，臣下修饬。……端平法度，万物之纪。以明人事，合同父子。圣智仁义，显白道理。”[2] 秦朝灭亡后，汉初推崇黄老无为之治，实际上是遵守习惯法休养生息。汉武帝独尊儒术，确立了儒学的主流地位，德主刑辅成了主导的政治思想。魏晋南北朝，重视法制建设的思想一度上升。三国政论家桓范强调刑与德不能偏废，提出“治国之本有二：刑也，德也。二者相须而行，相待而成矣。天以阴、阳成岁，人以刑、德成治，故虽圣人为政，不能偏用也。”[3] 西晋傅玄提出治国应当赏罚分明，威德相济，并强调了赏罚的公平公正性。[4] 东晋思想家葛洪提出：“仁者，为政之脂粉；刑者，御世之辔策。脂粉非体中之至急，而辔策须臾不可无也。”[5] 魏晋统治者也注重修订法律，加强治理。《北齐律》就制定了“重罪十条”以维护国家根本利益。

隋朝重新建立统一政权，着手加强法制，修《开皇律》，在《北齐律》“重罪十条”的基础上，将谋反、谋大逆、谋叛、恶逆、不道、大不敬、不孝、不睦、不义、内乱改为“十恶之条”，大力加以贯彻，并为宋元明清历代所承袭。

唐朝统治者认为，“德礼为政教之本，刑罚为政教之用，犹昏晓阳秋相须而成者也”[6]，主张礼法并用、德主刑辅。法律的制

---

〔1〕《论语集注·为政》。
〔2〕《史记·秦始皇本纪》。
〔3〕桓范：《世要论·臣不易》。
〔4〕傅玄：《傅子·治体》。
〔5〕葛洪：《抱朴子外篇·用刑》。
〔6〕《唐律疏议》卷一《名例》。

定“一准乎礼”，礼的基本原则直接入律，而且“尊卑贵贱，等数不同，刑名轻重，粲然有别”[1]，礼法由互补发展为统一的体用关系。在制定法律方面，约法省刑，“务在宽简”[2]。在执法方面，坚决严明，“一断以律”，“按举不法，震肃权豪”[3]。

宋朝文治，虚外实内，增官加俸，造成冗官多、贪墨盛、国防弱的局面，结果被元朝取代。明代推行重典治世，尤其是对直接危害统治秩序的重罪加重处罚，而对违反礼教秩序的犯罪处罚较轻。清初统治者把法制建设作为“保邦致治”之本，教导国人牢记法令[4]，维护清朝统治集团特权，严惩叛逆，大兴文字狱，加强皇权专制。

明法治国根本在于加强统治，它的廉政意义在于，通过比较公正地执法，能够维护大多数民众的利益，并制约、遏止统治集团的腐败。具体表现在：一是限制皇权。为维护形式化法律权威，皇帝的特旨不得作法引用，这在一定程度上防止了帝王任意破坏常典法律。例如，《大清律例·刑律·断狱下》之“断罪引律令”条规定，“凡断罪，皆须具引律例，违者，笞三十。……其特旨断罪，临时处治不为定律者，不得引比为律。若辄引致罪有出入者，以故失论”。二是制约官僚权力。作为稳定的规范，法度是历史的产物和文化的产物，具有延续性和独立性，需要援例执行，一断于法，所谓“法不阿贵，绳不挠曲。法之所加，智者弗能辞，勇者弗敢争。刑过不避大臣，赏善不遗匹夫”[5]。这种公平正义尽

〔1〕《唐律疏议》卷十九《贼盗三·发冢》。
〔2〕《旧唐书·刑法志》。
〔3〕《贞观政要·贪鄙》。
〔4〕《满文老档》第十一册《太祖天命四年七月初八日》。
〔5〕《韩非子·有度》。

管具有虚伪性，但无疑是制约统治集团、防治权力腐败的重要力量。三是公正执法，既是示范，也是警示。例如，包拯毕生“以法律提衡天下”[1]，清廉严毅，不畏权贵，其形象长期受到民众尊敬和称赞，而“贵戚宦官为之敛手，闻者皆惮之”[2]。清代李鸿章在《重修包孝肃祠》一文中曾感慨道：“若公清风介节，并世已奉之如神明，其精神气象，至今尚仿佛于村氓野老妇人孺子之口，是固无往而不在。”包公形象和精神无疑蕴含反腐倡廉的重大力量。

（六）古代的勤政思想

中国古代是一个以小农经济为基础的国家，勤于治业是最基本的品德要求。“处其位而不履其事，则乱也。”[3] 官吏为民师表，应该是勤政的模范。

文献记载，舜曾教导禹要“克勤于邦，克俭于家”[4]，伯益也告诫禹说：“儆戒无虞，罔失法度，罔游于逸，罔淫于乐”[5]。周公旦也曾训诫成王“君子所其无逸”[6]，执政不能贪图享乐，而要“徽柔懿恭，怀保小民，惠鲜鳏寡。自朝至于日中昃，不遑暇食，用咸和万民”[7]。

“沉于乐者洽于忧，厚于味者薄于行，慢于朝者缓于政，害于国家者危于社稷。”[8] 春秋战国时期，一些思想家、政治家从社

---

〔1〕《包拯集》附录·朱天应《万历端州刻本跋》。
〔2〕《宋史·包拯传》。
〔3〕《礼记·表记》。
〔4〕〔5〕《尚书·大禹谟》。
〔6〕〔7〕《尚书·无逸》。
〔8〕《管子·中匡》。

会主体论的层面深刻提出要勤政为民、忠于职守。勤政由此被赋予民本的终极关怀，也成为官员应该养成的道德操守。当时随国的季梁指出，“夫民，神之主也”，君主和官员不可以荒废民利而“逞欲”，而要虔诚地履行“忠于民而信于神”的治道。[1] 孔子论治国，把敬业惠民列入首要，所谓“道千乘之国，敬事而信，节用而爱人，使民以时”[2]，为此，应该“居之无倦，行之以忠”[3]。

勤奋治业是秦国灭六国、一统天下的重要因素。秦穆公时期，招贤纳士，开疆拓土，发展农业，君臣上下励精图治，“夙夜匪解”[4]，遂成为春秋五霸，打下秦崛起的根基。后来，秦孝公重用商鞅变法图强，奠定了统一中国的基础。“自缪公以来，至于秦王，二十余君，常为诸侯雄。”[5] 秦始皇统一中国后，勤勉理政，“天下之事无小大皆决于上，上至以衡石量书，日夜有呈，不中呈不得休息”，所谓“朝夕不懈”、“莫敢怠荒”。[6] 秦国官吏历来有勤政之风。荀子就曾称赞秦官吏的勤政传统，“及（秦）都邑官府，其百吏肃然，莫不恭俭敦敬，忠信而不楛，古之吏也”[7]

西汉休养生息，兴行黄老无为之学。淮南王刘安讽喻应顺自然之理而治，不可宽纵奢乐，恣意懈怠。“吾所谓乐者，人得其得者也。夫得其得者，不以奢为乐，不以廉为悲，与阴俱闭，与阳

---

〔1〕《左传·桓公六年》。
〔2〕《论语·学而》。
〔3〕《论语·颜渊》。
〔4〕《左传·文公三年》。
〔5〕 贾谊:《过秦论》。
〔6〕《史记·秦始皇本纪》。
〔7〕《荀子·强国》。

俱开。”[1] 汉朝中期以后，渐生怠惰政风，官僚“上不能匡主，下亡以益民，皆尸位素餐”[2]。于是，朱云折槛廷谏，朱博提出加强职责考核，“分职授政，以考功效”[3]。后来，东汉王符也提出，“群僚师尹，咸有典司，各居其职，以责其效”[4]，以保证官吏“奉遵礼法，竭精思职，推诚辅君，效功百姓”[5]。

“官怠于有成，病加于小愈，祸生于懈惰。”[6] 诸葛亮考课官吏，“五事五苦”，迁善黜恶，以资勤政。[7] 诸葛亮本身也是勤政的典型。“受命以来，夙夜忧叹”，“敢竭股肱之力，效忠贞之节，继之以死！”[8]

唐之时，魏徵与李世民有个对话。魏徵说：“自古帝王初即位者，皆欲励精为政，比迹于尧、舜；及其安乐也，则骄奢放逸，莫能终其善。人臣初见任用者，皆欲匡主济时，追踪于稷、契；及其富贵也，则思苟全官爵，莫能尽其忠节。若使君臣常无懈怠，各保其终，则天下无忧不理，自可超迈前古也。”太宗曰：“诚如卿言。”[9] 唐玄宗李隆基恰恰验证了魏徵这番话的深意。玄宗初登帝位时，励精求治，创造了“开元盛世”。但是，玄宗后来自以为天下太平，变得骄傲怠惰，沉溺享乐，结果酿成“安史之乱”，盛唐转入衰世。

宋代吕本中做过中书舍人兼直学士院，主编《官箴》一部，

---

〔1〕《淮南子·原道训》。

〔2〕《汉书·朱云传》。

〔3〕《汉书·朱博传》。

〔4〕《潜夫论·考绩》。

〔5〕《潜夫论·忠贵》。

〔6〕《韩诗外传》卷八。

〔7〕《诸葛亮集·考黜第八》。

〔8〕《三国志·蜀书·诸葛亮传》。

〔9〕《贞观政要·慎终》。

首页言："当官之法，唯有三事，曰清、曰慎、曰勤。知此三者，可以保禄位，可以远耻辱，可以得上之知，可以得下之援。"康熙对此箴赞赏有加，从中录出"清、慎、勤"三字，欣然御书，然后下发各州县，刻于匾额，高悬大堂之上，诫勉官吏恪尽职守。

南宋理学家真德秀曾官至户部尚书，以四事自勉：律己以廉，抚民以仁，存心以公，莅事以勤。他尤以"莅事以勤"警诫自己。他在《谕州县官僚》中说："业精于勤，荒于嬉，则为士者不可以不勤，况为命吏，所受者朝廷之爵位，所享者下民之脂膏。一或不勤，则职业隳弛，岂不上孤朝寄而下负民望乎？"〔1〕

元朝徐元瑞编著《吏学指南》，提出为官"三尚"：廉、勤、能。所谓尚勤，"谓早入晏出，奉公忘私，虽休勿休，恪谨匪懈；呈押文字，发遣公事，务为敏速，耻犯稽迟；躬操笔砚，不仰小胥，手阅簿书，不辞劳役"〔2〕。

明朝留有一部佚名编著的《初仕要览》，其中说："初仕以勤政为首务，政不勤则百事殆"。何谓勤？清代刚毅解释说："黾勉从公，夙夜匪懈，谓之勤。"〔3〕 清代名臣曾国藩说得更具体："勤之道有五。一曰身勤：险远之路，身往验之；艰苦之境，身亲尝之。二曰眼勤：遇一人必详细察看，接一文必反复审阅。三曰手勤：易弃之物，随手收拾；易忘之事，随笔记载。四曰口勤：待同僚，则互相规劝；待下属，则再三训导。五曰心勤：精诚所至，金石亦开；苦思所积，鬼神亦通。五者皆到，无不尽之职矣。"〔4〕

〔1〕《文渊阁四库全书》第706册，台湾商务印书馆1986年版。
〔2〕徐元瑞：《吏学指南》，浙江古籍出版社1988年版。
〔3〕刚毅：《居官镜·臣道》。
〔4〕《曾国藩全集》第14册，岳麓书社1986年版（下同），第439页。

曾国藩是对勤政论述最多、践行最好的政治家。他把勤上升为历史政治经验加以论说，并以此告诫后代子孙："开国之际，若汉唐之初，异才、畸士、丰功、伟烈，飙举云兴，盖全系夫天运，而人事不得与其间。至中叶以后，君子欲有所建树，以济世而康屯，则天事居其半，人事居其半。以人事与天争衡，莫大乎忠勤二字。乱世多尚巧伪，惟忠者可以革其习；末俗多趋偷惰，惟勤者可以遏其流。忠不必有过人之才智，尽吾心而已矣；勤不必有过人之精神，竭吾力而已矣。能剖心肝以奉至尊，忠至而智亦生焉；能苦筋骸以捍大患，勤至而勇亦出焉。余观近世贤哲，得力于此二字者，颇不乏人。余亦忝附诸贤之后，谬窃虚声，而于忠勤二字，自愧十不逮一。吾家子姓，倘将来有出任艰巨者，当励忠勤以补吾之阙憾。忠之积于平日者，则自不妄语始；勤之积于平日者，则自不晏起始。"[1]

（七）古代的节俭思想

"好廉自克曰节。"[2] 经济与消费上的节俭与人格修养方面的节制，是中国古代政治和社会生活的一条法则，古人多所论及。

相传虞舜曾告诫夏禹："克勤于邦，克俭于家。"[3] 素有"中华第一相"之称的管仲崇尚简朴治国。他说："明君制宗庙，足以设宾祀，不求其美；为宫室台榭，足以避燥湿寒暑，不求其大；为雕文刻镂，足以辩贵贱，不求其观。故农夫不失其时，百工不

〔1〕《曾国藩全集》第14册，第392页。
〔2〕《逸周书·谥法解》。
〔3〕《尚书·大禹谟》。

失其功，商无废利，民无游日，财无砥墆。故曰：俭其道乎！"[1]

在思想界，道家、儒家都把节俭作为理想人格的要素。老子说："圣人去甚，去奢，去泰。"[2] 他认为，节俭自持是富裕安康的前提条件之一。"我有三宝，持而保之：一曰慈，二曰俭，三曰不敢为天下先。"[3] 孔子讲究礼仪，但是强调以节俭为本，"礼，与其奢也，宁俭"[4]；"奢则不孙（同'逊'），俭则固。与其不孙也，宁固。"[5] 荀子主张礼治，但是认为"节用以礼，裕民以政"[6]。

墨家更进一步地提出为人为政都要节用："圣人之所俭节也，小人之所淫佚也。俭节则昌，淫佚则亡。"[7] 节俭是圣王治理天下的方式："去无用之费，圣王之道，天下之大利也。"[8] 墨子还提出了适度消费的理念，倡导在衣食住行中加以贯彻："是故古者圣王制为节用之法，曰：'凡天下群百工，轮车鞼匏，陶冶梓匠，使各从事其所能'；曰：'凡足以奉给民用，则止。'诸加费不加于民利者，圣王弗为。"[9] 墨子尚节制，对后世有着不可忽视的影响。庄子称墨子"不侈于后世，不靡于万物，不晖于数度，以绳墨自矫而备世之急"[10]。近人梁启超说："墨学精神，深入人心，至今不坠，因以形成吾民族特性之一者，盖有之矣。"[11]

---

〔1〕《管子·法法》。
〔2〕《道德经·第二十九章》。
〔3〕《道德经·第六十七章》。
〔4〕《论语·八佾》。
〔5〕《论语·述而》。
〔6〕《荀子·富国》。
〔7〕《墨子·辞过》。
〔8〕〔9〕《墨子·节用》。
〔10〕《庄子·天下》。
〔11〕梁启超：《墨子学案·第二自叙》。

春秋战国，百家争鸣，在消费观念上却一致“尚俭”。秦亡汉兴，力崇节俭。“至高祖、孝文、孝景皇帝，循古节俭，宫女不过十余，厩马百余匹。”〔1〕汉初节俭戒奢形成一代风尚，既有利于恢复生产、富国强兵，又极大地带动了廉政建设，迎来了“文景之治”。“文景之际，建元之始，民朴而归本，吏廉而自重，殷殷屯屯，人衍而家富。”〔2〕

文景之治积累了丰富的物质财富。至武帝时，国力鼎盛，社会消费意识大大增强，奢侈消费现象开始出现了。“当此之时，网疏而民富，役财骄溢……宗室有土公卿大夫以下，争于奢侈，室庐舆服僭于上，无限度。”〔3〕“崇奢”之风愈演愈烈，“是以民年急而岁促，贫即寡耻，乏即少廉，此所以刑非诛恶而奸犹不止也。故国有严急之征，即生散不足之疾矣。”〔4〕东汉末年，金钱至上的拜金主义思潮兴盛起来。西晋鲁褒著《钱神论》曰：“时易世变，古今异俗，富者荣贵，贫者贱辱”，铜钱成为当世神宝、神物，“亲爱如兄，字曰孔方”，“钱之所在，危可使安，死可使活；钱之所去，贵可使贱，生可使杀”，“有钱可使鬼，而况于人乎?”〔5〕在一味追求物质享受的价值观念支配下，统治集团腐败到了极点。“今上无去奢之俭，下有纵欲之敝，至使禽兽食民之甘，木土衣民之帛。”〔6〕

于是，一些清明的政治家思想家痛斥穷奢极欲，呼吁勤俭节

---

〔1〕《汉书·贡禹传》。
〔2〕桓宽：《盐铁论·国疾篇》。
〔3〕《史记·平準书》。
〔4〕桓宽：《盐铁论·国疾篇》。
〔5〕鲁褒：《钱神论》。
〔6〕《后汉书·宦者列传》。

约。诸葛亮留下《诫子书》，勉人自修：“夫君子之行，静以修身，俭以养德，非淡泊无以明志，非宁静无以致远。夫学须静也，才须学也，非学无以广才，非志无以成学。淫慢则不能励精，险躁则不能治性。年与时驰，意与日去，遂成枯落，多不接世，悲守穷庐，将复何及!”[1]傅玄著《曲制》篇，醒人图治：“天下之福，莫大于无欲；天下之祸，莫大于不知足。无欲则无求，无求者，所以成其俭也；不知足，则物莫能盈其欲矣，莫能盈其欲，则虽有天下，所求无已，所欲无极矣。海内之物不益，万民之力有尽。纵无已之求以灭不益之物，逞无极之欲而役有尽之力，此殷士所以倒戈于牧野，秦民所以不期而周叛。曲论之好奢而不足者，岂非天下之大祸邪?”[2]

隋朝统一国家后，文帝力除侈靡之风，“务从节俭，不得劳人”[3]。“其自奉养，务为俭素，乘舆御物，故弊者随宜补用；自非享宴，所食不过一肉；后宫皆服浣濯之衣。天下化之。”[4] 而隋炀帝却穷侈极欲，致使亡国。“奢侈者可以为戒，节俭者可以为师矣。”[5]唐初统治者识鉴节俭，创业兴邦，而唐朝中后期却奢侈堕落下去。讴歌节俭、劝诫奢侈于是成为唐诗的一个重要内容。杜甫《往在》里说：“君臣节俭足，朝野欢呼同。中兴似国初，继体如太宗。”白居易《太平乐词》有：“岁丰仍节俭，时泰更销兵。圣念长如此，何忧不太平?”李商隐更是在《咏史》中总结道：“历览前贤国与家，成由勤俭败由奢。”

---

〔1〕《诸葛亮集》，中华书局1960年8月第1版（下同），第28页。
〔2〕傅玄：《傅子·曲制》。
〔3〕《隋书·高祖下》。
〔4〕《资治通鉴·隋纪四·文帝仁寿四年》。
〔5〕《贞观政要·俭约》。

“前代人庶之贫困者，由官吏之纵欲也。官吏之纵欲者，由君上之不能节俭也。”[1] 宋太祖赵匡胤又兴节俭，治家治国俱严。史载：“帝性孝友节俭，质任自然，不事矫饰。……宫中苇帘，缘用青布；常服之衣，浣濯至再。”[2] 史家吕中评论说：“创业之君，后世所奉以为轨范也；宫闱之地，四方所视以为仪刑也。一人之奢俭者虽微，而关于千万世者为甚大；致谨于服色者虽小，而失于千万里者为甚远，可不谨哉？”[3]

“忧劳可以兴国，逸豫可以亡身。”[4] 司马光作《训俭示康》，论及节俭的廉政意义时说：“御孙曰：‘俭，德之共也；侈，恶之大也。’共，同也，言有德者皆由俭来也。夫俭则寡欲。君子寡欲则不役于物，可以直道而行；小人寡欲则能谨身节用，远罪丰家。故曰：‘俭，德之共也。’侈则多欲。君子多欲则贪慕富贵，枉道速祸；小人多欲则多求妄用，败家丧身。是以居官必贿，居乡必盗。故曰：‘侈，恶之大也。’”[5]

“大抵尝历艰难，便自然节俭；稍习富贵，便自然奢华。”[6] 在明清时代，洪武、康熙、雍正等都崇尚节俭治国。其中康熙把节俭戒奢视为帝王政治的要务：“帝王致治，首在维持风化，辨别等威，崇尚节俭，禁止奢侈。故能使人心淳朴，治化休隆。”[7] “人生衣食财禄皆有定数，若俭约不贪，则可以养福，亦可以致寿。若夫为官者，俭则可以养廉。居官居乡，只缘不俭，宅舍欲

---

〔1〕《白居易全集》，上海古籍出版社1999年版，第863页。

〔2〕《宋史·太祖三》。

〔3〕《宋史全文（内府藏本）·开宝五年秋七月》。

〔4〕《新五代史·伶官传序》。

〔5〕司马光：《训俭示康》。

〔6〕《大明英烈传》第六十三回。

〔7〕《康熙政风录·圣祖仁皇帝圣训》。

美，妻妾欲奉，仆隶欲多，交游欲广，不贪何从给之？与其寡廉，孰若寡欲？语云‘俭以成廉，侈以成贪’，此乃理之必然者。”[1]这里，康熙把“惟俭可以助廉”[2]的道理讲明白了。

（八）古代的教化思想

中国古代教化之治，源远流长。溯及西周时代，天子建立“辟雍”，各诸侯国设立“泮宫”，实施教化民众之职，尤其是培养贵族子弟成为未来的管理者。《周礼·地官司徒》规定司徒的主要职责是“帅其属而掌邦教”。

春秋时期，教化思想深化到从人性论上找根据。管子提出人性趋利避害，“从欲妄行，男女无别，反于禽兽。然则礼义廉耻不立，人君无以自守也”[3]。因此，“凡牧民者，使士无邪行，女无淫事。士无邪行，教也；女无淫事，训也。教训成俗而刑罚省，数也。”[4]“教训成俗”依靠教化之功，所谓“渐也，顺也，靡也，久也，服也，习也，谓之化”[5]。

孔子认为“性相近也，习相远也”[6]，要人向善，则需“道之以德，齐之以礼”[7]。对于官僚贵族，孔子认为要在教化中起表率作用，所谓“君子之德风，小人之德草，草上之风必偃。”[8]为此，一要志于仁，“苟志于仁矣，无恶也”[9]；二要见贤思齐，

〔1〕《康熙政风录·圣祖仁皇帝庭训格言》。
〔2〕《宋史·范纯仁传》。
〔3〕《管子·立政九败解》。
〔4〕《管子·权修》。
〔5〕《管子·七法》。
〔6〕《论语·阳货》。
〔7〕《论语·为政》。
〔8〕《论语·颜渊》。
〔9〕《论语·里仁》。

“见贤思齐焉，见不贤而内自省也。”[1]

孟子认为，人性中有“善端”，要“以善养人”，管理国家则要“以德服人”。为此，君主要怀仁正己，内圣外王。[2] 官僚们则要“厚乎责己”，养心寡欲。[3]

荀子主张“性恶论”：“人之性恶，其善者伪也。”[4] 他提出通过教化和礼治，使人“反于性而悖于情”，“化性而起伪”[5]。其中君仪民景[6]、贤吏导民[7]、师法导善[8]，通过君吏师隆礼崇德，可以完善治理。官吏的角色则是要“明君臣，上能尊主下爱民”[9]。

韩非不同意儒家的道德教化主张，他指出：“夫圣人之治国，不恃人之为吾善也，而用其不得为非也。恃人之为吾善也，境内不什数；用人不得为非，一国可使齐。为治者用众而舍寡，故不务德而务法。”由此，韩非提出了法治教化的立国理念：“故明主之国，无书简之文，以法为教；无先王之语，以吏为师。”[10]

秦亡汉兴，陆贾提醒刘邦：“秦非不欲治也，然失之者，乃举措太众、刑罚太极故也。”[11] 因此，要“怀德”而治。贾谊随后提出：“教者，政之本也；道者，教之本也。有道，然后教也；有

---

〔1〕《论语·里仁》。
〔2〕《孟子·离娄上》。
〔3〕《孟子·尽心下》。
〔4〕〔5〕《荀子·性恶》。
〔6〕《荀子·君道》。
〔7〕《荀子·王制》。
〔8〕《荀子·礼论》。
〔9〕《荀子·成相》。
〔10〕《韩非子·五蠹》。
〔11〕《新语·无为》。

教，然后政治也。”[1] 贾谊认为君主要发挥教导作用，官吏则要做楷模。“君之为言也，道也。故君也者，道之所出也。……吏之为言，理也。故吏也者，理之所出也。”[2] 董仲舒继之，认为帝王的职责就是要“承天意，以成民之性”[3]，在此基础上，“实试贤能为上，量材而授官，录德而定位”[4]。从此，确定了教化与吏治相结合的制度化走势。

魏晋重玄学，轻名教礼法，于是世风“薄综世之务，贱功烈之用，高浮游之业，埤经实之贤”，贵族官僚“立言籍其虚无，谓之玄妙；处官不亲所司，谓之雅远；奉身散其廉操，谓之旷达”[5]。隋朝建立后，重振儒学，兴科举取士制度，使教化之功融入吏治。由此，兴起了中国长达一千三百年的教化政治，“学而优则仕”，“五尺之童，耻不言文墨焉”[6]。

唐朝社会思潮交融多样，但都倡导教化。从唐朝中期到北宋中期，孕育了后世所称的“宋明理学”。宋明理学注重内省修养德性，又不乏社会责任感，“为天地立志，为生民立道，为去圣继绝学，为万世开太平”[7]，对士人具有强烈的钟毓作用。

值得一提的是，教化既对官吏又对民众，是一个双重治理方式，对于形成清正廉洁的官僚群体和风清气正的社会风气，具有双重功用。试举王阳明一例。王阳明为一代心学大师，“随物而格致良知”，而其在江西为官，十分留意教化，致使人们“朝夕聚

---

〔1〕〔2〕《新书·大政下》。

〔3〕《春秋繁露·深察名号》。

〔4〕《汉书·董仲舒传》。

〔5〕裴頠:《崇有论》。

〔6〕《通典·选举三》。

〔7〕《张载集》，中华书局1978年8月第1版（下同），第320页。

会，考德问业”[1]。

不少英明帝王更是孜孜于教化，渴求官廉风清，提出了一些很有见地的廉政教化思想。隋文帝注意示范教育。岐州刺史梁彦光“甚有惠政，嘉禾连理，出于州境”，他曾下诏表彰曰：“赏以劝善，义兼训物。彦光操履平直，识用凝远，布政岐下，威惠在人，廉慎之誉，闻于天下。三载之后，自当迁陟，恐其匮乏，且宜旌善。可赐粟五百斛，物三百段，御伞一枚，庶使有感朕心，日增其美。四海之内，凡曰官人，慕高山而仰止，闻清风而自励。”[2]

“上之所为，人之所瞻也。夫释己教人，是谓逆政；正己教人，是谓顺政。”[3] 唐太宗以身作则，率先垂范，注重身教。他对身边大臣讲：“若安天下，必须先正其身，未有身正而影曲、上治而下乱者。”[4]唐太宗提倡节俭，从禁止修建宫殿为先例，要求“自王公已下，第宅、车服、婚嫁、丧葬，准品秩不合服用者，宜一切禁断。”“由是二十年间，风尚简朴，衣无锦绣，财帛富饶，无饥寒之弊。”[5]

北宋太宗注重对官僚进行诫勉教育。鉴于前朝后蜀政治腐败的历史教训，宋太宗亲书后蜀君主孟昶《颁令箴》的四句“尔俸尔禄，民脂民膏，下民易虐，上天难欺”，赐给州县官员勒石警诫，成为历史上有名的《戒石铭》。

明太祖朱元璋重视学校教育。他说：“治国之要，教化为先。

---

〔1〕《王阳明全集·别录十·牌行委官陈逅设教灵山》。
〔2〕《隋书·梁彦光传》。
〔3〕张澍辑：《诸葛亮集·教令第十三》。
〔4〕《贞观政要·君道》。
〔5〕《贞观政要·俭约》。

教化之道，学校为本。”[1] 山东日照知县马亮工于督运，漠视课农办学，朱元璋罢了他的官，并斥责道：“农桑，衣食之本；学校，风化之原。此守令先务。不知务此，而曰长于督运，是弃本而务末，岂其职哉?”[2] 朱元璋还重视对在任的官吏进行廉政训诫，谆谆告诫他们要“简徭省费”，“劝孝励忠”，“守法奉公，不为阿私”，力争做一名“循吏”，“奉公无渔民也”[3]。

康熙注重移风易俗。他说：“治天下者，莫亟于正人心，厚风俗，其道在尚教化以先之。”[4] 他颁发《学校论》、《御制训饬士子文》，强调要“防其放僻邪侈之心”，杜绝“蜚语流言挟制官长”、“隐粮包讼出入公门”、“唆拨奸猾欺孤凌弱”、“招呼朋类结社要（邀）盟”等“名教不容，乡党弗齿”[5] 的丑恶现象。他还认为，“淫词小说，人所乐观，实能败坏风俗，蛊惑人心。朕见乐观小说者多不成材，是不惟无益，而且有害”[6]，着力进行整治。

乾隆运用反面典型案例进行廉政教育。乾隆十八年（1753年），黄河决口。他下令严查治河巨款使用情况，将事故主要责任者在灾区斩首示众，其他治河官员也被革职治罪。并勒令历任治河官员一年之内，将亏空的十万多两银子如数补齐，否则斩首。此举令百官震恐，民心得到抚慰，起到了很好的廉政教育作用。

中国古代历朝都奖掖清廉，为廉吏树碑立传，形成了一个优良传统。“二十四史”之中就有《循吏传》、《良吏传》、《良能

[1] 《明太祖实录》卷四十六《洪武二年十月辛巳》。
[2] 余继登：《典故纪闻》卷三。
[3] 《明会要》卷四十一《职官十三》。
[4] 康熙：《学校论》。
[5] 《清圣祖实录》卷二〇八《康熙四十一年六月》。
[6] 《清圣祖实录》卷一百二十九《康熙二十六年二月》。

传》。宋人费枢还撰《廉吏传》，明代还有《彰善录》、《圣政记》。让历史讴歌廉洁，使廉吏青史留名，对本人是极大的褒奖，又为百官树立效法的榜样，实在是很好的教化。

晚清时期，中国经历了有史以来未曾有的大变局。思想家、政治家反思历史，批判现实，创新文化，探求革新政治的新思路。如果说，春秋战国时期是中国思想文化的“轴心时代”，中国传统文化的思想理念由此发轫，那么，晚清时代则开始了对中国传统的思想观念的“扬弃”，中国古代的廉政思想在这一时期开始向近代转型。

龚自珍、林则徐、魏源的廉政思想具有传统士大夫特色，但是，他们认识到必须“更法”。例如，龚自珍对僵化官制和“一人为刚，万夫为柔”〔1〕政体的批判，对不拘一格降人才和经世致用学风的呼唤，具有开风气之先的意义。

曾国藩、张之洞、左宗棠为代表的洋务派，标榜“中学为体，西学为用”，在廉政思想方面彰显出中国传统文化余晖灿烂的光芒，并以身作则把传统廉政理念践行得淋漓尽致。但是，他们固守旧道德、旧礼教，不肯作半点修正，竭诚于没落朝廷，有负于时代精神。例如，曾国藩秉承“始于修身，终于济世”〔2〕的人生信条，一生战战兢兢，躬身自省，克己复礼，防微杜渐，循规蹈矩，几近圣人。《清史稿》主修赵尔巽称其“以忠诚倡天下”，“中兴以来，一人而已”〔3〕。其结果，从历史发展趋势来看，只是形成了传统政文化迈入近代门槛时的一抹落日返照，实在不足以

---

〔1〕《龚自珍全集》第一辑《古史钩沈论一》，上海人民出版社 1975 年版（下同），第 20 页。
〔2〕《曾国藩全集》第 14 册，第 443 页。
〔3〕《清史稿·曾国藩传》。

光炳民族复兴前程。

中日甲午战争失败后，康有为、梁启超等维新派揭櫫变法。他们从中西“政教之异”的剖析直捣旧体制的病灶，亮出了变革政体的主张，还进行了初步的国民性批判。例如，梁启超指出，长于私德修养，欠缺公德公利之心，对公务漠不关心[1]，致使少数人的腐败得以肆意妄行，政治文明难以进展。中国人把科学看低了，把科学看呆了，缺乏求真、求系统、求实证的知识与方法，结果形成笼统、武断、虚伪、因袭、散失的思想病症，难以开展健康的公共政治生活[2]。为此，在文化上进行矫正，才是根除腐败的根本之策。换言之，传统思想文化的精华要汲取，而包含诱发腐败的成分必须剔除。

邹容、陈天华是资产阶级民主革命的宣传家，他们鲜明地提出，改革晚清腐败政治只有进行革命。陈天华在《警世钟》里说：“做官的只晓得贪财爱宝，带兵的只晓得贪生怕死，读书的只晓得想科名，其余一切的事都不管。上中下三等的人，天良丧尽，廉耻全无……大家若不从此另换心肠，痛加改悔，恐怕不要洋人来灭，也要自己灭种了。”[3] 作为一位年轻的革命家，陈天华认识到中国腐败衰弱是全社会性的，逻辑结论必然是，不仅要进行制度变革，而且要进行文化变革。

黄兴是资产阶级民主革命领袖之一。他既献身革命，又淡泊名利、严于律己，极富人格魅力。他说：“非有高尚之学术、卓越

---

〔1〕 陈书良编：《梁启超文集·政论·论公德》，北京燕山出版社2009年版（下同），第113页。

〔2〕《梁启超文集·政论·科学精神与东西文化》，第311－317页。

〔3〕 刘晴波等编：《陈天华集·警世钟》，湖南人民出版社2008年版，第77页。

之精神、优美之道德，不足竟全功而巩新国。”[1] 他言行如一，鞠躬尽瘁，勤政廉政，树立了一位近代民主革命家的光辉形象，也充分表明古代廉政思想可以继续发扬光大。

孙中山是“三民主义”的倡导者和革命的先行者。他认识到中国人民的苦难根源于一点，“那就是普遍的又是有系统的贪污”[2]，也就是政治腐败，而救治腐败只有政治的、社会的革命一途。因此，孙中山反腐倡廉的思想与根本措施在于建立新制度，具体的就是“权能分治”、“五权分立”的政治体制。这样的新制度，主张政府权力来自国民授予，人民通过宪法，把各种治权分别授予行政权、立法权、司法权、考试权和监察权分立制衡的国家机关行使；国民则保留“民权”，通过国民大会的形式来控制和指挥“治权”的行使，由此促使这些行使治权的主体兢兢业业为国民服务，做好国民的公仆。这就从根本上否定了在中国绵延几千年的皇权、官僚思想，把古代民本理念提升到近代民主精神层面，为资产阶级革命指明了政治方向，并且把建设廉洁政治思想推向了中国近代的最高峰。

二、 中国古代的廉政制度

（一）先秦时期

只要存在公共权力，廉洁政治就是人们的普遍诉求。这一点

---

〔1〕 刘泱泱编：《黄兴集》一册《与李宝成等发起陆军将校联合会缘起》，湖南人民出版社2008年版（下同），第218页。

〔2〕《孙中山全集》第一卷，中华书局2006年11月第2版（下同），第89页。

在关于三皇五帝的传说中就有所呈现。例如，尧选择有德行的舜作为接班人，经过了民主推荐、人事考察、三年试用，才予以摄政。舜帝执政，对于管理队伍和地方政事，“三岁一考功，三考绌陟”，“五岁一巡狩”，“远近众功咸兴”[1]。这些都具有早期廉政制度建设的意义。

其中，《尚书·舜典》记载了舜巡视四方的情况：“岁二月，东巡守，至于岱宗，柴。望秩于山川，肆觐东后。协时月正日，同律度量衡。修五礼、五玉、三帛、二生、一死贽。如五器，卒乃复。五月南巡守，至于南岳，如岱礼。八月西巡守，至于西岳，如初。十有一月朔巡守，至于北岳，如西礼。归，格于艺祖，用特。五载一巡守。群后四朝，敷奏以言，明试以功。车服以庸。”[2] 舜在摄政的第二年，就开始巡视四方，封禅四岳，考监官员，颁行礼治法度，听取地方官员的工作汇报，从此把巡察地方和接受朝觐定为制度。此乃中国古代巡视制度的发源。

夏朝是中国第一个奴隶制王朝。夏王通过召集盟会和巡狩诸侯等形式，巩固中央权威，实行政务监督。《尚书·甘誓》中有夏启“乃召六卿”议事的记载，《尚书·秦誓》正义及《太平御览》都引述了有关群臣劝谏夏桀的事例，这些均说明夏王治理也注意讲究群策群力和约束权力。

中国有文字记载的历史从商代开始。从文字记载看，商之廉政建设有三个特点：一是宣扬王权神授。“率民以事神，先鬼而后礼”[3]，增强对权力的敬畏。二是注重修德。鉴于夏桀暴虐亡国，

---

〔1〕《史记·五帝本纪》。
〔2〕《尚书·舜典》。
〔3〕《礼记·表记》。

商王和官员都尊崇道德修养。一个突出的例子，是商汤之孙太甲在位时，因其“不遵汤法，乱德”，当政的权相伊尹将其幽禁。太甲三年“悔过自责”，“修德，诸侯咸归汤，百姓以宁”〔1〕。三是施行了一些监察制度。例如，有对官员政务活动进行巡视、考察的“简相”规定。

西周的统治是建立在宗法制和分封制基础上的，廉政建设特点鲜明：一是官员职责考核突出了廉政要求：“一曰廉善，二曰廉能，三曰廉敬，四曰廉正，五曰廉法，六曰廉辨。”〔2〕二是建立了监督监察官员队伍，包括匡人、御史、大宰、小宰和宰夫等职官。三是中央特别注意对分封诸侯的监督，推行“天子使其大夫为三监，监于方伯之国”〔3〕的举措。四是尊崇“礼”制，“先君周公制周礼”〔4〕，推行森严的社会规范和道德规范。五是辅助礼制制定了刑法。在夏商“五刑”的基础上，增订为“九刑”〔5〕，形成较完备的《甫刑》。六是周天子建立“采谏”制度。周朝设有专门的采诗官，巡游各地，采集民间歌谣，以体察民俗风情、政治得失。所谓“哀乐之心感而哥（歌）咏之声发，诵其言谓之诗，咏其声谓之哥（歌）。故古有采诗之官，王者所以观风俗、知得失、自考正也。”〔6〕“孟春之月……行人振木铎徇于路以采诗，献之大师，比其音律以闻于天子。故曰王者不窥牖户而知天下”〔7〕。

---

〔1〕《史记·殷本纪》。
〔2〕《周礼·天官冢宰·小宰》。
〔3〕《礼记·王制》。
〔4〕《左传·文公十八年》。
〔5〕《左传·昭公六年》。
〔6〕《汉书·艺文志》。
〔7〕《汉书·食货志上》。

春秋时期，诸侯争霸，大夫专政，礼崩乐坏。在这种背景下，出现两个极为突出的政治现象。一是，“礼”在政治中的地位和作用继续被推崇，以求维护即将分崩离析的统治秩序。“礼”被认为是“经国家，定社稷，序民人，利后嗣”[1]的最高准则，“非礼勿视，非礼勿听，非礼勿言，非礼勿动”[2]，礼之所禁同于法之不容。二是，残酷的政治和军事竞争，激发了前所未有的制度创新。郡县制、官僚制打破了采邑制和世卿世官制，奋发有为之君、贤良卓荦之士，廉洁自强，横空出世，与没落反动势力形成鲜明对比，成为新生政治力量，打破旧资质、旧秩序，逐渐主导社会变迁的方向。例如，奠定秦国强盛之基的秦穆公，“闻百里傒贤”，为其赎买变更了奴隶身份，“与语国事”，“授之国政”[3]，成为史家佳话。

战国时期，是各诸侯国通过变法，推动中国走向统一的时代。在变法中，廉政制度建设成为新政不可缺少的一个方面。楚国吴起认为，“大臣太重，封君太众，若此则上逼主而下虐民，此贫国弱兵之道也”，因此对封君子孙“三世而收爵禄”[4]，“令贵人往实广虚之地”[5]，同时“损其有余而继其不足”[6]，打击腐败的旧贵族，劝诫新生军功地主阶级。齐威王改革，首先整顿“百官荒乱”的吏治，奖赏清正廉洁、政绩卓著的即墨大夫，烹杀厚币贿赂博得“誉言日闻”、辖域“田野不辟，民贫苦”的阿大夫，

---

〔1〕《左传·隐公十一年》。
〔2〕《论语·颜渊》。
〔3〕《史记·秦本纪》。
〔4〕《韩非子·和氏》。
〔5〕《吕氏春秋·贵卒》。
〔6〕《说苑·指武》。

“谨修法律而督奸吏”[1]。魏国李悝编制了中国第一部系统的封建法典《法经》，其中有专门惩治“不廉”、“淫侈”、“逾制”的贪官污吏的条款[2]。秦国商鞅变法废除世禄世卿制度，建立封建官吏制度，奖励耕战新兴地主，规定爵位依军功授予，“宗室非有军功论不得为属籍”[3]。这样的变革，是对没落政治势力的强大冲击，具有很强的涤除旧弊、维新图强的效能，形成了“明主之吏，宰相必起于州部，猛将必发于卒伍。夫有功者必赏，则爵禄厚而愈劝”[4] 的欣欣向荣的局面。

战国时期，思想解放，制度创新迭出。各国普遍出现了荐举入仕、以功授官、俸禄养廉、“上计”考课、教育惩戒等廉政制度，都具体贯彻了当时兴起的“民本”、“仁政”、“君德”和“任贤使能”、“以法治吏”等廉政思想，强化了政权自我约束，有利于富国强兵，赢得了民众支持，推动了各国通过“农战”走向一统。

（二）秦汉时期

秦统一中国和两汉王朝的稳固治理，奠定了中国封建社会的制度框架，廉政制度借助春秋战国时期形成的丰厚廉政思想文化资源，逐步确立和完备起来。

秦王朝首创皇权制度和三公九卿为核心的中央行政体制、郡县制为基本形式的地方行政体制架构，建立了一套职业化官吏管

---

〔1〕《史记·田完世家》。
〔2〕《晋书·刑法志》。
〔3〕《史记·商君列传》。
〔4〕《韩非子·显学》。

理制度，构筑了相关的监督机制。秦王朝三公之一的“御史大夫”，其重要的职责就是监察百官，等于副丞相，可以递补相位之缺，其下有御史中丞、侍御史等辅佐，专事“察举非法”，位高权重，百官畏之如“风霜”。后人有诗云：“扶颠待柱石，独坐飞风霜。”[1]

秦朝廉政建设还有一个鲜明特点，就是贯彻法家治国理念而倡扬法制建设。1975 年，湖北云梦县睡虎地出土的秦简上载有秦朝“为吏之道”，其中指出：“凡为吏之道，必精洁正直，慎谨坚固，审悉毋私，微密纤察，安静毋苛，审当赏罚。”“为吏之道”严格规定了官吏的行为规范，包括“五善”、“五失”[2]，详尽具体，治吏严明。对于贪腐官员，秦朝必惩不贷，例如规定“通一钱，黥为城旦”，“府中公金钱私貣（tè）用之，与盗同法”[3]，凡此行贿与贪污者，都要受到惩办。

西汉在基本治理制度上多继承秦制。但是，西汉初期致力于社会休养生息，统治阶级“躬修俭节”[4]，至汉武帝时形成了廉政传统，所以极力推行“廉吏”规范和风尚，举孝廉成为最主要的察举仕进制度，也是很有效的廉政制度。西汉宣帝“及拜刺史守相，辄亲见问，观其所繇，退而考察所行以质其言，有名实不相应，必知其所以然”[5]。西汉后期，皇帝柔弱，“吏不良，风俗薄”[6]，官员荒淫奢侈成风。于是，东汉甫建，倡扬节俭，并官

〔1〕 杜甫：《入衡州》。

〔2〕 张晋藩主编：《中国法制史》第二章第二节《秦律对社会的多方面调整》，中国政法大学出版社 2002 年版，第 61 页。

〔3〕《睡虎地秦墓竹简·法律答问》。

〔4〕《汉书·食货志上》。

〔5〕《汉书·循吏传》。

〔6〕《汉书·龚胜传》。

省职，强化监督，形成“光武中兴”。

更为重要的是，官员选拔制度在西汉的改革，优化了官员队伍，推动了廉政建设。从公元前196年汉高祖刘邦下诏令郡国推举“贤士大夫”，经汉文帝诏举贤良能直言极谏者对策授官，至汉武帝元光元年（前134年）下诏郡国每年察举孝廉各一人，汉代察举选官制度逐渐确立。察举的科目很多，主要有孝廉（孝敬廉洁者）、秀才（才能优秀者）、明经（通晓经义者）、贤良方正（能直言极谏者）等，分为“常科”和“特科”两大类。“常科”即是“孝廉科”，由地方长官根据各地人口比例，推荐“孝子廉吏”到中央参加考试，合格者授予官职。其余为“特科”，为不定期挑选有特殊才能的人而设。在数百年实施过程中，察举制突出了“以德取人”、“以能取人”、“以文取人”等考选官员的价值取向，对于廉政建设发挥了很好的导向作用。

秦汉时期，中国廉政制度有重大发展，首先表现在实行了监察权与行政权的分离。从中央到地方各级政府均建立了相对独立的监察机构，使各级官吏和行政部门都处在有效监督之下。这些监察机构的工作职责和对象都很明确，操作性很强。例如，西汉初年，御史监察三辅时，就明确规定其监察的范围有九项：“辞讼者、盗贼者、铸伪钱者、狱不直者、繇（徭）赋不平者、吏不廉者、吏苛刻者、逾侈及弩力十石以上者、非所当服者”〔1〕。对于地方，有刺史巡察各地，主要负责监察郡守国相一级的地方高级官吏和宗族豪强，规定“以六条问事；非条所问，即不省”〔2〕。“六条问事”内容包括：强宗豪右，田宅逾制，以强凌弱，以众暴

〔1〕 李林甫撰：《唐六典》，中华书局1992年版，第379页。
〔2〕《汉书·百官公卿表上》颜师古注引《汉官典职仪》。

寡；不奉诏书，背公向私，侵渔百姓，聚敛为奸；不恤疑狱，风厉杀人，烦扰苛暴，为百姓所疾；选署不平，蔽贤宠顽；子弟恃怙荣势，请托所监；阿附豪强，通行货赂。[1] 这样的监察内容，抓住了监督检查的要害，有利于地方吏治建设和行政管理。“中国历史上讲到地方行政，一向推崇汉朝，所谓两汉吏治，永为后世称美。”[2]

为了提高监察的效能和权威，监察机构和官员被赋予特殊的地位和权力。如品秩较低的监察官员可以监察品秩较高的行政官员；刺史巡察，可以代表君主巡视；除去专司监察之权外，往往拥有一定的弹劾权、举荐权、司法权。这样就为顺利开展监察提供了制度保障。另一方面，为了防止监察机构坐大失控，秦汉时期规定监察官员必须接受监督，所谓“惧宰官之不修，立监牧以董之；畏督监之容曲，设司察以纠之：宰、牧相累，监、察相司”[3]。宰、牧相累，是行政权与监察权之间相互制约；监、察相司，是各监察机构之间相互监察。

除了建立上述专门的监察职官之外，秦汉时期的廉政制度建设还有三个突出特点：一是具体化。对官吏忠于职守、保障绩效、勤政惠民、节俭用度都有比较明确的规范。这些规范主要体现在职官设置、选用、管理以及一些法律制度之中，施行起来不显山水，却处处显示其约束力。例如，秦汉时期将“制节谨度以防奢淫”称之为“为政所先，百王不易之道”[4]，于是通过具体规定

〔1〕《资治通鉴·汉纪二十二·成帝建始元年》。
〔2〕钱穆：《中国历代政治得失》，三联书店2005年版（下同），第9页。
〔3〕《三国志·魏书·夏侯玄传》。
〔4〕《汉书·哀帝纪》。

“吏民养生、送终、嫁娶、奴婢、田宅、器械之品”的办法，“明申旧令，禁奢侈”[1]。二是成体系。一些廉政规范相互照应，多侧面多环节强化官员廉洁从政。例如在官吏管理规定中，有定期考课政绩和品行的规定，有对政绩卓著、德才出众的官吏破格提拔的规定，有犯有重大过失的官吏应主动引咎辞职的规定，有年老体弱官吏及时退休的规定，有官吏任职实行回避的规定，有中央对地方巡视督察的规定，等等。三是重治吏。廉政建设主要是管好官吏，君主“所谓寝食不安，所谓宵旰图治，在天下已定或大定之后，主要还不是为了对付人民，而是为了对付臣属”[2]。有力度的廉政建设，保障秦汉时期涌现出不少能干和廉洁的官吏。这样的一支队伍，成为国家长治久安的一个重要因素。因此，司马迁在《史记》中首设“循吏”和“酷吏”列传，两《汉书》沿袭循例，都不惜笔墨予以记载。循吏，是为廉洁、节俭、公正的“奉法循理之吏”[3]；酷吏，多具有“据法守正”[4]、“廉洁无资”[5] 的品德。

（三）魏晋南北朝时期

魏晋南北朝时期是中国历史上大分裂大动荡时期，政权割据、民族纷争以及地主阶级内部寒族对门阀势力的斗争，形成了此间时代特征。其中门阀士族的盛极而衰和寒门庶族的崛起，是这一时期阶级变动的主要标志。

---

〔1〕《后汉书·安帝纪》。
〔2〕王亚南：《中国官僚政治研究》，中国社会科学出版社1981年版（下同），第44页。
〔3〕《史记·太史公自序》。
〔4〕《汉书·酷吏传》。
〔5〕《后汉书·周紆传》。

门阀士族是两汉之际在地主阶级内部出现的一个特权阶层，他们凭借出身高阶、经术传道累世公卿，拥有崇高的社会地位和雄厚的经济实力，左右了主要仕进途径。东汉末年，门阀士族已经操纵了察举制，他们主导乡间舆论，使察举滋生了种种腐败现象，与要求参与政治的中小地主及其知识分子产生了尖锐矛盾。在此背景下，曹操三下“求贤令”，倡扬“唯才是举”，提出“士无遗滞，官无废业”[1]，具有重要的历史进步性。曹丕即位后，为了缓和与士族的矛盾，确立了家世、道德、才能三者并重的“九品中正制”选官。

以“九品中正制”充实察举制，也具有一定的历史进步意义。这是因为，察举选官制度把宗族乡党的评定作为政府选拔官吏的最重要依据，而九品中正制一方面沿袭了乡里评议的传统，又把评议权也就是官员选任权通过“中正”收归政府，在一定程度上抑制了士族专权。此制规定，在各州郡选择“贤有识见”的官员任“中正”，中正从家世、道德、才能三个方面把人士分成上上、上中、上下、中上、中中、中下、下上、下中、下下九等，作为吏部对等授官的依据。但是，由于充当仲裁的“中正”几乎全部是门阀士族，他们实际上把持着官吏选拔之权。司马懿当政后，任世家豪门为各地中正，评定士人品级只论其门第而不论才能，家世越来越重要，甚至成为唯一的标准。因此，到西晋时，终于形成了“上品无寒门，下品无势族”[2] 的局面。

九品中正制作为选官制度，下接科举制，施行数百年。“魏氏立九品，置中正，尊世胄，卑寒士，权归右姓已。其州大中正、

---

〔1〕《三国志·魏书·武帝纪》。
〔2〕《晋书·刘毅传》。

主簿，郡中正、功曹，皆取著姓士族为之，以定门胄，品藻人物。晋宋因之，始尚姓已。”[1] 但是，到南北朝时期，却带来了门阀士族的盛极而衰。由于“贵仕素资，皆由门庆，平流进取，坐至公卿”[2]，门阀士族“不乐武位”[3]，“不屑竭智尽心，以邀恩宠；且风流相尚，罕以物务关怀，人主遂不能借以集事”[4]。由于他们只愿意做职闲廪重的“清官”，职繁廪轻的“浊官”就自然让位给甘于勤政廉政的寒门庶族了。

在分裂动荡的三百余年间，中央集权的管理体制仍在沿着加强君权、分解臣权的趋势演进。魏晋时期，中央形成了三省六曹制，地方上则沿袭了东汉以来州（由刺史巡察全国后固定而来）、郡、县三级管理体制，还兼有诸侯王国。

尚书在秦代设于少府，掌管文书奏章，西汉后期成为分曹办事的政务官员。尚书台权力日益扩展，成为“出纳王命，敷奏万机，盖政令之所由宣，选举之所由定，罪赏之所由正”[5] 的重要机构。西汉成帝时，在尚书台之下设立六曹：吏部曹管选举祠祀之事，二千石曹管词讼、司法之事，民曹管修缮、园苑之事，三公曹管州郡考课之事，客曹管少数民族及外国之事，中都官曹管水火盗贼之事。此六曹，成为以后近两千年间六部的雏形。东汉时期，尚书台正式协助皇帝处理政务兼有纠察之权，“虽置三公，事归台阁。自此以来，三公之职，备员而已”[6]。魏晋南北朝时

〔1〕《新唐书·柳冲传》。
〔2〕《南齐书·褚渊王俭传》。
〔3〕《南齐书·丘灵鞠传》。
〔4〕《廿二史劄记·南朝多以寒人掌机要》。
〔5〕《文献通考·职官五》。
〔6〕《后汉书·仲长统传·法诫篇》。

期，六曹制基本保持。但是，为了限制权逾三公的尚书台，三省制约的体制应运而生。尚书省转变为辖管六曹掌管执行政务，“听命受事而已”[1]。中书省为曹丕始设，原来由尚书郎担任的诏令文书起草之责，转由中书省官员担任，中书省渐获掌管机要和督责之权。门下省原为皇帝的侍从机构，在晋武帝时得以建制，渐有封驳政令和诤谏得失职能。北朝政出门下省，一时成为中央政权机构的重心。

论及廉政制度建设，北魏孝文帝改革值得一提。北魏初期，地方官员任期一般为六年，届满即可升迁。另外，中央不负责地方官员的俸禄，一律由地方自筹，这样就造成了地方官员不思政务，专事掳掠。为扭转仕风日下，北魏孝文帝推行俸禄制度，禁止地方官员私自筹俸，一律改为由中央政府定期发放。同时孝文帝还颁布了惩治贪污法令，规定凡弄权枉法、贪污国家财物达到一匹绢帛者，一律处死；地方官员升迁不再按年资核定，只有政绩突出者升迁，否则推迟提拔。北魏还将具有民族特色的反腐败制度推广开来，“阙左悬登闻鼓，人有穷冤则挝鼓，公车上奏其表”[2]，允许有冤者击鼓向皇帝“直诉”，从此以后直到清代都有这种直诉制度。这些创新性的制度，对于澄清吏治意义很大。

魏晋南北朝时期监察机构进一步独立发展。东汉时期，监御史台和司隶校尉负有监察职责，与尚书省统称为“三独台”。魏晋时期，御史台负责监察宫内百官，称行马内察官；司隶校尉负责监察宫外百官，称行马外察官。两者形成专司监察的严密网络。南北朝时期，司隶校尉合归御史台。御史台则完全跃出百官之列，

---

〔1〕《通典·职官四》。
〔2〕《魏书·刑罚志》。

成为直接受命于皇帝的监察机构，被称为“南台”或“南司”。

魏晋南北朝时期的监察立法也有很大进步，最主要的是形成了一套对皇帝进行最高监督的言察制度。秦汉时期宫内设置的给事中、谏议大夫等加官，至此成为门下省的正式属官，具有诤谏和封驳之权力。在地方上，州刺史的监察职责被强化，魏晋时期出现了“六条察吏”，南北朝时期出现了“诏制九条”、“六条课郡法”，作为遣使巡察考课诸州的参照，从而把地方官员的为官道德和为官政绩都纳入监察立法范畴，进一步丰富了廉政制度。

（四）隋唐时期

隋唐时期是中国封建社会重要的发展期。隋王朝虽然国祚短暂，但是它在某些方面的创制作用功不可没。

隋朝首创科举取士，擢拔寒门俊杰，削弱门阀士族。隋文帝终止九品中正制，于开皇十八年（598 年）下诏“以志行修谨、清平干济二科举人”[1]。隋炀帝大业三年（607 年）“始建进士科”[2]，创立了延至 1905 年的科举取士制度，保障了封建官吏队伍能够源源不断地从各社会阶层吸收有生力量。这在廉政制度建设方面具有划时代的意义。第一，把天下才俊笼络到统治集团内部，实现了精英政治。隋炀帝诏书说得很透彻：“天下之重，非独治所安；帝王之功，岂一士之略？自古明君哲后，立政经邦，何尝不选贤与能，收采幽滞。……夫孝悌有闻，人伦之本；德行敦厚，立身之基。或节仪可称，或操履清洁，所以激贪厉俗，有益风化。强毅正直，执宪不挠，学业优敏，文才美秀，并为廊庙之

〔1〕《隋书·高祖纪下》。
〔2〕《通典·选举二·历代制中》。

用，实乃瑚琏之资。才堪将略，则拔之以御侮；膂力骁壮，则任之以爪牙。爰及一艺可取，亦宜采录，众善毕举，与时无弃。以此求治，庶几非远。文武有职事者，五品已上，宜依令十科举人。有一于此，不必求备。朕当待以不次，随才升擢。”[1] 第二，把官员选任权从地方集中到中央，有利于国家的稳定和统一。“前代选用，皆州府察举……至于齐隋，不胜其弊……是以罢州府之权而归于吏部。……自隋罢外选，招天下之人，聚于京师，春还秋住，乌聚云合。”[2] “隋氏罢中正，举选不本乡曲，故里闾无豪族，井邑无衣冠……五服以内，政决王朝；一命免拜，必归吏部。”[3]

为加强权力制约和提高行政效率，隋文帝对中央官制进行改革。在三省六曹制的基础上，严格了三省职责，确定内史省掌管起草诏书、参与决策，门下省掌封审议、兼具监察，尚书省下辖六部、负责行政。整顿地方官制，“存要去闲，并小为大”，裁撤郡一级政府，实行州县两级制，专治民政，不再具有军事职能，不仅防止了地方割据生成，而且改变了东汉以来沿袭五百年的三级辖制，革除了“民少官多，十羊九牧”[4] 的现象。

隋代监察制度进一步加强，在御史台之外又增设了司隶、谒者二台，三台分理监察。又颁布了“司隶六条”的监察法条，制定了《开皇律》的刑律。又建立大理寺作为最高审判机关、刑部作为最高司法政务部门，地方上仍以州刺史、县长令兼知司法，

〔1〕《隋书·炀帝纪上》。
〔2〕《全唐文·沈既济·选举论》。
〔3〕《通典·选举五·杂论议中》。
〔4〕《隋书·杨尚希传》。

建立起一套较为完整的司法审判机制。

唐代的制度建设，承继隋代而加以进一步完善。这主要包括：施行外朝听政、朔望朝参和君臣常朝的朝参制度，促进朝臣勤政自律；完善三省六部制的中央官制，内史省改称中书省，六部设为吏、户、礼、兵、刑、工，确立起中书省决策、门下省审议、尚书省执行的制衡行政格局；在地方上设置了专事监察的“道”，加强监察和巡视；发展科举制度和官吏致仕制度，促进官僚队伍吐故纳新；对官员进行严格考课，重修谱牒，推行“以资产为宗”的两税法，奖拔寒素、抑制士族。

唐朝反腐倡廉建设，突出了法制建设。本着“德礼为政教之本，刑罚为政教之用，犹昏晓阳秋相须而成”〔1〕的治国思想，唐朝先后编修《武德律》、《贞观律》、《永徽律》、《唐六典》等，促进保障廉政建设。《新唐书·刑法志》上说：“令者，尊卑贵贱之等数，国家之制度也。格者，百官有司之所常行之事也。式者，其所常守之法也。凡邦国之政，必从事于此三者，其有所违及人之为恶而入于罪戾者，一断以律。”传世的《唐律疏议》共计十二篇，其中第三篇《职制律》集中对官吏的设置、选任、失职、渎职等行为作出规范认定，其余八篇也涉及追究官吏违法渎职的法律责任，其中涉及惩治赃贪的内容有七十六条，规定罪名四百四十五个，涉及官吏犯罪有一百九十二个，占总律条的百分之四十三。〔2〕比如严惩贪污、贿赂有规定：凡以次等之私有财物换取较好之官有财物者，以盗论。诸有事先不许财，事过之后而受财

〔1〕《唐律疏议·名例》。

〔2〕吴毅：《唐朝贞观年间防治贪腐的政策举措释析》，见《理论导刊》2009年第9期第117页。

者，事若枉，准枉法论，事不枉者，以受所监临财物论。[1] 较为完备的法制建设，促进了较好的反腐倡廉建设，使唐律和唐朝享有“得古今之平”[2] 的美誉。

在廉政制度执行中，唐朝有几个政治行为意义重要。一是殿廷议事。《资治通鉴》载：“中书、门下及三品官入（阁）奏事，必使谏官、史官随之，有失则匡正，美恶必记之。诸司皆于正牙奏事。御史弹百官，服豸冠，对仗读弹文。故大臣不得专君，而小臣不得为谗慝。”[3] 谏官、史臣参与廷议，当场行使职权，加强了君臣自律，促进了政治清明。二是门下言谏。门下省在中央决策中主要负责审议和封驳政令，其履职官员一般称“给事中”。给事中在审核政令时，如发现有不便施行者，可以封还中书省另拟，亦可以直接在诏敕上涂改，称“涂归”。司法部门审案不当时，给事中可以会同中书省、御史台覆核，称“三司受事”。这样的措施，增强了政策的准确性、可操作性和实效性。三是三院治事。御史台是独立的监察机构，是“治官”之官。御史台长官为御史大夫，号称“台主”，副官为御史中丞。下辖侍御史称“台院”，殿中御史称“殿院”，监察御史称“察院”。台院掌纠察弹劾不法百僚，审判皇帝特命的案件，并与门下省的给事中、中书省的中书舍人分值朝堂，受理冤讼，号称“小三司”。殿院掌殿廷供奉仪式，纠察朝会典礼失仪和随驾检举非违等事。察院掌监察地方官吏及尚书省的六部。御史台三院的设置与明确分工，说明中国封建社会的御史监察制度发展成熟到了一定程度。四是“分

〔1〕《唐律疏议·职制律》。
〔2〕《四库全书总目》卷八二《史部·政书类二·唐律疏议提要》。
〔3〕《资治通鉴·唐纪二十七·玄宗开元五年九月》。

察分巡”。唐朝监察权在中宗后分成左御史监察中央称“分察”、右御史监察地方称“分巡”。唐代以“道”为监察区，每道派监察御史一人，也称巡按使、观察使、按察使等。后来，这些监察御史在地方上停驻下来，全权处理监察区内的事务，演变成了“节度使”，集指挥军事、管理财政、任免官吏大权于一身。而且，唐代边陲要塞的节度使多选派武人充任，逐渐酿成了“安史之乱”那样的祸患。

“安史之乱”给大唐王朝以重创，成为其走向衰亡的转折点。从制度建设上看，有三个重要变化影响远大。一是，“安史之乱”后，学术机构“翰林院”成为宫禁“内制”决策机构，足以与“外制”的三省六部分庭抗礼，标志着皇宫权力加强，也形成了此后的内外党争。二是宦官组成的枢密使权力不断加大，成为又一“内相”，侵夺了各省部的管理职能，宦官专权由此发端。三是地方上州县两级行政区划之上，增加藩镇统管民政、财政和军政大权，最终酿成唐末严重的藩镇割据，直接形成五代十国的局面。朝官之争、宦官专权、藩镇割据，三大腐败症候导致唐王朝走向灭亡。

（五）宋元时朝

行伍出身的赵匡胤建立北宋王朝，采取了重文抑武的“文治”国策。“五代以还，不崇门阀，谱牒之学，遂绝不传”[1]，士族门阀地主衰退，科举出身的士大夫阶层在政治上越来越显赫，宋代成为一个“文质彬彬”的朝代。宋代“为与士大夫治天下，非与

〔1〕 胡应麟:《少室山房笔丛》卷三十九《庚部》。

百姓治天下也”[1]，于是，士大夫制约皇权、皇权挟制士大夫，成为宋代廉政制度建设的一个显著特征。

有宋一代，皇权受士大夫的约束是显而易见的。皇帝的制敕须经中书省宰相的副署，并由中书省发出。宰相甚至可以干预后宫事务，包括皇后、太后、储君以及宦官治事，宰相均可干预。“祖宗之法严，宰相之权重，貂珰有怀奸慝，旋踵屏除，君臣相与防微杜渐之虑深矣。”[2] 这样的“文治”意义重大，皇权得到有力的监控，而且官吏队伍保持了应有的生机。史称：“宋有天下三百载，视汉唐疆域之广不及，而人才之盛过之。”[3] 有宋一朝的君主，对读书仕进者给予了尊重和奖掖，激发了天下士子积极参与政治，成为抵制腐败的重要力量。北宋末年拥护抗战、反对投降的斗争，南宋后期对丁大全、史弥远、贾似道等擅权的斗争，都是由士人直接发起和领导的。

但是，士大夫“道不同不相为谋”的习性，使宋朝充满党争。党争炽烈，甚至置国家安危于不顾。“元祐、绍圣，一反一覆，而卒为夷狄侵侮之资，尚何望其振中国以威夷狄哉！”[4] 南宋却又矫枉过正地汲取了党争误国的教训，打压士大夫，士大夫在廉政中的作用逐渐削弱，致使腐败权臣横行当道。

在权力约束方面，皇权还是占上风的。宋太宗坦言：“国家若无外忧，必有内患。外忧不过边事，皆可预防。惟奸邪无状，若为内患，深可惧也。帝王用心，常须谨此。”[5] 宋代中央官制强

---

〔1〕《续资治通鉴长编·神宗熙宁四年三月戊子》。
〔2〕《宋史·宦者列传序》。
〔3〕《范文正公集·补编》卷四《重建文正书院记》。
〔4〕《陈亮集·上孝宗皇帝第一书》。
〔5〕《续资治通鉴长编·太宗淳化二年八月丁亥》。

化分权制衡，原来三省中尚书省、门下省弱化，独有中书省留在皇宫，称政事堂，取旨掌政，枢密院掌军，三司（户部司、盐铁司、度支司）掌财。枢密院在唐代为宦官机构，至五代为武臣执掌，宋代成为专管军政的独立机构。三司沿唐末五代之制，“通管盐铁、度支、户部，号曰计省，位亚执政，目为计相。”〔1〕中书省只管民政，所谓“佐天子，总百官，平庶政，事无不统”〔2〕。中书省、枢密院、三司这三者鼎足而立，彼此不相知，实际上集权于皇帝一身。后来，军政之权渐渐为文职兼任，终成文弱南宋一朝。

在监察体制上，宋代继承了唐代的三院御史之设，又将门下等省的谏诤之权别立为谏院。此前，御史主弹劾，言谏主讽诤，到宋代御史台又可以参与言事谏诤，形成台谏合一，从而对行政可以全程监督和批评，成为很大的制约力量，以至于出现了“宰相但奉行台谏风旨而已”〔3〕的局面。

宋代管理体制还有一个鲜明特点：不断增设新的机构，代行或分解已有机构的职权。例如，京朝官的任命不由吏部，另设差遣院。后又另设审官院专管京朝官考核、设考课院主管幕职州县官的管理。这样一来，“三省六曹二十四司，类以他官主判，虽有正官，非别敕不治本司事，事之所寄，十亡二三”，“居其官不知其职者，十常八九”〔4〕，中书、门下、尚书三省职能渐渐弱化，至南宋三省合一，六部监司也时有省并。宋代整个官制把制约和

〔1〕《宋史·职官志二》。
〔2〕《宋史·职官志一》。
〔3〕《苏轼文集》卷二十五《奏议·上神宗皇帝书》。
〔4〕《宋史·职官志一序》。

控制放在了首位，廉政意义当然突出，但是不利的结果是机构叠床架屋，管理职能被置于其后，而且官员莫不以保持气节操守为首要，治国才干和效能却有些缺失。

宋代对科举制度作出发展。唐代科目繁多，宋代变成进士一途，且三年一考成为定制，成为稳定的取士制度。为科举选官更加公平，宋代施行了几项配套制度。一是“锁厅试”。即“见任官应进士举，谓之锁厅。虽中选，止令迁官，而不赐科第；不中者，则停见任。”[1] 借此，限制现任官与寒俊之士竞进。二是“禁公荐”。唐代有公卷，即考生把代表作预投，供录用时参考；行卷则是考生求得名人或高官推荐的卷子。宋代采取封弥、誊录之法，“一切以程文为去留”[2]，彻底清除了取士之中的荐举因素，有效防止了因缘挟私。另一方面，社会各阶层仰望科举制，“圣朝广开科举之门，俾人人皆有觊觎之心，不忍自弃于盗贼奸宄”[3]。而且，宋朝状元选择寒门子弟授予，抑制豪门实力，加速了贵族政治、武人政治退出历史舞台的进程。三是“覆考试”。初考之后，增加殿试，以皇帝权威监督和防范考官作弊，保证举人服膺，杜绝恩出私门。另一方面，宋代君臣彰扬文教，尊崇士人，调动了读书人参政的积极性，发挥了科举选官的积极作用。例如，文天祥“年二十举进士，对策集英殿。时理宗在位久，政理浸怠，天祥以法天不息为对，其言万余，不为稿，一挥而成。帝亲拔为第一。考官王应麟奏曰：‘是卷古谊若龟鉴，忠肝如铁

[1] 叶梦得撰：《石林燕语》。
[2] 陆游：《老学庵笔记》。
[3] 王栐撰：《燕翼诒谋录》。

石，臣敢为得人贺。’”[1] 科举选官推动了宋朝官吏队伍建设和士人群体成长，可谓“三百余年元臣硕辅、鸿博之儒、清强之吏，皆自此出，得人为最盛焉。”[2]

在官员管理制度方面，宋代有两项制度具有较大的廉政意义。一是官职差遣分离。宋代任官制度有官、职、差遣三个体系。官原本属于职事官系统。至宋，官称与实际职务逐渐脱离，仅用于表示官位、俸禄高低，故又称寄禄官。唐末五代以来，因事而设、事后即撤的使职差遣，在北宋成为由固定官员担任的实际职务，简称职。职又分馆职和贴职。馆职指官员所任职务。他官兼馆职，称贴职，一般为文官荣誉头衔。官表示地位，职指示职务，差遣是担当的工作。官职差遣，使官员待遇、职务、荣誉分离，利于通过擢拔勤政廉政的年轻官员担当重要而崇高的职务，也利于地位高、资历深的年长官员通过廉洁奉公继续保持较高的地位和荣誉。二是推行高俸养廉。“惟其给赐优裕，故入仕者不复以身家为虑，各自勉其治行。观于真、仁、英诸朝，名臣辈出，吏治循良，及有事之秋，犹多慷慨报国，绍兴之支撑半壁，德祐之毕命疆埸，历代以来，捐躯殉国者，惟宋末独多，虽无救于败亡，要不可谓非养士之报也。”[3]

相比之下，辽金元的廉政制度明显不及两宋，呈现游牧民族制度建设的粗放状态。在中央官制方面，辽并三省六部职权集中到枢密院。金撤中书、门下两省，只留有尚书省总理朝政。元则以中书省为政务中枢，尽管枢密掌军戎、御史台掌纠察，但是，

[1]《宋史·文天祥传》。
[2]《宋史·选举志一》。
[3]《廿二史劄记·宋制禄之厚》。

后两者受制于皇帝和中书省，几近虚设。在官员选用方面，辽金元沿用了科举制，但多粗疏缺憾。例如，元朝选官看重宿卫和吏员，其宰相多属于此两项出身。宿卫是赳赳武夫，吏员老奸巨猾，这样的人操持了权柄，其结果可想而知："台阁之位，率取敏锐材干、练达时事者居之。其效官举职，治繁理剧，固不乏人；而格君经世，蹈道迪德者，盖未多见也。"[1] 正如史家所言："宋亡于儒，元亡于吏。"

（六）明清时朝

明朝建立后，朱元璋强化皇权，把专制体制推向极致。其重要的表现是废除中书省和丞相制，以皇帝直接统领六部。朱元璋解释其中理由："自古三公论道，六卿分职……自秦始置丞相，不旋踵而亡。汉唐宋因之，虽有贤相，然其间所用者多有小人，专权乱政。我朝罢丞相，设五府、六部、都察院、通政司、大理寺等衙门，分理天下庶务，彼此颉颃，不敢相压，事皆朝廷总之，所以稳当。"[2] 宰相，丞相，是泛指的最高级别的行政长官，所谓"上佐天子理阴阳、顺四时，下育万物之宜，外镇抚四夷诸侯，内亲附百姓，使卿大夫各得任其职焉。"[3] 宰相居于一人之下、万人之上，对皇权起着制约甚至抗衡作用。

实职宰相废除，"内阁"大学士助理庶务，内阁制应运而生。内阁大学士官阶五品，是皇帝的顾问和参谋，有时也"传旨当笔"，很难制约皇权，皇权空前强化。皇帝如果无心朝政，权力就

〔1〕 王结：《文忠集》卷四《书松厅事稿略》。
〔2〕《明太祖实录》卷二百三十九《洪武二十八年六月己丑》。
〔3〕《史记·陈丞相世家》。

落在了宦官手中。所以，明朝政纲腐败突出的表现就是内阁与宦官的勾结或争斗。史称："有明之无善治，自高皇帝罢丞相始也。"〔1〕清朝先是沿袭内阁大学士之设，后又以军机处取而代之，二者都是闲曹参谋，对"乾纲独断"起烘托作用。晚清新政，仿照日本近代政治体制设内阁总理大臣，是为君主立宪制的行政长官，与古代宰相非能同日而语。

在明朝官制中，五府管军政，六部司行政。与六部行政的"寺监"相对，设"六科"专司政务的审核、言谏、监督和官吏考察，长官为给事中。前代所设中央监察机构御史台改为都察院，长官为都御史。地方上又划分出十三道，分设监察御史巡按州县，专事官吏的考察、举劾。清因明制，仍设都察院，下设十五道。通政使司是明清时收受、检查内外奏章和臣民申诉文书的中央机构，其职能就是开天下言路，长官为通政使。大理寺所掌为"审谳平反刑狱之政令"，长官为大理寺卿。六部尚书加都御史、通政使司、大理寺卿称为九卿，后三者掌管监察。另外还有学术机构翰林院、太子辅导机构詹事府，"清议"批评政务。因此，明清具有监察职责的机构有翰詹科道以及通政使司、大理寺，可谓规模大、地位高、职能强。但是，他们都是针对监察百官、加强皇权而设立的。在地方上，明朝废除元朝的各"行中书省"，设立十三个承宣布政司管理民政（提刑按察使司管刑狱、都指挥使司管军政）。清朝地方管理机构恢复为"省"，上面又把巡视性质的巡抚和总督固定为地方行政官。这都是为了加强对地方管理的防范而加大中央集权。

〔1〕《明夷待访录·置相》。

为了严密监控官员，明朝先是设立了锦衣卫，专门承受皇帝旨意，超越司法程序，专司处理针对不法官吏的“诏狱”案件。明成祖又增设东厂，以太监提督，专管“缉访谋逆妖言大奸恶等”[1]。明宪宗再设西厂，刺探官民阴私。厂卫本为监督不法官吏而设，起初也在惩治腐败方面效用显著。但是，它逐渐为权宦把持，超越司法不接受监督制约，不仅造成不少冤狱，而且自身迅速腐败，清代将之废除了。

为了通达下情和舆论，明代创立了密疏言事制度。密疏言事是臣民上呈给皇帝的一种特殊上行文书，直达御前开拆，皇帝亲批而不需内阁票拟，其间不假他人之手而高度保密，是皇帝掌握信息、监控官吏、推行廉政的重要手段。清承明制，建立了密折奏事制度。

为了保障皇权独断，又防止大权旁落宫禁，明朝加强了内阁、清朝增强了军机处等参谋机构建设。清朝还增加了皇帝读书听讲、增强修养的制度，又特别严格了皇帝勤于视朝和躬亲批阅奏章的规范。这些举措主要在于加强皇权，也有一定的廉政建设意义。

为了加强中央对地方的监控，明清强化了自汉武帝创设刺史形成的中央巡按制度。明代巡按御史衔命巡察州县，代天子巡狩，举凡吏政、刑名、钱谷、治安、档案、学校、农桑水利、风俗民隐，无所不察，小事当即处理，事大者奏请皇帝裁决，或候差满回京汇报工作时交中央有关部门处理。巡按的主要任务是考察地方官吏是否有违法失职情节，因此有利于地方廉政建设和加强中央权威。在执行巡视监察地方的过程中，产生了巡抚、提督、总

---

〔1〕《明史·刑法志三》。

督等官职，渐渐由临时性变为常任。例如，清代总督就成了统辖一省或数省的最高军政长官。全国常设的有直隶、两江、闽浙、湖广、陕甘、两广、四川、云贵等八大总督，总督均加兼部院衔，为正二品或从一品，“掌总治军民，统辖文武，考核官吏，修饬封疆”。[1] 这实际上增加了行政层次，也加强了中央对地方的监控力度。

吸取元朝选官制度的教训，明清两代对吏员入仕大加限制：明朝时几乎不能够做到州县正官，清朝时只能担任低级杂职官。他们的升迁受到了限制，沉在社会基层弄权为患，成为一大社会毒瘤。明清两代草创时期都允许荐举仕进，但是，至中期都大大加以限制。明朝中期后，有荐举“籍记举主，后有犯赃，必明正举主之罪”[2] 的规定。清朝对荐举者，也规定“称职，量效之大小，举主同其赏；不称职，量罪之大小，举主同其罚”[3]。明代存在捐官制度，但是严格予以限制。清初也允许捐官，至乾隆年间受到严格限制，但终未取消，结果至晚清成为政治腐败的一大根源。

明清两朝最主要的取士制度是科举制。明清科举制的特点是：考试程式越来越规范，走向僵化；考试纪律越来越严格，防止舞弊费尽心机；考试内容越来越限定，几近文化专制。科举取士的廉政意义逐渐消退，“士子以四书五经为干禄之具，而不知其为修己治人之方；其所为文，悉是剿说之余，而不足为躬行心得之

---

〔1〕《皇朝通典·职官十一》。
〔2〕《续文献通考·选举三》。
〔3〕《清史稿·范文程传》。

验。”[1] 至晚清，科举取士严重束缚了读书人的思想和整个民族的视野，成了削弱民族创新力和官员活力的重要原因。

（七）晚清之际

阿克顿勋爵曾说：“权力导致腐败，绝对权力导致绝对腐败。”[2] 明清的廉政制度建设总的特点是，防范腐败逐渐演变成防范臣民失控和谋求专制。皇权极尽专制，必然走向绝对腐败。干腐枝枯，这也说明中国古代以专制皇权为核心的廉政制度建设走到了尽头。

一个国家的廉政制度分为几个层次：一是基本政治制度，一是选官任官制度，一是监察监督制度，一是相关配套制度。至于晚清，根本层面的政治制度是封建专制制度，因为它的反民主反人民性质，决定了它已经毫无进步意义；选官任官制度是科举取士制度，因为它的考试内容局限于经学，因而落伍于近代潮流；监察监督制度是皇权专制制度的一部分，因为受制于和服务于专制而使其廉政意义大打折扣；相关配套制度同理需要革命性变革。于是，中国廉政制度建设需要另辟蹊径，实现范式革命。

相应的历史事实是，1840 年后，中国进入半殖民地半封建社会。清政权的软弱无能和腐朽没落逐渐为社会各阶层所认识，社会革新的浪潮一浪高过一浪。

以林则徐等为代表的地主阶级开明派，呼吁“睁眼看世界”，主张“更法”，把中国制度变革的方向引向了学习西方。但是，他们没有先进的思想资源作支撑，也就无法提出进步的制度建设

〔1〕 齐召南：《进呈经史说》，《皇朝经世文编》卷十《治体》。
〔2〕 ［英］阿克顿：《自由与权力》，侯健、范亚峰译，商务印书馆 2001 年版，第 342 页。

主张。

以太平天国为代表的农民革命力量，力图推翻清王朝的统治，建立平均主义的农民政权。但是，由于农民阶级到了近代已经不属于先进的领导阶级，它的政权终于没有站住脚跟。洪仁玕的《资政新篇》，是中国第一个力图发展资本主义的纲领，在刷新政治方面提出移风易俗、加强法制建设、察失用人乃至简化文风等举措，可惜还没有来得及施行，太平天国就失败了。

以曾国藩、左宗棠、张之洞为代表的地主阶级洋务派，举起自强求富的旗帜，力图推动中国走上发展资本主义经济军事的道路。但是，他们为传统文化所拘囿，固守“中学为体，西学为用”，故而迈不出政治革新的步子。

以康有为、梁启超为代表的资产阶级维新派，勇敢地揭举了戊戌变法运动，试图建立君主立宪制度。但是，由于维新势力的单薄和保守势力的强大，变法最终就连“开制度局”这样的一小步政治改革也没有被接受，仅仅以促进了科举制度废除的微弱进步而仓皇终结。

以孙中山为代表的资产阶级革命派，在实践经验中认识到，中国人民的苦难根源于一点，“那就是普遍的又是有系统的贪污”[1]，也就是政治腐败，而救治腐败只有政治的、社会的革命一途。只有武装革命推翻清王朝的专制统治，才能结束中国腐败落后的局面。于是，以资产阶级政党为领导，以“民族、民权、民生”为号召，发动了资产阶级民主革命。

孙中山图谋建立一种具有彻底廉政意义的新制度，具体的就

〔1〕《孙中山全集》第一卷，第89页。

是“权能分治”、“五权分立”的政治体制。孙中山把国家的政治权力分为“政权”（或者“民权”）和“治权”两部分。他说：“政是众人之事，集合众人之事的大力量，便叫做政权；政权就可以说是民权。治是管理众人之事，集合管理众人之事的大力量，便叫做治权；治权就可以说是政府权。所以政治之中，包含有两个力量：一个是政权，一个是治权。这两个力量，一个是管理政府的力量，一个是政府自身的力量。”〔1〕政权，即民权，在孙中山思想中包括国民有选举、罢免官吏之权，有创制、复决法案之权这样四种权力。同样，孙中山把“治权”，即“能”，分成五个部分，即立法权、行政权、司法权、监察权和考试权，分别由立法院、行政院、司法院、监察院和考试院五个机关来行使。有了这种政权和治权，就能够“造成万能政府，为人民谋幸福”，“便可以破天荒在地球上造成一个新世界”〔2〕。

“权能分治”体现着资产阶级的民主精神，它坚持了人民主权原则。这是此前立宪派、改良派所不具备的新思想。它主张政府权力来自民众授予，民众通过宪法，把各种治权分别授予不同的国家机关行使；民众则保留“民权”，通过国民大会的形式来控制和指挥“治权”的行使，由此促使这些行使治权的主体兢兢业业为民众服务，做好民众的公仆。这就从根本上否定了在中国绵延几千年的皇权、官僚思想，为资产阶级革命派指明了政治方向。民权政府的“五权分立”，是从欧美国家的“三权分立”演化而来的，孙中山认为：“将国外的规制和本国原有的规制，融合起来，较为完善。”“中国古时举行考试和监察的独立制度，也有很

---

〔1〕《孙中山全集》第九卷，第345页。

〔2〕同上书，第355页。

好的成绩，像满清的御史，唐朝的谏议大夫，都是很好的监察制度。举行这种制度的大权就是监察权。监察权就是弹劾权。”[1]至于考试制度、选拔人才，他认为更具有中国特色。这种制度最为公允，无论贫民贵族，一经考试合格，即可入仕为官。因此，孙中山融合中西政治思想文化，创立了中国式的资产阶级革命政治理想和政治体制，并且把建设廉洁政治的举措推向中国近代的最高峰。

1911 年，辛亥革命结束了封建专制制度，资产阶级民主共和国性质的廉政制度亟待构建，中国廉政制度建设进入近代化阶段。

（八）几点认识

政治制度是对公共权力的配置关系、运作方式的具体规范。廉洁从政是公共权力的基本要求，廉政制度建设是政治制度的基础工程。中国历史绵延几千年，廉政制度起着重要的保障作用，形成了突出的特色。

一是官僚政治系统对皇权系统的制约，延缓王朝的衰亡。中国传统社会并非死水一潭，它充满着种种紧张和冲突，其中如君主与官僚制度之间的紧张与冲突。[2] 专制主义与官僚政治始终是贯穿中国古代政治制度的两条主线，它们共同构成了帝国的制度结构，其中皇权专制主义居于核心和主导地位。但是，皇权不能无限制扩张，它还要尊重一个相对独立的治理系统——官僚政治系统。官僚政治系统的首脑就是宰相。宰相可以是一个人，但在

---

〔1〕《孙中山全集》第九卷，第 353 页。

〔2〕［美］列文森著，郑大华、任菁译：《儒教中国及其现代命运》，中国社会科学出版社 2005 年版，“代译序”第 8 页。

古代中国一般不是一个人，而是最高行政长官集体。例如，秦朝宰相就包括丞相、御史大夫，唐朝宰相包括三省长官，实际上是一个政治委员会。在皇帝之外形成一个根据皇帝意志建立但又独立于皇帝的政府机构来实施对全国的统治，目的在于防止皇权泛滥和腐败，这归根结底又符合皇帝的利益。

理论上一致的一面，在实际上却有时形成冲突的一面。“宰相之职佐天子，总百官，平庶政，事无不统”〔1〕。相权辅佐、制约皇权，如果皇帝感到的却有一种掣肘和僭越的威胁，皇权就对相权进行削弱与剥夺。中国古代皇权总体上是上升、相权逐渐地下降。明朝宰相的废除，使专制主义政治空前强化。“这种把一切权力都揽在皇帝个人手中的高度集权的状况，是在明朝以前没有过的。所以，封建专制主义经过一千几百年的发展，到了朱元璋的时候，形成了一个历史上从来没有过的高度中央集权制的政治系统。”〔2〕

基于上述情况，中国古代腐败的发生，首先从皇权系统发生。皇帝的昏庸、宦官擅权、外戚专政、奸臣当道，都是皇权的腐败堕落或内臣的狐假虎威，基本上构成了历代王朝灭亡的内因。

二是选举考官制度确保王朝政权具有一定的公平性，利于廉政建设。选官制度，“这是讲中国政治制度上一个最主要的大题目”〔3〕。中国古代依次有三个主要的选官制度：察举制、九品中正制、科举制。这三项制度，都为了从社会基层选拔才俊，为统治集团注入新生力量。选举的标准，第一是“德”，第二是

〔1〕《宋史·职官志一》。

〔2〕吴晗：《明史简述》，中华书局1980年版，第21—22页。

〔3〕钱穆：《中国历代政治得失》，第11页。

“才”，共同的举措是不同程度的考试。察举重在推荐，但是只有经过“策问”才能使用。汉武帝办太学，与选官制度相结合，“那些郡国孝廉，又多半是由太学毕业生补吏出身的”〔1〕。魏晋以降察举制逐渐被九品中正制取代，但是，被征举的也要经过一定考试。西晋形成了秀才对策而孝廉试经的格局。秀才主要是对策时文辞的优美，孝廉则在于经学的深湛。到南北朝时，考试日益成为决定被举者得官与否的中心环节。科举制更是将考试选拔官吏确定为国家大法。“科举制度显然在开放政权，这始是科举制度之内在意义与精神生命。”〔2〕考试开放政权，及时把优秀分子吸收到政权内部，不断充实政权的生命力。

另一方面，考试取士对于录用官员自然有一种廉政意义。一要珍惜读书奋斗的结局，“现在所考试求取者则须专心为公家服务”〔3〕；一要珍惜清廉进取的名声。唐朝宰相刘晏曾比较以科举出身为主的“士”和非科举出身的“吏”的德行，他说：“士陷赃贿则沦弃于时，名重于利，故士多清修；吏虽廉洁，终无显荣，利重于名，故吏多贪污。”〔4〕宋代王曾也比较流内官（科举入仕者）和流外官的区别说：“士人入流，必顾廉耻；若流外，则畏谨者鲜。”〔5〕清人也说：“自念读书考试历数十年之辛苦，偶得一官，一旦因贪去职，则所得不若所失之大，即不肖偶蒙贪念，亦有所顾忌而不敢为。”〔6〕可见，两千多年考试取士的办法，成为

〔1〕钱穆：《中国历代政治得失》，第14页。
〔2〕同上书，第51页。
〔3〕同上书，第49—50页。
〔4〕《文献通考·选举八》。
〔5〕《续资治通鉴长编》卷一百四《天圣四年春正月己亥》。
〔6〕周恒祺：《请整饬吏治疏》，《同治中兴京外奏议约编》卷二。

确保中国古代廉政建设的一个独特的重要因素。

三是监察系统的监督检查，在一定程度上防治了古代政治的腐败。中国形成了一套完备而又严密的监察制度，在一定意义上改善了吏治。历代封建统治者为了充分发挥监察机关对百官的威慑制约作用，赋予了监察官广泛而充分的权力：第一，弹劾权。御史监察官员“受公卿奏事，举劾按章”[1]，甚至可以“风闻论事”[2]，“掌纠察官邪，肃正纲纪”[3]。监察官的弹劾对象可以说是除皇帝之外的文武百官。第二，谏诤权。古代谏官有权参与讨论军国大事，“不矜宠利，不惮诛责，一为天下昌言，以寤主上；起民之病，治国之疵，蹇蹇一心，如对策时”[4]。凡遇朝廷决策，谏官有权与闻政事，并可对政策得失直接发表意见。第三，司法权。自御史之设即有司法监察权，到南朝陈时，御史中丞也参与司法审判。唐时，刑部、大理寺和御史台三者共同审理案件，称“三司推事”。到清时，除沿用“三司”制外，如遇重大案件，则实行九卿会审制，即刑部、大理寺、都察院会同吏、户、礼、兵、工部和通政司的官员共同审理。可以说古代御史既是监察官又是司法官。第四，审计权。监察官员对国家财政预算编制与执行实行审核，稽查财政上的不法行为。唐宋之时，“岁行所部，检察储积，稽考帐籍”[5]。明清时，官府收支账目和会计报告，都要送呈都察院检查。此外，监察官还有便宜处置权，如明清御史发现六品以下贪酷显著者即便拿问。还有监试权、监军权、调查权，

---

〔1〕《汉书·百官公卿表上》。

〔2〕《文献通考·职官七》。

〔3〕洪迈：《容斋四笔·台谏分职》。

〔4〕王安石：《上田正言书一》。

〔5〕《宋史·职官志七》。

等等，都为了有效防范、制止官吏违法乱纪行为的发生，加强了封建统治与国家管理，也历来受到统治者的重视。元世祖忽必烈曾说："中书朕左手，枢密朕右手，御史台是朕医两手的。"〔1〕

然而，作为体制内架构，监察职能的发挥受整个管理体系左右，一旦王朝腐败透顶或出现统治危机，监察官就难以发挥正常作用，甚至会催化吏治的腐败。如：东汉外戚、宦官专权之时，监察机关冷漠旁观甚至助纣为虐。明代宦官刘瑾专权，操纵东厂、西厂、锦衣卫，增设大内行厂，厂、卫乌合，大兴特务恐怖之治，陷害异己，残害忠良，把社会搞得乌烟瘴气。这些都说明封建专制政治之下纠腐反贪极具局限性且极易异化。

总的看来，中国古代廉政制度建设有明显的缺陷：一是被动性，二是边缘化，三是难贯彻。

中国古代政治制度演绎的传统逻辑是，"一个制度出了毛病，再订一个制度来防制它"。结果制度越来越多，不仅造成前后矛盾、执行困难，失去效率与效力，而且，更严重的是病上加病，最后病入膏肓。这一现象，为史学家钱穆所揭示，有的称之为"钱穆制度陷阱"。

以监察制度为例，虽然齐相管仲在两千七百年前就说过，监察制度的设立对于君主统治具有主动性，"一曰长目，二曰飞耳，三曰树明。"〔2〕但是，这也正说明中国古代监察制度建设是为了强化皇权，而不是彰显老百姓的意志，不是保护和伸张公共权力。中国古代廉政制度，本身就是在这样一种矛盾丫口上生长出的枝条，它是在强化皇权的驱动下产生并发展的。中国古代的政治制

〔1〕《草木子·杂制篇》。

〔2〕《管子·九守》。

度结构，既是古代监察制度系统日益壮大的土壤，也是造成这些廉政制度异化的陷阱。中国古代传统政治制度，导致皇权至高无上，官僚集团权力难以约束。所谓的权力制约和监督往往是软弱的，有时甚至是徒劳无效的。在中国古代社会中，付诸政治能力的只有一个主体，这就是皇权指挥下的官僚集团。这个集团不能够从根本上用制度加以制约。因此，如果官僚集团中个别成员腐败，那么从维护其集团利益出发还可以去处治；如果整个集团普遍腐败，则社会上就没有什么力量可以控制它。故而，历朝历代殚精竭虑严防腐败，朝代之初也几乎都能严刑峻法惩治腐败，但是，随后就是于事无补、制度废弛。为了亡羊补牢，又改旧制、兴新法，最终还是“生法者，君也；守法者，臣也；治于法者，民也”[1]，纵欲无度的君主国戚达官贵人照旧可以乘借制度的空隙而终究为所欲为。这种循环往复腐败横行的根源，就是中国古代的权力结构具有滋生腐败的必然性：一是皇权专制对腐败的影响；二是权臣专权对腐败的影响；三是普遍的专权造成普遍的腐败。

王亚南先生在《中国官僚政治研究》一书中说：“历史家昌言中国一部二十四史是相斫史，但从另一个视野去看，则又实是一部贪污史。”原因是：“一个为官僚把持操纵的社会，本来没有什么法度可言，要说有，不外是有关人民对于他们的义务的规定，或有关他们自己相互之间的权利的规定罢了。”[2]

1897 年，孙中山在一次演讲中指出，“中国所有一切的灾难

〔1〕《管子·任法》。

〔2〕《中国官僚政治研究》，第 94、95 页。

只有一个原因，那就是普遍的又是有系统的贪污。”[1] “这样就证明了，用输入物质文明的方法不能改良中国，只有用根绝官吏贪污的办法才行。”[2] 因此，中国的前途“只有革命”。

三、 中国古代的廉政人物

中国古代历史绵延数千载，王朝循环兴替，政治清明是根基，廉政人物起着重要的支柱作用。廉政人物的政治行为效应，直接决定着朝代命运浮沉和治乱格局；廉政人物的思想作风、道德品质，凝聚为宝贵的廉政文化遗产，代代相传，化作一股蓬勃朝气、昂扬锐气、浩然正气，亘古长存。

“以铜为鉴，可正衣冠；以古为鉴，可知兴替；以人为鉴，可明得失。”[3] 中国古代廉政建设，济济多士。我们跨越历史星空，萃取廉政人物所共有的行为和品质特征，在今天仍有积极的借鉴意义。

（一）修身立德

中国古代德治气息浓郁充沛，“天下者，非一人之天下，惟有道者居之”[4]，“为政以德，譬如北辰，居其所而众星共（拱）之。”[5] 廉政人物首先讲究修德立身。为政者修德立身，不仅是要加强个人道德修养，最重要的是提高政治道德修养，主要包括

[1] 《孙中山全集》第一卷，第89页。
[2] 同上书，第105页。
[3] 《新唐书·魏徵传》。
[4] 《六韬·武韬·顺启》。
[5] 《论语·为政》。

恤民、爱国、忠君、孝悌、尚贤。

舜是传说中的五帝之一，是中国古代道德楷模，史载“天下明德皆自虞帝始”。舜居家以德，宽厚孝悌，以德报怨，敬愚父，恭悍母，友顽弟，饬妻妾，首倡人伦道德之风。舜为人以德，踏实谦让，助人为乐。“舜耕历山，历山之人皆让畔；渔雷泽，雷泽上人皆让居；陶河滨，河滨器皆不苦窳。一年而所居成聚，二年成邑，三年成都。”舜为政以德，谋四岳，举八恺，用八元，惩四凶，远佞人，“七政以齐”，“远近众功咸兴”，“蛮夷率服”。[1]“舜勤民事而野死”[2]，“以君人之大德，为帝王之称首”[3]。

召公奭是西周四朝元老，辅佐文武成康四王，是崇德恤民的典范。召公巡治民间，每在甘棠树下处理政务，“自侯伯至庶人各得其所，无失职者”。“召公卒，而民人思召公之政，怀棠树不敢伐，歌咏之，作《甘棠》之诗”[4]，留下“甘棠遗爱”的美谈。

屈原以爱国忠君为志，以致力民生为业，以洁身自好为德。位居楚国大夫，屈原主张“美政”，谏言彰明法度、举贤任能。但是，楚王不听，不思振作，放逐屈原。公元前 278 年，秦军攻占楚都，屈原投汨罗江殉国明节。曾有渔父问被逐的屈原“何故至于斯?”屈原答：“举世皆浊我独清，众人皆醉我独醒，是以见放。”渔父又问：“何故深思高举，自令放为?”屈原回答：“安能以身之察察，受物之汶汶者乎？宁赴湘流，葬于江鱼之腹中，安能以皓皓之白，而蒙世俗之尘埃乎!”[5] 屈原志高气正，留下

---

〔1〕《史记·五帝本纪》。

〔2〕《国语·鲁语上》。

〔3〕 温子昇：《舜庙碑》，《汉魏六朝百三家》本之《温侍读集》。

〔4〕《史记·召公世家》。

〔5〕 屈原：《渔父》。

“长太息以掩涕兮，哀民生之多艰”，“路曼曼其修远兮，吾将上下而求索”[1] 等警言。

唐朝颜真卿德能兼优，四次被任命为监察御史，又迁殿中侍御史，代宗时官至吏部尚书、太子太师。他侍奉父母以孝顺闻名，治民也突出孝道。辖区内有一老妇死了二十九年仍殡放在寺院，颜真卿剥夺她两个儿子三十年平民资格，使“天下耸动”[2]。安禄山反叛，颜真卿与从兄杲卿起兵平叛，并以十岁儿子随军作人质，国尔忘家。他辅佐肃宗，秉持礼仪典章法度，“绳治如平日”[3]，建议肃宗修改“嗣皇帝”之称以尊重上皇玄宗，“帝以为达识”[4]，尊称“鲁公”。最后遭奸相卢杞、叛将李希烈陷杀，“毅然之气，折而不沮，可谓忠矣”[5]。

岳飞是南宋名将，毕生尽忠报国，身具多种优秀品德。爱民安民，治军严格，“冻死不拆屋，饿死不卤（掳）掠”，“卒有取民麻一缕以束刍者，立斩以徇”。爱兵如子，恩慈呵护，生病者“躬为调药”，远征者慰问其家，死难者抚育其孤，“凡有颁犒，均给军吏”。虚怀若谷，推功就过，时有“撼山易，撼岳家军难”之誉，岳飞却说：“将士效力，飞何功之有！”好贤礼士，“恂恂如书生”。事亲至孝，家无姬侍，生活朴素，每调军食，则皱着眉头说：“东南民力，耗敝极矣。”岳飞“忠愤激烈，议论持正”，与腐败投降的秦桧集团进行了不妥协的斗争，留下了许多垂世名言：治国“文臣不爱钱，武臣不惜死，天下太平矣”。治军“仁，

---

〔1〕 屈原：《离骚》。

〔2〕《旧唐书·颜真卿传》。

〔3〕〔4〕〔5〕《新唐书·颜真卿传》。

信，智，勇，严，阙一不可”[1]。

修身立德，是中国古代的治理根本。古代官员入仕为宦的路径大致为格物、致知、诚意、正心、修身、齐家、治国、平天下[2]。到南宋时期，修德被理学强调成每个人处世立业的出发点和归宿点。“自天子以至于庶人，壹是皆以修身为本。”[3] 它的积极的一面是强化了官员的道德自律，消极的一面则伴生出空谈心性、不务实践的倾向。近人魏源曾经一针见血地指出：“学术之非，至于灭种，此吾所以不能不太息痛恨于宋人也。”[4]

（二）明法审令

“法律政令者，吏民规矩绳墨也。”[5] “君臣上下贵贱皆从法，此谓为大治。”[6] 称职的管理者要把法律政令贯彻到包括自己在内的民众之中，实现统治意志。明法审令、公正廉明、无私无畏、惩恶扬善，是廉政人物的职守。

皋陶是中国历史上第一位大法官，首创法刑狱，规范职事、秩序、伦理、赏罚，“惟明克允”[7]，生动诠释了中国原始的法制精神。

商鞅依法治国，功效卓著，为秦统一中国打下了基础。商鞅

---

〔1〕《宋史·岳飞传》。

〔2〕《礼记·大学》。

〔3〕《大学章句》，见朱熹《四书章句集注》，上海古籍出版社、安徽教育出版社 2001 年版，第 5 页。

〔4〕 王栻主编：《严复集》第四册《〈原富〉按语九五》，中华书局 1986 年版，第 905—906 页。

〔5〕《管子·七臣七主》。

〔6〕《管子·任法》。

〔7〕《尚书·舜典》。

提出“当时而立法，因事而制礼”[1]。他立木为信，执法如山，令行禁止，尤其不阿权贵。时太子犯法，商鞅以“法之不行，自上犯之”[2] 为诫，“刑其傅公子虔，黥其师公孙贾”。后公子虔又犯法，商鞅施以割鼻之刑。

徐有功是唐高宗和武周时期的审案官，慨然护法，廉洁清正，磊落光明。酷吏奸臣频予弹劾，他三次被控死罪，两次被罢官，但酷吏奸臣终究找不出他贪赃徇私的证据。酷吏皇甫文备曾经陷害过徐有功，后来皇甫文备被人控告，徐有功仍公正审理，使其免刑。有的人问他为何不伺机复仇，他说不能以公法泄私愤。[3]

宋朝包拯既有执法如山的刚毅，更有拒腐防变的廉洁。他巧断牛舌案是明法审令的生动案例。有人牛舌被割掉，跑来报案。包拯告诉那人回家把牛杀了去卖。很快有人来投诉私杀牛者，包拯反问投诉人为何割了人家的牛舌而又来告状？那盗贼惊服归案，承认泄愤割舌的罪过。[4] 包拯性格耿直，也以忠恕待人，清廉简朴，持家甚严。“虽贵，衣服、器用、饮食如布衣时。”留有“后世子孙仕宦，有犯赃者，不得放归本家，死不得葬大茔中。不从吾志，非吾子若孙也”[5] 的家训和“廉者，民之表也；贪者，民之贼也”[6] 的箴言。

海瑞在世，明王朝处在由盛及衰时期，危机四伏，他欲挽狂澜于既倒。他诊治时弊，买好了棺材谏止迷信道教、大兴土木。他严肃法纪，力倡恢复明太祖时“枉法赃八十贯绞”等重典治吏。

---

〔1〕《商君书·更法》。

〔2〕《史记·商鞅列传》。

〔3〕《新唐书·徐有功传》。

〔4〕〔5〕《宋史·包拯传》。

〔6〕包拯：《孝肃奏议集》卷三《乞不用赃吏》，《四库全书》本。

他节俭垂范，“葛帏敝籝，有寒士所不堪者”[1]。纵观海瑞为官，历经嘉靖、隆庆、万历三朝，多次犯颜直谏，针砭时弊，得到百姓广泛拥护，却遭到朝官百般阻隔弹劾，最终还能够得到皇帝召用。恰如嘉靖所言：“此人可方比干，第朕非纣耳。”[2]

为了维护家国天下，有些最高统治者明法审令是坚决的。清史记载，雍正十二年，“三月丁丑，工部尚书范时绎免。戊戌，河南学政俞鸿图以婪赃处斩，其父侍郎俞兆晟褫职。尹继善奏剿平普思叛苗，招抚投诚人众。得旨：‘凡事懈于垂成，忽于既定。勉之。’”[3] 范时绎是世代贵胄，且是雍正即位前的亲信，但是，他结交地方劣绅奸宄，公务懈惰，收受贿赂。俞兆晟、俞鸿图是父子，学政俞鸿图在科举考试中纳贿行私，遂以问斩。[4] 尹继善时任广西总督，平定边关叛乱。一月中处理完三件大事，下旨警告执法要坚定，一以贯之，足见雍正振作法纪用心良苦。

但是，在古代中国伦理化的、人治的社会里，往往难以真正实现明法审令，不可避免地存在对贵族的包庇、对纲常的顾忌。即使最严厉的执法者，也不乏宽贷的情况。“礼不下庶人，刑不上大夫”[5]，是周秦千年以来不变的潜规则。皇权偏袒贵族，成为常理。范时绎早该数罪并罚“论斩”，雍正以“范氏为大僚”，“勋臣后裔”，“特宥之”。[6] 而像海瑞这样的清官廉吏，也只好倾向于用法令自由裁量权保护弱者：“凡讼之可疑者，与其屈兄，宁屈其弟；与其屈叔伯，宁屈其侄；与其屈贫民，宁屈富

---

[1][2]《明史·海瑞传》。
[3]《清史稿·世宗本纪九》。
[4]《清史稿·王士俊传》。
[5]《礼记·曲礼上》。
[6]《清史稿·范文程传附范时绎》。

民；与其屈愚直，宁屈刁顽。事在争产业，与其屈小民，宁屈乡宦，以救弊也；事在争言貌，与其屈乡宦，宁屈小民，以存体也。”[1]

（三）尚学崇教

轩辕黄帝成为中华民族的领袖，开始时就做了两件事：一是“习用干戈”，二是“修德振兵”。[2] 亦即修业进德。所谓“君子学以聚之，问以辨之，宽以居之，仁以行之”[3]。

自古及今，“自天子至于庶人，未有不须学而成者”[4]。中国古代统治者尚学崇教，寄望官吏能够严格自律，社会形成廉洁之风。儒学推行仁政、教化、德政，汉武帝“罢黜百家，独尊儒术”，唐玄宗封孔子为“文宣王”，宋仁宗封孔子为“衍圣公”，都是为了张扬尚学崇教、敦化治理的传统。

战国时期的齐桓公设立稷下学宫，召集天下学者，“号曰列大夫”，“咸作书刺世”[5]。淳于髡谏威王戒“长夜之饮”，振作朝政；王斗曾直面批评宣王“好马”、“好狗”、“好酒”、“好色”，独不“好士”，促其“举士五人任官，齐国大治”[6]；孟子与齐宣王探讨治国和统一天下之道，批评霸术、提倡仁政。诸如此类的谏言活动，促进了齐国的廉政建设。

西汉时期董仲舒向汉武帝建言，匡扶吏治必须兴学崇教，擢

〔1〕 转引自黄仁宇著《万历十五年》，三联书店 1997 年版，第 139 页。
〔2〕《史记·五帝本纪》。
〔3〕《易·乾·文言》。
〔4〕《唐会要》卷三十五《学校》。
〔5〕《风俗通义·穷通》。
〔6〕《战国策·齐策三、四》。

拔饱学盛德之士，否则“累日以取贵，积久以致官，是以廉耻贸乱，贤不肖混淆，未得其真”。[1] 汉武帝听取了董仲舒的劝说，在长安设立了国家最高学府“太学”，以五经博士为教授，置博士弟子五十人，为国家培养廉洁贤能的后备官员。

西晋时车胤出身没落大族，极爱学习，恭勤不倦，留有“囊萤夜读”的佳话，官至礼部尚书。他学以佐政，养成秉持正义、为官正派、不屈权贵的廉正品格，在与当时骄矜放荡的世族斗争中慨然殉职。

尚学崇教被隋文帝开创的国子监学与科举取士体制化，奠定了中国古代文化精英政治，在一定意义上保障了政治清明廉洁之风的张扬。史家曾经将士官与吏员作廉政对比：“士陷赃贿则沦弃于时，名重于利，故士多清修；吏虽廉洁，终无显荣，利重于名，故吏多贪污。”[2]

张载是理学的创始人之一，入仕后以“敦本善俗”为先，推行德政，重视移风易俗。张载一生，两被召晋，三历外仕，官至同知太常（礼部副职），始终保持学人本色，以学为志，著书立说，终身清贫，乐在其中，不沾尘埃。殁后贫无以殓，门生买棺成殓。张载“与诸生讲学，每告以知礼成性、变化气质之道，学必如圣人而后已”[3]。张载留有“为天地立志，为生民立道，为去圣继绝学，为万世开太平”[4] 和“民吾同胞，物吾与也”[5] 等名言，为后世传诵。

---

〔1〕《汉书·董仲舒传》。

〔2〕《文献通考·选举八》。

〔3〕《宋史·张载传》。

〔4〕《张载集》，第320页。

〔5〕同上书，第62页。

康熙是中国历史上最为嗜书好学的帝王之一。他在出巡途中，或居行宫，谈经论道，赋诗著文，花甲之年仍手不释卷。康熙崇尚儒学，尤其是程朱理学，认为“殊觉义理无穷，乐此不疲”[1]。他明确宣布清廷要将治统与道统合一，以儒家学说为治国之本，对于吏治清化起到决定性作用。

但是，清初统治者为了实行思想统治，大兴文字狱，酿成了文化恐怖。许多士人逐渐埋头故纸堆，不再过问政治，廉政建设失去了重要的文化支撑。鉴于此，晚清时期，龚自珍、魏源、康有为、梁启超、严复、章太炎等知识分子，对清政府文化政策的愚昧保守和高压，对学风的空乏玄虚、逃避现实，对科举制度的僵化和反科学，对中国传统文化的陈腐和反民主，进行了多角度、多侧面、多层次的批判，直启文化革新和新文化运动，也开启了中国政治文明建设的新篇。

（四）尽职敬业

明晰责权利，增强责任意识，尽职尽责，爱岗敬业，忠于职守，是现代廉政建设的基本要求。与之相通，在中国古代讲究“中和位育”[2]。中国古代廉政人物表现出很强的敬业精神、职责意识。

大禹治水，竭心尽力。以身作则，“声为律，身为度，称以出；亹亹穆穆，为纲为纪”；专心公职，三十岁未娶，新婚第四天就去复职，居外十三年，后三过家门而不入；德业俱隆，“天下大

〔1〕《康熙起居注》第1册，第80页。
〔2〕《礼记·中庸》。

应”[1]，遂继承舜位。

比干死争，以身殉职。比干任少师（丞相），时纣王暴虐荒淫，横征暴敛，比干慨叹：“主暴不谏，非忠也；畏死不言，非勇也；过则谏，不用则死，忠之至也。君有过而不以死争，则百姓何辜?”[2] 于是三次强谏，纣王竟将其剖腹而不听。

苏武牧羊，荡气回肠。苏武是汉武帝派往匈奴的持旄使者，因部下与匈奴臣子串通密谋作案，受牵连被拘。苏武始终保持汉室气节，严正拒绝高官厚禄劝降。囚禁在地窖中，以雪解渴，以旄毛充饥。流放牧羊，与世隔绝，尝尽艰辛，仍不屈其志节。在匈奴被囚十九年后，终于回到汉朝，苏武仍然手持汉朝节旄。

诸葛亮“鞠躬尽瘁、死而后已”，是封建臣僚的榜样。作为蜀国丞相，他对刘氏主公忠心耿耿。白帝城托孤后，诸葛亮更是诚惶诚恐，兢兢业业，南征北伐，积劳成疾，至死不渝。诸葛亮告诫后人，鞭辟入里：“淫慢则不能励精，险躁则不能治性。年与时驰，意与日去，遂成枯落，多不接世，悲守穷庐，将复何及!”[3]

南朝梁开国皇帝武帝萧衍早期堪称尽职尽责。他每天四五更天起床，批阅公文奏章，冬天有时冻裂了双手。“虽万机多务，犹卷不辍手，燃烛侧光，常至戊夜”[4]。他垂范节俭，菜羹粝饭，“一冠三载，一被二年”[5]，性不饮酒，后宫严肃。他礼贤下士，从谏如流，门前设立谤木、肺石两函，收集官员和百姓意见，闻过则改。史称“历观古昔帝王人君，恭俭庄敬，艺能博学，罕或

---

〔1〕《史记·夏本纪》。
〔2〕蔡振绅辑：《德育课本》初集卷三《二十四忠·比干死争》，民国时期刻本。
〔3〕《诸葛亮集·诫子书》，第28页。
〔4〕〔5〕《梁书·武帝本纪下》。

有焉"〔1〕，"梁氏享国五十年，天下且小康焉"〔2〕。然而，他迷信佛法，晚年溺于慈爱，疏于明察，"牧守多浸渔百姓，使者干扰郡县"，专听生奸，独任成乱，落得"自我得之，自我失之"〔3〕的下场。魏徵曾批评梁武帝问题出在"非弘道以利物，惟饰智以惊愚"〔4〕。忠于职守，勤奋敬业，不能够完全出于个性喜好，而要专心职务，努力做到执政为民。

明宣宗时的苏州太守况钟是一位亲民为政的清官。况钟任苏州知府，着力减轻百姓赋税徭役，打击豪强污吏勾结，劝善惩恶，雷厉风行，赢得了百姓爱戴。况钟母亲去世守丧、担任苏州知府满三年、任满升迁，几次援制离任，百姓都极力挽留，最后明英宗下诏升况钟享正三品俸禄，连任苏州知府，直至卒于任上。当时民歌歌颂他道："况太守，民父母。众怀思，因去后。愿复来，养田叟。"〔5〕

林则徐是晚清敬业官员的光辉典范。林则徐进士入仕后，先后经历了二十多个职务贬降升迁，始终以"苟利国家生死以，岂因祸福避趋之"自励，大公无私，勤奋谨慎，亲民爱民。他是虎门销烟的英雄，是近代中国睁眼看世界的先驱，是"壁立千尺，无欲则刚"的清官。

《说文解字》里说："尽心曰忠。"朱熹也说："尽己之谓忠。"〔6〕曾国藩为官讲究"忠勤"，他总结自己的从政经历，教训

---

〔1〕《梁书·武帝本纪下》。
〔2〕王夫之：《读通鉴论》卷十七《梁武帝一》，中华书局1975年版，第477页。
〔3〕《梁书·高祖三王传》。
〔4〕《梁书·敬帝本纪》。
〔5〕《况太守集》卷一，江苏人民出版社1983年版，第35页。
〔6〕《论语集注》卷一。

后人称：“以人事与天争衡，莫大乎忠勤二字。乱世多尚巧伪，惟忠者可以革其习；末俗多趋偷惰，惟勤者可以遏其流。忠不必有过人之才智，尽吾心而已矣；勤不必有过人之精神，竭吾力而已矣。能剖心肝以奉至尊，忠至而智亦生焉；能苦筋骸以捍大患，勤至而勇亦出焉。”〔1〕在中国古代，尽职敬业，忠勤智勇，都是为了竭诚忠君，说到底是为了维护封建统治。

孙中山有言：“我们做一件事，总要始终不渝，做到成功，如果做不成功，就是把性命去牺牲亦所不惜，这便是忠。”“我们在民国之内，照道理上说，还是要尽忠，不忠于君，要忠于国，要忠于民，要为四万万人去效忠。”〔2〕尽职敬业，忠于职守，在近代开始发生质的进步。

（五）诚实守信

忠挚诚信，心存正道，不违正直，光明磊落，是做人的要求，更是为官的基本要求。不弄权，不文过，不欺民，不自欺，是廉政人物一种共有的品质。

失去诚信，众叛亲离。周幽王宠爱褒姒，但是褒姒很少欢笑。周幽王竟然使出“烽火戏诸侯”的奇计，与褒姒同游骊山，燃起烽火，擂鼓报警。诸侯闻警来救，至时才发现是个儿戏。褒姒启唇而笑，但周王室从此失信于诸侯。公元前771年，犬戎侵兵真至，幽王再燃烽火，诸侯没有勤王，结果幽王被杀，褒姒被掳。

重然诺守信用讲人品，是古代廉政人物的一项持身之本。秦末，楚人季布侠义好助，只要允诺的事情，无论有多大困难，

---

〔1〕《曾国藩全集》第14册，第392页。
〔2〕《孙中山全集》第九卷，第244页。

都设法办到，受到社会赞誉，“得黄金百（斤），不如得季布一诺”[1] 成为人格品牌。楚汉相争时，季布是项羽的部下，曾几次献策，使刘邦的军队吃了败仗。刘邦当了皇帝后，下令缉拿季布。往日敬慕季布的人都在暗中竭力相助，终于打动了刘邦，使他不仅撤销了通缉令，还封季布做了郎中，后来提升季布为河东太守。

诚实守信、实事求是、调查研究，是廉洁官吏为政的一种好作风。西汉赵广汉曾任京辅都尉、颍川郡守、京兆尹等职务。为了整治豪族横行的颍川郡，汉宣帝擢拔赵广汉前去担任太守。赵广汉到任后，首先进行缜密的调查研究，发现豪族大姓通婚交结，士族联袂胡作非为，恶霸腐朽势力聚集作乱，官员卑躬塞责附炎。在获得具实罪证后，赵广汉果断诛杀首恶，震慑全郡。同时设置竹筒举报，受理官吏结交地痞劣迹，一经核实，依法治罪，从内部分化瓦解了强宗大族，致使奸党散落，社会风气大为好转。

东晋陶侃初为县吏，后为郡守，官至大司马。他从政勤勉恭谨，作风扎实，明察秋毫，史称“性纤密好问”，“发奸擿伏如神”。陶侃任职武昌时，曾令诸军营植柳，有一都尉偷来官柳种自己门外。陶侃巡视时突然问他：“这些是武昌西门前柳，你为何把它们挪到这里种?”都尉大为惊骇，具实招认谢罪[2]。

陶澍政治生涯处于清朝嘉庆、道光年间，历任安徽巡抚、江苏巡抚、两江总督，为官“即实象以求实理”，“丝毫不容假借”[3]。陶澍主持海运，“宵旦讨论，寝食筹度，征之属吏，质之

〔1〕《史记·季布栾布列传》。
〔2〕《晋书·陶侃传》。
〔3〕《陶澍集》下册，岳麓书社1998年版，第62页。

滨洋人士，诹之海客畸民，众难解驳，愈推愈审，万举万全。”[1]治理吴淞江时，“其阅工也，屏舆从，徒步视察，不受属吏欺，风霜劳淬弗恤”[2]。道光皇帝称其“端直宅心”[3]，“实心任事，不避嫌怨”[4]。

“诚，五常之本，百行之源也。”[5]“诚者，天之道也；思诚者，人之道也。”[6]“道也者，不可须臾离也；可离，非道也。是故君子戒慎乎其所不睹，恐惧乎其所不闻，莫见乎隐，莫显乎微，故君子慎其独也。”[7]康熙皇帝写《庭训格言》，第一条就是讲诚信，特别强调的是慎独：“《大学》、《中庸》俱以慎独为训，是为圣贤第一要节。后人广其说曰‘暗室不欺’。所谓暗室有二义焉：一在私居独处之时，一在心曲隐微之地。夫私居独处则人不及见，心曲隐微则人不及知。惟君子谓此时指视必严也。”[8]晚清重臣曾国藩留有慎独、主敬、求仁、习劳“日课四条”，首要的是慎独。

诚实守信，慎独自重，是拒腐防变的“防火墙”。东汉名臣杨震赴任东莱太守，途径昌邑县。昌邑县令王密曾经得到过杨震的举荐，夜深人静时，王密“怀金十斤以遗震”。杨震拒而不受。王密说：“暮夜无知者。”杨震斥责道：“天知，神知，我知，子知，何谓无知！”王密听后十分羞愧。杨震也因此被人称为“四知先

〔1〕《魏源集》上册，中华书局1983年版，第418页。
〔2〕王步瀛：《开吴松江纪事》，《资江陶氏七续族谱》卷八，民国二十九年刻本。
〔3〕《御制祭文》，《陶文毅公全集》卷首，清道光二十年刻本。
〔4〕《清史稿·陶澍传》。
〔5〕周敦颐：《周子通书》卷七《诚下》，商务印书馆万有文库本，第123页。
〔6〕《孟子·离娄上》。
〔7〕《礼记·中庸》。
〔8〕康熙：《庭训格言》，《四库全书》本。

生”。有人劝他为子孙“开产业”，他说：“使后世称为清白吏子孙，以此遗之，不亦厚乎！”〔1〕诚不妄为，信无虚伪，反腐倡廉当从自身做起。

（六）自持知止

兢兢业业，谦逊自守，抵御诱惑，清静淡泊，守持正固，保持自己的清廉节操和高洁品德，不贪财，不好色，不居功，不享乐，是中国古代廉政人物的一大共性。

老子是中国古代哲学先贤，他虽然只做过“守藏室之官”，却著有充满辩证法和政治智慧的《道德经》，留有“上善若水”，“去甚，去奢，去泰”，“知足不辱，知止不殆”，“慎终如始”等二十多条廉政格言，给廉政建设以充分启迪。

陕西汉中张良庙有一副对联，上联是“掷秦一椎”，下联是“辞汉万户”，横批是“知止”。这副对联可谓是西汉重臣张良一生的写照。张良早年反秦，在博浪沙用大椎伏击秦始皇未中，逃亡到下邳隐藏起来。一位老者看张良是可造之才，有心授以兵书。为了考验他，就故意把鞋扔到桥下，让张良三次给他捡回。张良强忍怒气替老者把鞋子捡回穿好后，又三次赴约桥头，终得兵书，学成了著名的谋略家。张良是抗秦元老，又以“运筹策帷幄中，决胜千里外”为刘邦建汉立下汗马功劳。但是他不伐其功，不矜其能，面对刘邦“自择齐三万户”的奖赏，辞而不受，仅求封始与刘邦相遇的留地（今江苏沛县），“臣愿封留足矣，不敢当三万户”〔2〕，故张良又称为留侯。

---

〔1〕《后汉书·杨震传》。
〔2〕《史记·留侯世家》。

金日磾本来是匈奴贵族，十四岁时被霍去病俘获，后来做朝内官，成为汉武帝的亲近侍臣。他的大儿子与宫女嬉戏，被他亲手杀死。皇上要迎娶他的女儿到后宫，被他婉拒。汉武帝托孤霍光，霍光推让给金日磾。金日磾说自己是一个外国人，如果当了此桩大任，匈奴国就会看轻了汉人，以为汉朝没有人了，故坚持做了霍光的副手。霍光一族，几度擅权，最后宗族遭诛夷。而金日磾“以笃敬寤主，忠信自著，勒功上将，传国后嗣，世名忠孝，七世内侍，何其盛也!”〔1〕

卢怀慎在唐玄宗时担任宰相，曾与姚崇同事，自认为才能不如姚崇，事务都推让给姚崇做主，时人讥为“伴食宰相”。又兼任吏部尚书，因疾病恳请退休。去世前留下遗言推荐宋璟等。他对前来探望的宋璟、卢从愿说：“主上急于求得天下大治，然而在位年久，对勤勉稍有些厌倦，恐怕要有险恶之人乘机而入了。你们要记住这些话!”〔2〕

廉希宪是元代政治家，官至平章政事，始终恭谨自律。一次生病要用砂糖治疗，权奸阿合马送来二斤，被他拒绝说：“使此物果能活人，吾终不以奸人所与求活也。”〔3〕他镇守荆南，大量启用前宋官吏，却拒收他们的谢礼，说：“汝等身仍故官，或不次迁擢，当念圣恩，尽力报效。今所馈者，若皆己物，我取之为非义；一或系官，事同盗窃。若敛于民，不为无罪。宜戒慎之!”〔4〕

夏原吉为明朝名臣。明成祖北伐鞑靼，郑和下西洋，均由夏

---

〔1〕《汉书·霍光金日磾传》。
〔2〕《新唐书·卢怀慎传》。
〔3〕《元史·廉希宪传》。
〔4〕《续资治通鉴·宋纪一百八十一·帝㬎德祐元年》。

原吉筹措钱粮。朱棣第三次亲征漠北，国库空虚，夏原吉力陈国家财政已难以承受，惹怒朱棣，系之大狱。抄家时，家中除布衣、陶器等日常用品外，别无长物。夏原吉“有雅量，人莫能测其际”，“尤持大体，有古大臣风烈”。从善如流，推功就过，宽以待人，严于律己，从洪武到宣德，连仕五朝。《明史》评价夏原吉“通达政体，谙练章程，称股肱之任。……使吏治修明，民风和乐，成绩懋著，蔚为宗臣。树人之效，远矣哉。”〔1〕

张伯行为官康熙、雍正两朝，官至吏部尚书，一生恪守“官无大小，在得民心”。他曾在寓所张贴《禁止馈送檄》，说道：“一丝一粒，我之名节；一厘一毫，民之脂膏。宽一分，民受赐不止一分；取一文，我为人不值一文。谁云交际之常，廉耻实伤？倘非不义之财，此物何来？”〔2〕成为历史佳话。

鸦片战争和太平天国运动之后，“中兴派”崛起，这些朝中重臣和封疆大吏不乏既能干又守正之辈。曾国藩“以忠诚倡天下”，“中兴以来，一人而已”〔3〕。左宗棠澄叙官方，以廉为本。张之洞跻身清流，以清肃官场为职志，在弥留之际仍敦念“朝廷方宵旰忧勤，预备立宪，但能自强不息，终可转危为安”〔4〕。

但是，清王朝并没有在这些治世能臣手中起死回生，分析其中原因可知，封建社会后期廉政人物长于私德，却少于公德培养和训练，政治文明难以与时俱进到民主化，晚清廉政建设需要从文化到制度进行深刻的大变革。

---

〔1〕《明史·夏原吉传》。

〔2〕陈康祺：《郎潜纪闻二笔》卷一，中华书局1984年版，第336页。

〔3〕《清史稿·曾国藩传》。

〔4〕苑书义等主编：《张之洞全集》卷七十《奏议七十·遗折》，河北人民出版社1998年版，第1825页。

（七）乐道安贫

廉政人物追求政治清明，以海内宴清为志向。坚守信仰或理想，即使处于贫困恶劣环境，他们也矢志不移。

战国时期晏婴为齐相，效法管仲，接连辅佐灵公、庄公、景公，“以节俭力行重于齐”。“食不重肉，妾不衣帛”；尊君重道，主持正义；危言危行，谦虚谨慎；有道在位，无道退隐，“以此三世显名于诸侯”〔1〕。晏婴规劝齐景公一定要上善若水，推行廉政，“其行水也。美哉水乎清清，其浊无不雩途，其清无不洒除，是以长久也。”〔2〕

南北朝时期的刘裕出身东晋下级军官，拔起于行伍之间，通过平定孙恩、桓玄之乱，成为东晋最后一位权臣，并最终代晋立宋。刘裕从掌权到做皇帝，近二十年间致力于整治腐败已久的社会政治，进一步打击腐朽士族势力。刘裕位极皇帝，生活却极为简朴。史书称他“清简寡欲，严整有法度，未尝视珠玉舆马之饰，后庭无纨绮丝竹之音”，“内外奉禁，莫不节俭”。人颂其俭素之德，刘裕答曰：“田舍公得此，以为过矣。”〔3〕

房玄龄出身廉正世家。父房彦谦一生经历了东魏、北齐、北周和隋四个王朝，始终为官清廉，所得俸禄大多用于周济他人。他曾说：“人皆因禄富，我独以官贫。所遗子孙，在于清白耳。”〔4〕 房玄龄跟随李世民十年征战，二十余载稳任首宰，终生

〔1〕《史记·管晏列传》。
〔2〕《晏子春秋·内篇问（下）》。
〔3〕《宋书·武帝本纪下》。
〔4〕《隋书·房彦谦传》。

清白。史家评论道："玄龄佐太宗定天下，及终相位，凡三十二年，天下号为贤相；然无迹可寻，德亦至矣。"[1]

姚崇历任武周到玄宗四朝宰相，选贤任能、奖励清廉、精简机构、裁减冗员、惩治贪官，著有为官"五诫"（《执秤诫》、《弹琴诫》、《执镜诫》、《辞金诫》、《冰壶诫》），提出"凡所从政，当须正己。诫往修来，慎终如始。"[2] 玄宗即位之初，姚崇上《十事要说》，整治时弊，被称为"救时宰相"。其后，继任者宋璟等萧规曹随、"守法持正"[3]，造就了"开元盛世"。

范仲淹早年清苦，发奋读书，割粥划齑，二十七岁中进士入仕，做官公正、执政为民，"为政尚忠厚，所至有恩"[4]，修"范公堤"，却西夏兵，推行"庆历新政"，革除腐败，振作朝政，留下"先天下之忧而忧，后天下之乐而乐"的名句。王夫之评论说："（范公）以天下为己任，其志也。任之力，则忧之亟。故人之贞邪，法之疏密，穷檐之疾苦，寒士之升沉，风俗之醇薄，一系于其心。"[5]

欧阳修进士入仕，官至兵部尚书、太子少师，道德博闻，廉方公正，颇多建树。在中央和地方任职期间，主张除积弊、行宽简、务农节用，与范仲淹、韩琦、富弼等推行庆历新政。晚年辞职闲居，自号"六一居士"："吾家藏书一万卷，集录三代以来金石遗文一千卷，有琴一张，有棋一局，而常置酒一壶。……以吾

---

〔1〕《资治通鉴·唐纪十五·太宗贞观二十二年》。

〔2〕《全唐文》卷二百六。

〔3〕《资治通鉴·唐纪二十七·玄宗开元四年》。

〔4〕《宋史·范仲淹传》。

〔5〕王夫之：《宋论》卷四《仁宗九》，中华书局1964年版，第95页。

一翁，老于此五物之间，是岂不为‘六一’乎？”[1] 在其笔记中，欧阳修提出：“廉耻，士君子之大节”[2]，激励后来士大夫廉隅自持。

耶律楚材是元初重臣，致力于推动蒙古贵族以儒学治国。他谏言禁止地方贵族擅自征战杀掠，使蒙古宿老贪暴之风颇为收敛。蒙军不断占领中原地区，他上书《便宜十八事》，建议强化法制准绳，其中七条涉及廉政。他力谏恢复科举制度，开科取士以补充官员。他主张轻徭薄赋，反对横征暴敛。他亲睦宗族，却公私分明，严格限制他们做官。他生活简朴，每每念及征战时期的凶险艰辛，忆苦思甜，“执菜根、醮油盐、饭脱粟（糙米）”[3]，甘之若饴。耶律楚材品位高雅，品质高洁，史载他“博极群书，旁通天文、地理、律历、术数及释老、医卜之说，下笔为文，若宿构者。”有人谎说他在相位日久，已经把天下贡赋一多半私纳其家。等到他辞世后，朝廷派人到他家里查看，“唯琴阮十余及古今书画、金石、遗文数千卷。”[4]

清初励精图治，带动廉洁政风。于成龙出仕二十余年，三次被举“卓异”，上任从未携带过家属。临终屋内竹箱中仅有一件绨袍，床头仅有几个装盐、装豆豉作料的器皿。康熙帝钦定其“天下廉吏第一”[5]。

孔子说：“饭疏食饮水，曲肱而枕之，乐亦在其中矣。不义而

---

〔1〕 欧阳修：《六一居士传》。
〔2〕《欧阳修集》卷一三〇《笔说·廉耻说》，《四库全书》本。
〔3〕 耶律楚材：《湛然居士文集·序三》，《丛书集成》本。
〔4〕《元史·耶律楚材传》。
〔5〕《清史稿·于成龙传》。

富且贵，于我如浮云。”[1] 廉政人物对“道济天下”的笃信，“以天下为己任”的社会责任感，使得他们从功名利禄的贪欲中超脱出来，不会迷失人生方向而堕落，“非淡泊无以明志，非宁静无以致远”，守护心灵深处的高雅，义无反顾地反对贪腐，永不懈怠。

（八）勇略敢当

反腐倡廉是政治斗争，具有长期性、艰巨性和复杂性。廉政人物勇于和善于同腐朽现象作坚决斗争，坚持正确的立场和原则，不回避、不妥协、不退让，有勇有谋，坚决果敢，不怕挫折，不惧舍身。

冯劫曾任秦始皇时期的御史大夫，后来升至大将军，位比丞相。时历经数代战乱，社会创痛巨深，民心思定日久。秦二世胡亥即位，倒行逆施，屯戍边地，兴作土木，横征暴敛，民不堪重负，陈胜吴广揭竿而起。冯劫犯颜进谏，力主停止续建阿房宫，减省戍役，与民休养生息。秦二世不听，反将他囚禁。冯劫认为“将相不辱”[2]，自杀而死，翌年秦亡。

东汉董宣为官不畏强暴，勇于惩治不法豪族。他任洛阳令时，光武帝刘秀的姐姐湖阳公主有一奴仆仗势为虐杀人。董宣拦截湖阳公主的车，迫使此奴下车而将之击杀。湖阳公主向刘秀哭诉，刘秀勒令董宣向公主叩头谢罪，董宣拒不低头，赢得“强项令”之称，京师权贵再也不敢违法乱纪。

魏晋以降，宗族豪强士族门阀把持政柄，成为腐朽黑暗的特

---

〔1〕《论语·述而》。
〔2〕《史记·秦始皇本纪》。

权阶层，曹操却敢于挑战特权和门第。曹操是汉献帝的岳父，但从未以此炫耀。孔融是孔子世家子弟、文化名流、地方要员，以北海相身份投靠他，后却极力标榜尽忠汉室、反对改革，被曹操毫不客气地诛杀。煮酒论英雄时，曹操对袁绍、袁术、刘表之类出身名门望族的州牧，统统予以否定，倒把平民出身的刘备抬得很高。曹操不屑招纳名门子弟，发布《求贤令》、《举士令》、《选举令》、《求逸才令》，强调不讲出身、成分、资历、名望，一律“唯才是举”，锋芒直逼特权阶层。曹操发布《抑兼并令》、《禁比周令》（《整齐风俗令》），向社会恶俗恶势力叫板，英气勃勃。曹操力挫群雄，广延名士，以自壮大，然“犹畏名义而自抑也”〔1〕，只自况于周文王，可称既富有政治策略，又是一位务实的政治家。

历史地看，武则天是与保守的门阀贵族集团进行不懈斗争的政治家。武则天被太宗选为才人，太宗死后入感业寺为尼。高宗重新召其入宫，立为昭仪，三十二岁立为皇后，六十七岁称帝。由于身份特殊，武则天踏入政界，遭到李唐宗室、元老大臣及关陇士族的激烈反对。武则天采取酷吏政治打击和排斥异己，贬杀褚遂良、长孙无忌等反对派，镇压徐敬业以及琅琊王、越王的讨伐，使用铜匦直送告密揭发，利用索元礼、来俊臣、周兴等酷吏，向李唐宗室和大老中不附己者大开杀戒，为取唐立周扫清道路。另一方面，武则天宽待延揽，识人善任，擢拔贤俊，刷新政治。她首倡“自举”，规定九品以上官员可以自荐升官或入仕。她首设“殿试”，亲自加试选拔贡生。还增设“武举”，开通武生进身之路。她要求地方各州选送举人先于贡物，一改贡物为先的旧例，

〔1〕《资治通鉴·汉纪六十·献帝建安二十四年》。

致使朝廷上下人才济济。武则天打击了腐旧势力，培养了新生力量，一直保持政局平稳，促进了经济文化发展。晚年毛泽东曾称赞武则天“有容人之量，又有识人之智，还有用人之术”[1]。

武则天的宰相狄仁杰，几经宦海浮沉，始终保持体恤百姓、善断案狱、不畏权势、秉公任直的为政作风，多次直谏戒奢简政、慎权慎行，被倚为“唐室砥柱”。狄仁杰疾恶如仇、思贤若渴，向武则天推荐了张柬之、姚崇、桓彦范、敬晖等一批优秀人才，委以重任，兴举政风，刚正清扬。当时有人夸赞他：“天下桃李，悉在公门矣。”狄仁杰回答说：“荐贤为国，非为私也。”[2]

王安石少有“矫世变俗”之志，进士入仕后在地方和中央任职，深感朝廷“积贫”、“积弱”，倡导大力革新。神宗召王安石“越次入对”，主持变法，位居宰相，全面整顿积弊时局。反对派对其“天命不足畏，祖宗不足法，人言不足恤”[3] 的气势和主张深感恐惧和恼怒，群起而攻之，逼迫王安石罢相归隐。王安石仍不改其志，在廉政建设方面提出，养廉之道，教之以道，饶之以财，约之以礼，裁之以法，[4] 对于全面扭转政治颓势起到了积极作用。列宁称他是“中国 11 世纪时的改革家”。[5]

文天祥二十一岁中状元，时朝廷奸臣当道，蒙古大军压境，文天祥“忠君爱国之心，坚如铁石”，主张改革政治、扩充兵力、抗元救国，并与贾似道等奸佞进行了坚韧的斗争。1275 年，元军

---

〔1〕 郭金荣：《走进毛泽东的最后岁月》，中共党史出版社 2009 年版，第 84—85 页。

〔2〕《资治通鉴·唐纪二十三·则天后久视元年》。

〔3〕《宋史·王安石传》。

〔4〕 王安石：《上仁宗皇帝言事书》，《临川先生文集》卷三十九，中华书局 1959 年版，第 412 页。

〔5〕《列宁全集》第 10 卷，人民出版社 1960 年版，第 152 页。

逼近，文天祥奉诏起兵勤王。翌年，文天祥为右丞相兼枢密使，苦撑残局，对元军进行了顽强抵抗。1278 年年底被俘，写下了“人生自古谁无死，留取丹心照汗青”的诗句。在押大都三年，受尽酷刑不屈服，许以宰相不投降，最后就义，衣底留下“孔曰成仁，孟曰取义。惟其义尽，所以仁至。读圣贤书，所学何事？而今而后，庶几无愧”的绝唱。史家为此有言：“宋三百余年，取士之科，莫盛于进士，进士莫盛于伦魁。自天祥死，世之好为高论者，谓科目不足以得伟人，岂其然乎！”〔1〕

鲁迅先生曾经说过：“我们从古以来，就有埋头苦干的人，有拚命硬干的人，有为民请命的人，有舍身求法的人，……虽是等于为帝王将相作家谱的所谓‘正史’，也往往掩不住他们的光耀，这就是中国的脊梁。”〔2〕廉政人物，堪称中国古代社会的脊梁。

中国古代何以涌现如此众多光耀千古的廉政人物呢？经过分析，我们认为主要有以下四个方面原因。

（一）中国古代拥有德治教化的优良传统

《易》云：自强不息，厚德载物。三皇五帝以德治理天下，夏桀、商纣因腐败丧天下。西周深刻认识到“皇天无亲，惟德是辅”〔3〕，于是大兴德治，辅以礼乐治国。周公辅政，“道之以德，齐之以礼”，开创了德治治理模式。管子相齐，贯彻“民惟邦本，

〔1〕《宋史·文天祥传》。
〔2〕《鲁迅全集》第六卷，人民文学出版社 2005 年版，第 122 页。
〔3〕《尚书·蔡仲之命》。

本固邦宁"[1] 方针，使得"民归之如流水"[2]。由余规劝秦穆公"上含淳德以遇其下，下怀忠信以事其上，一国之政犹一身之治"[3]。董仲舒谏言汉武帝"国之所以为国者德也"，"是故为人君者，固守其德以附其民"[4]。这些德治思想几经强化，深入到统治者的意识之中，并为儒学入仕制度所巩固，代代相袭。至最后一个王朝清代，顺治帝入驻北京（时称燕京），首先有步骤、大力度地推行汉化政策，兴起拨转乾坤的仁义之政，把德治传统继承了下来。第一，尊孔崇儒，"以孔子六十五代孙允植袭封衍圣公，其五经博士等官袭封如故"。第二，肃清政治，下诏书大赦，唯有"官吏贪贿枉法，剥削小民，犯在五月朔（按指进京）以后，不在此例"。第三，减轻赋税徭役。第四，招贤纳士，明令"故明建言罢谪诸臣及山林隐逸怀才抱德堪为世用者，抚按荐举，来京擢用"；文武制科，恢复科举。第五，抚恤老弱，下令"鳏寡孤独、废疾不能自存者，官与给养"，"前明宗室首倡投诚者，仍予禄养"[5]。

中国古代德治不绝如缕，得益于教化盛行。一为官教。例如，周公旦辅佐周成王，言传身教。"一沐三捉发，一饭三吐哺"[6]，礼贤下士，兢兢业业，著成《多士》、《毋逸》、《立政》等文诰，灌输廉政勤政思想。其中《毋逸》写道，王公之室离开创业阶段越久，子孙们就识不得先辈们打天下的艰辛困苦，越容易变得骄

---

〔1〕《尚书·五子之歌》。
〔2〕《管子·霸形》。
〔3〕《史记·秦本纪》。
〔4〕《春秋繁露·保位权》。
〔5〕《清史稿·世祖本纪一》。
〔6〕《史记·鲁周公世家》。

奢荒淫，也就坐不住天下，终至国灭家破人亡，规勉成王一定引以为戒。二为家教。凡是廉洁官吏，多有严格的家教熏陶。在陕西长安境内有一“廉亭”，纪念的是西汉的张汤。张汤在监察执法业内雷厉风行，又以廉洁著称。他先后办理陈皇后巫蛊案、淮南王等谋反案，深得汉武帝信任，升为御史大夫，位列三公，后来因遭构陷自尽。“汤死，家产直不过五百金，皆所得奉赐，无他业。昆弟诸子欲厚葬汤，汤母曰：‘汤为天子大臣，被污恶言而死，何厚葬乎！’载以牛车，有棺无椁。天子闻之，曰：‘非此母不能生此子。’”[1]

（二）中国古人注意总结历史经验教训

历史籍典“记事载言，劝善惩恶”，是鲜活的价值趋向教育。回首和反思历史，“不出户庭，而穷览千载。见贤而思齐，见不贤而内自省”[2]。

黑格尔曾说过：“中国‘历史作家’的层出不穷、继续不断，实在是任何民族都比不上的。”[3] 中国古代史官，“在齐太史简，在晋董狐笔”[4]，在政治体制中具有监督作用。例如，宋太祖在后花园玩打鸟，臣子紧急求见言事。他觉得扫兴，臣子争辩说：“我认为这些事情比打鸟更紧急。”赵匡胤大怒，顺手抄起旁边摆的斧子，用斧子柄打那臣子的嘴，打掉了两颗牙齿。那臣子把牙齿捡起来，放在怀里。赵匡胤骂他说：“你拿着牙齿是想状告我

〔1〕《史记·酷吏传》。
〔2〕刘知幾：《史通·史官建置》。
〔3〕黑格尔：《历史哲学》，王造时译，商务印书馆1963年版，第161页。
〔4〕文天祥：《正气歌》。

吗?”那人回答说:“臣不是要告状,但是负责记载历史的官员会把这件事情写进史书。”宋太祖忽然醒悟,转而连忙赏赐那臣子。[1] 这样的故事说明皇帝警醒历史,史官也对权力具有监督、制约作用。

历史对过往的人物和事件进行是非判断的,具有生动的现实警示作用。“二十五史”中《循吏传》、《酷吏传》、《佞幸传》《奸臣传》、《忠义传》、《列女传》、《孝义传》等分传,这种评断是在坚持道德原则下进行的,对社会历史的健康发展起着某种积极导航作用。历史就是“龟鉴”。《诗经》说夏亡殷鉴,孔子编《春秋》、司马光编《资治通鉴》、苏天爵撰《治世龟鉴》,都是突出历史的经验教训,重复地强化着廉洁执政的行为规则。面对历史,凡是有历史意识的人,都不会苟且自己的行为,而是认真地对待自己的人生。屈原自警“修名之不立”,在离国求荣与守道自终二者之间,毫不犹豫地选择了死亡;文天祥在死亡面前高歌“人生自古谁无死,留取丹心照汗青”,同样选择了历史中的声誉重于苟活。而只有那些丧失了历史意识的人、漠视历史存在的人,才难以正确把握自己的行为,最终在利益的诱惑下、在私利欲望的驱动下腐败堕落,成为历史反面教员。

(三)明君治理对廉政建设有一定积极作用

中国古代系专制政体,最高统治者的贤愚善恶左右着政局。汉朝是吏治较好的时期,这与几代贤明君主励精图治不无关系。西汉初立,与民休养生息,倡导勤谨廉洁之风。汉文帝振作朝纲,

---

[1] 事见司马光《涑水记闻》明抄本卷一。

废诽谤妖言之罪，鼓励臣下大胆进谏，畅言政治得失；移风易俗，废除“秘祝”之官，下诏“百官之非，宜由朕躬”[1]，平息民怨，兴德造福；躬身节俭，“即位二十三年，宫室苑囿车骑服御无所增益。……身衣弋绨，所幸慎夫人衣不曳地，帷帐无文绣，以示敦朴，为天下先。治霸陵，皆瓦器，不得以金银铜锡为饰，因其山，不起坟。”[2] 文帝兴起清明政治，开辟了“文景之治”，赢得了普遍尊重和赞誉。西汉末年赤眉军起义攻占长安，皇陵均被破坏，唯有汉文帝的霸陵完好无损。

一流的政治家廉明善治，必经艰苦卓绝的历练，识得民本政治的重要。汉武帝巫蛊之祸案发后，卫子夫和戾太子刘据相继自杀，其直系中唯有刘据之孙刘病已（即位后改名刘询）得到廷尉监丙吉保护，在襁褓中收系郡邸狱幸存。武帝大赦后，刘病已游走民间，深切体会了百姓疾苦，也获得了辨别忠奸、察查吏治的政治经验，十八岁“通经术，有美材，行安而节和”[3]，且“操行节俭，慈仁爱人”[4]。汉昭帝死后，光禄大夫、给事中丙吉和大司马、大将军霍光迎刘病已至宫中，拥立为汉宣帝。汉宣帝发愤图强，惩治腐败，抚恤流民，抑制兼并，发展经济，整理经典，安定边疆，造就治世。汉宣帝认为，“吏不廉平则治道衰”，故尤其致力于整顿吏治。一是举措选官。“诏内郡国举文学高第”，“令三辅、太常、内郡国举贤良方正”，“令郡国举贤良方正可亲民者”，诏“举廉吏，诚欲得其真也”。二是考绩官僚。“五日一

[1]《史记·孝文帝本纪》。
[2]《汉书·文帝纪》。
[3]《汉书·魏相丙吉传》。
[4]《汉书·宣帝纪》。

听事。自丞相以下各奉职奏事，敷奏其言，考试功能。”[1] 三是严明奖惩。政绩显著者，加俸禄晋职。郡守刺史优异者，晋填朝廷公卿大臣缺位。四是增加俸禄，称“奉禄薄，欲其毋侵渔百姓，难矣”[2]。五是剪除腐朽，例如，果断清除了专权而腐朽的霍氏集团。史称：“是时黜陟有序，众职修理，公卿多称其位，海内兴于礼让”，“是故汉世良吏，于是为盛，称中兴焉”[3]。

明朝是治理腐败较为坚决的朝代。在元末农民起义的基础上创立政权的朱元璋，出身贫僧，从社会最底层打下天下，深知民间疾苦和官场顽疾，切实体会到“民者，国之本也”[4]，对贪官污吏不识民艰、苛剥虐害、丧失仁心，可谓深恶痛绝。他对大臣说：“又尝思昔在民间时，见州县官吏多不恤民，往往贪财好色，饮酒废事，凡民疾苦，视之漠然，心实怒之。”[5] 因此，朱元璋采取一系列举措，严整吏治，倡廉惩腐。一是推行重典治吏，“故今严法禁，但遇官吏贪污蠹害吾民者，罪之不恕。”[6] 规定官员凡贪污六十两银子以上者，“枭首示众，仍剥皮实草”[7]。在《大明律》之外，另颁专门惩治官吏犯罪的刑事特别法《大诰》，以当时官民犯罪的典型案例为比，治贪官污吏以严刑峻法。《大诰》刊行，朱元璋明令：“一切官民诸色人等，户户有此一本，若犯笞杖徒流罪名，每减一等，无者每加一等。所在臣民，熟观为戒。”[8] 因此，“一时守令畏法，洁己爱民，以当上指，吏治焕然

[1]《资治通鉴·汉纪十六·宣帝地节二年》。
[2]《汉书·宣帝纪》。
[3]《汉书·循吏传》。
[4]《明太祖实录》卷二五六，明抄本。
[5][6]《明太祖实录》卷三九，明抄本。
[7]《廿二史劄记·重惩贪吏》。
[8]《大诰·颁行大诰》，明洪武内府刻本。

丕变矣。下逮仁、宣，抚循休息，民人安乐，吏治澄清者百余年"[1]。二是改革机制，加强皇权，监察百官。1380 年，朱元璋罢相胡惟庸，革除中书省，职权分归六部，废宰相制度。废除了元朝的御史台，改设都察院，"专纠劾百官，辩明冤枉，提督各道，为天子耳目风纪之司"[2]，品秩与六部相齐，左右都御史与六部尚书合称"七卿"。三是率先垂范，大兴勤政节俭之风。史载朱元璋"勤于听断，四鼓而兴，未明而朝，日昃始罢。稍闲，辄与诸儒讲论经史，晡时复听政，至昏乃还宫，隆寒甚暑，未尝少变。体或不豫，亦强出视朝。凡有陈论者，无问卑贱，皆引见。四夷有小警，则终夕不寐，深思弭患之宜。节于自奉，食不用乐，罢四方异味之贡，非宴群臣，不特设盛馔，功业益崇，愈尚俭朴。"[3] 四是任用贤能，借以劝廉，至详至渥，旌其治行。济宁知府方克勤、监察御史陶垕仲、平阳县令张础、建阳县令郭伯泰、兴化县丞周舟都得到提拔重用和表彰。遇有廉官良吏被辖民挽留者，予以晋秩留任。所以，明初"崇尚循良，小廉大法，几有两汉之遗风，且驾唐、宋而上哉。"[4]

（四）中国古代文官制度和监察制度具有制约作用

中国古代政治清明与否与选官制度有着极为紧密的联系。先秦时期的世卿世禄，西汉的任子、察举、征辟，魏晋南北朝时期的九品中正制等选官制度，维护贵族世袭特权，"上品无寒

〔1〕《明史·循吏传》。
〔2〕《明史·职官志二》。
〔3〕解缙：《天潢玉牒》，明嘉靖三十二年刻本。
〔4〕《廿二史劄记·明初吏治》。

门，下品无势族”[1]，使得中国古代贪污腐败现象延及社会生活的各个方面。而科举制度的建立与完善，较为彻底地消除了选官任官方面的世袭特权，对古代社会的廉政建设起到很大的保障作用。

隋文帝首创科举取士可谓中国古代廉政建设史上划时代之举。科举取士目的是从民间提拔人才，冲击腐朽的门阀政治，以整顿刷新吏制。广而大之，相对于世袭、举荐等制度，在封建社会里，科举取士无疑是一种公平、公开及公正的选官渠道，中国古代借此走上了文化精英主义的道路。科举择官既得重用又受尊重、礼遇优恤，“进士之科，往往皆为将相，皆极通显”[2]，社会上有焚香礼进士之语。“故入仕者不复以身家为虑，各自勉其治行”，“名臣辈出，吏治循良，及有事之秋，犹多慷慨报国。”[3]

在制度上促进廉政建设的还有古代行政监察制度。它发乎秦汉，迄至明清。监察官在官制中相对独立，“内承本朝之风化，外佐丞相统理天下”[4]，依法遵令行使建言政事、纠弹官吏、监督司法、巡查政务、审计财务、考核人事等多项职权。尤其是被派往地方“代天子巡狩”的御史，具有一职多能的监察权限，可以参与审核大案或疑案、受理申诉和控告、巡视刑狱、审录囚徒等等，以至御史既是监察官，又是“天子之法官”。各级监察官员有效地遏制了特权者的恣意行为，预防和惩治了权贵官僚的贪婪恣肆，牵制和削弱了地方势力的坐大与分裂，为维护封建社会的

〔1〕《晋书·刘毅传》。
〔2〕《文献通考·选举五·举士》。
〔3〕《廿二史劄记·宋制禄之厚》。
〔4〕《汉书·薛宣传》。

稳定，保障统一多民族国家的巩固和发展，起到了重要的历史作用。孙中山先生就曾对中国古代监察制度作了充分的肯定，认为是一种很好的制度，“不独行之官吏，即君上有过，犯颜谏诤，亦不容丝毫假借”[1]，“是自由与政府间底一种最良善之调和法”[2]。

当然，中国古代的监察与专制、集权是紧密联系的，反而缺乏与民主理念上的关联，所以无法达到那种对于国家最高权力进行约束的水平，不可能形成近代以来权力分立的政治体制。而专制制度具有天生缺陷，终不能保障廉洁到永久。清朝康雍乾空前盛世豢养出中国古代首屈一指的大贪官和珅，仅一例足以说明君主专制制度在预防和惩治腐败方面的功能缺失。在秦之前，世卿世禄制度将社会政治权益集中于少数世袭贵族集团，其自身腐败和滋生腐败是显而易见的。春秋战国兴起官僚政治，官僚政治建构了皇帝、官僚和民众三个政治层级。“（一）所尽的责任，减至最小限度。（二）所得的利益，扩充至最大限度。……所以怠惰和贪污，乃是官僚阶级的本性。”[3] 又因为民众没有民主权利，国家政治命运便寄托在皇帝一人身上。但是，正如龚自珍总结的那样，开国君主往往有称霸天下、匡济国民的气概和能力，其子孙们却逐渐文弱，逐渐愚钝，仅仅依靠“礼义廉耻之士”治理天下。这样的“礼义廉耻之士”有时能征得，有时就未必征得。另一方面，那些力强、志武、敏慧之君，以其强烈的权力意志号令天下，未尝不与“礼义廉耻之士”针锋相对，于是就不惜牺牲他们的

〔1〕《孙中山全集》第三卷，第346页。
〔2〕《孙中山全集》第五卷，第493页。
〔3〕《吕思勉讲中国政治》，第211页。

"礼义廉耻"，贯彻自己的意志，畅快自己的情绪，所谓"一人为刚，万夫为柔"[1]。封建君主制度滋生的或忠良贤士难求、或忠奸善恶不辨，自然会产生出篡权弄权之辈，不是这些腐败分子身败名裂，就是江山易姓破碎。[2] 这说明，廉政建设必须革除专制制度。晚清之后，中国廉政建设和先进的中国人奋斗的努力方向，朝向了民主与科学，就成了顺理成章的事情。

---

〔1〕〔2〕《龚自珍全集》，第一辑《古史钩沉论一》，第20页。

概述

贪污贿赂是伴随着私有制和阶级的产生而出现的。原始社会一切为公，共同占有生产资料，共同生产，根本不会出现贪污贿赂的现象。进入阶级社会以后，私有观念出现，贪贿成为历史的必然。夏朝末年，贪贿之风已很严重。据《荀子·大略篇》记载，当时商汤在求雨的祷词中曾提问六件失政之事，其中有三件便是关于贪贿的。这是成汤总结夏朝由于骄奢淫逸、横征暴敛，导致最后灭亡而得出的教训。商末臭名昭著的纣王，大肆聚敛，周文王被囚于羑里时，正是通过向纣王贿赂珍宝、美女、良马等，才得以脱身。

春秋、战国是中国古代社会发生第一次剧烈变革的时期，即由奴隶制社会转变为封建制社会。社会结构从宗族为主的单位逐步转化为编户齐民；政权结构冲破了天子一统的局面，周室衰微，群雄逐鹿，诸侯征战，封建中央王权也没有最终确立；经济领域的私有制有所发展。所以，该时期人物的贪墨和廉洁有鲜明的时代特色。

一、“政以贿成”、“国以贿亡”
——先秦时期贪贿的巨大危害

春秋、战国时期，国与国之间交往的政治伦理还没有形成，各国统治集团之间以财贿进行政治交易乃常见之事，国君和权臣也往往置国家间的关系于不顾，公然制造麻烦索要贿赂，所以，说当时“政以贿成”、“国以贿亡”是毫不夸张的。

公元前529年，晋国召集诸侯在平丘开会，先驻扎在卫地。晋大夫羊舌鲋故意放纵打柴人去捣乱，以此恐吓卫人来向卫国索贿。当达到目的后，“未退而禁之”（《左传·昭公十三年》），恐吓立即解除了，其索贿的目的昭然若揭。

楚令尹子常向来楚朝聘的蔡昭侯、唐成公索贿不得，便将之拘留，在得到索要之物后方才释放他们。在吴楚战争中，蔡、唐二国派兵参战，最后攻破郢都。

吴国太宰嚭受贿而致吴亡国。起初，在吴越之战中越国战败，越王勾践便派人至吴国请降求和，“乃以美女宝器令种间献吴太宰嚭”（《史记》卷四十一《越王勾践世家》）。太宰嚭欣然接受，于是说服吴王夫差许越求和，以致养虎贻患，越国再次壮大后一举灭掉吴国。

秦国攻打赵国，派人私下送金给赵王宠臣郭开，请他在赵王面前说廉颇的坏话，导致赵王不再起用廉颇，最后落了个赵王被掳、赵国灭亡的下场。

智伯为了灭掉仇由这个小国，以贿赂为诱饵，假意送给仇由君一个大钟。仇由君贪图重器，居然信以为真，喜出望外，并修整运钟的道路来迎接。智伯率军尾随大钟攻入仇由国都，仇由国由此灭亡。

羊舌鲋、子常等贪墨之臣为中饱私囊，故意制造障碍公然索贿，其丑恶嘴脸如出一辙；太宰嚭、郭开贪图私利而罔顾国家安危；仇由国君贪图小利而致灭国：贪贿之害可谓大矣。

二、揭露批判、廉政典型、民本思想
——先秦时期的廉政建设

社会上有贪贿现象的发生和存在，必然就有反对和遏制贪贿的行为。这样，就产生了提倡清廉勤政、贬斥贪贿暴敛和骄奢淫逸的思想。春秋战国时期贪贿风行，人们也逐渐认识到贪贿淫逸的危害：小则身败名裂，大则国亡族灭。

本时期有不少正直、卓有远见的政治家，他们或反对贪贿行为，或洁身自好，而以崇高的人格魅力为社会树立了典范。在“政以贿成”的社会大环境中，他们的行为对当时的社会风气是一个极大的反正。

战国时期是一个思想大解放的时期，百家争鸣，诸家纷纷著书立说，其谴责贪贿、讴歌廉政典范构成了诸子学说的一个重要组成部分。尽管诸家学说有种种不同，但在揭露、谴责贪贿这个方面则殊途同归。他们的学说和主张为廉政理论的初步形成作出了重要贡献。

1. 直言纳谏，针锋相对，揭露批判

周厉王重用好利的荣夷公，国人叫苦不迭。大夫芮良夫进谏，说："夫利，百物之所生也，天地之所载也，而或专之，其害多矣。"又说："匹夫专利犹谓之盗；王而行之，其归鲜矣。"（《国语·周语上》）周厉王不但不听，反而严厉控制言论，特地找来一个卫国的巫者监视国人的谤议，一旦发觉则加以杀害，最后落得被流放的下场。

公元前514年，晋国人魏戊任梗阳县（今山西清徐）大夫。当时辖内的一件讼案，魏戊不能断清，便上报给魏舒（魏献子）。诉讼的一方就乘间给魏舒送上"女乐"，魏舒本来打算接受。魏戊知道后，就让他的同僚阎没、女宽到魏舒家"三叹"讽谏，于是魏舒辞谢了梗阳人的贿赂。魏舒从谏如流，断然拒绝贿赂，反映了一种新气象。

公元前594年，楚国包围宋国长达九个月，宋国向晋国求援。晋国派大夫解扬赴宋国，告诉宋国不要降楚，晋军即将到来。经过郑国时，解扬被郑人逮住献给楚军。楚庄王就用重赂逼他改变原命，解扬回应说："义无二信，信无二命。君之赂臣，不知命也。受命以出，有死无賔，又可赂乎？"（《左传·宣公十五年》）死也不改君命。解扬大义凛然，拒绝贪贿，与那些因贪图小利而误国之辈可谓天壤之别。

赵国赵奢作农业官员时，不畏权贵，秉公执法。平原君家不肯出租税，赵奢依法杀了平原君家相关人员九人，并说："君于赵为贵公子，今纵君家而不奉公则法削，法削则国弱，国弱则诸侯加兵，诸侯加兵是无赵也，君安得有此富乎？"（《史记》卷八

十一《廉颇蔺相如列传》）可谓有理有节。

战国时魏国的西门豹任邺县令，地方贪官污吏打着“为河伯娶媳妇”的荒诞旗号视民命如草芥，大肆鱼肉百姓，西门豹针锋相对，以其人之道还治其身，取缔了这一丑恶现象。

除了正直的政治家对贪贿行为进行谏诤和针锋相对的抗争外，思想家们也对当时社会上种种丑陋行为进行了无情的揭露和批判。

老子就非常反对统治者的贪欲巧诈，他把聚敛财货比作盗首：“朝甚除，田甚芜，仓甚虚；服文采，带利剑，厌饮食；财货有余。是谓盗竽，非道也哉!”（《老子》第五十三章）

孔子、孟子等把贪贿暴敛比作盗贼。一次，季康子忧虑盗贼多，便问道于孔子，孔子说：“苟子之不欲，虽赏之不窃。”（《论语·颜渊》）意思是说，只要您季氏自己没有贪欲了，即使奖励别人去偷窃，人家也会知耻而不去干。这是把喜好聚敛的季康子和盗贼摆在同一位置上。

孟子说：“城郭不完，兵甲不多，非国之灾也；田野不辟，货财不聚，非国之害也。上无礼，下无学，贼民兴，丧无日矣。”（《孟子·离娄》）这里的“贼民”就是指贪得无厌、坑害人民的官吏。

墨子说：“今有人于此，窃一犬一彘，则谓之不仁；窃一国一都，则以为义。譬犹小视白谓之白，大视白则谓之黑。”（《墨子·鲁问》）以盗窃为常事，见怪不怪。此所谓盗窃，当然有贪贿在其中。

荀子则指斥：“乱世则不然，污漫突盗以先之，权谋倾覆以示之，俳优侏儒妇女之请谒以悖之……生民则致贫隘，使民则极劳苦。是故百姓贱之如尪，恶之如鬼。”（《荀子·王霸》）荀子深刻揭露了贪贿盗窃和权谋之害，从而招致人民深恶痛绝。

韩非子提出，为臣吏者成为奸邪的有“八术”，其中第四术叫做“养殃”，就是迎合君主享乐奢淫，而去“尽民力”、“重赋敛”、“从其所欲”，其目的是“树私利其间”（《韩非子·八奸》）。又提出政治上的“十过”，其中“五曰贪愎喜利，则灭国杀身之本也”（《韩非子·十过》）。他认为：“处官者毋私，使其利必在禄。”（《韩非子·八经》）没有禄外的私利，才能消除官吏贪贿腐败。在《五蠹》篇里，韩非子则论述了行贿买官卖爵导致奸商盛行，无人去从事耕战，政治也沦为市道，从而使国家陷于十分危险的境地。

2. 注重自身修养、人格魅力——时代廉政典型的确立

春秋战国时期有一批注重自身修养、有着丰富人格魅力的政治家，他们是“政以贿成”时代浊流中的一股清流。

周公辅佐周室，制礼作乐，摄政还政，“一沐三捉发，一饭三吐哺”（《史记》卷三十三《鲁周公世家》），是周代勤政的典范，不但在当时起到了很好的示范作用，也为后世所师法。

臧文仲有恩于卫成公，卫成公为感谢他，“使纳赂焉”，他却坚决拒绝，说：“外臣之言不越境，不敢及君。”（《国语·鲁语上》）臧文仲不仅辞贿不受，而且遵守君臣之分。

晏婴竭力反对和批评齐景公贪欲暴敛，他本人又是一生节俭、清廉的楷模。他几次拒绝齐景公为他调换宽敞的住房，几次辞绝齐景公加给他的俸禄。

田稷之母深明大义，颇有见识。田稷受贿，她严词批评他："尽力竭能，忠信不欺，务在效忠，必死奉命，廉洁公正，故遂而无患。""夫为人臣不忠，是为人子不孝也。不义之财，非吾有也。不孝之子，非吾子也。"（《列女传》卷一《母仪传·齐田稷母》）母亲的话，令田稷十分羞惭，他只得退回财贿。田稷母为如何做好官员的家属，做出了很好的榜样。

其他如"无衣帛之妾，无食粟之马"、"以德荣为国华"（《国语·鲁语上》）的季文子，"以不贪为宝"的子罕，不卑不亢、不为财物所动的士燮，生活俭朴且以自己的人格魅力感染身边之人乃至刺客的执政赵盾等，无不是个人修养极高、奉公守法的廉政典范。

在揭露、谴责贪贿聚敛的同时，思想家们也注意正面弘扬正气，倡导和树立清廉勤政的人物典型。不但古代之贤人为诸家称赞，同时代的廉政人物也被他们称扬。

孔子称赞伯夷、叔齐为"古之贤人也"，"求仁而得仁，又何怨"（《论语·述而》），也一再称赞好学求仁的颜渊"一箪食，一瓢饮，在陋巷，人不堪其忧，而回也不改其乐，贤哉回也"（《论语·雍也》）。

孟子也称赞"伯夷，目不视恶色，耳不视恶声"，"横政之所出，横民之所止，不忍居也"。因此，"闻伯夷之风者，顽夫廉，懦夫有立志"（《孟子·万章下》）。

孔门弟子也经常给予评说。子张云："令尹子文三仕为令尹，无喜色；三已之，无愠色，旧令尹之政必以告新令尹，何如？"（《论语·公冶长》）孔子说这就是"忠"啊。

孔子评晏婴是"善与人交，久而敬之"（《论语·公冶长》），这说的是一般品德，而当时传颂晏子的节俭是“一狐裘三十年。遣车一乘，及墓而反”（《礼记·檀弓》），“祀其先人，豚肩不掩豆，浣衣濯冠以朝”（《礼记·礼器》），都是说他对自家丧祭极为俭约。

孟子说“晏子以其君显”（《孟子·公孙丑》），是针对晏子廉洁而谏诤、制约齐景公的贪欲聚敛、使其政权不至于在当世崩溃而说的。

3．为民请命，不与民争利——朴素的民本思想

百姓是社会的根本，春秋战国时期凡是有所作为的政治家和廉政典范又无不是为民请命、以民为本的典范。

鲁相公仪休就是不与民争利的典范。他为相时“使食禄者不得与下民争利，受大者不得取小”（《史记》卷一百一十九《公仪休传》），这样便会“百官自正”。他还身体力行，拔掉自己园里的蔬菜，烧毁自家的织布机，因为自己种菜、织布，那些农民和织妇就没地方去卖他们的产品了。

楚成王时贤相子文曾“三舍令尹，无一日之积”，只为“恤民”。有人问他，别人都是求富，你为什么总是逃富，他回答说：“夫从政者以庇民也。民多旷者，而我取富焉，是勤民以自封也，死无日矣。我逃死，非逃富也。”（《国语·楚语下》）

晏婴作为一代名相，“食不重肉，妾不衣帛”（《史记》卷六十二《管晏列传》），非常重视民生疾苦。针对阴雨成灾，他积极筹措发放粮食给灾民，还自责说：“故里穷而无告，无乐有上矣；饥饿而无告，无乐有君矣。婴奉数之策，以随百官之吏，民饥饿穷约而无告，使上淫湎失本而不恤，婴之罪大矣。”（《晏子

春秋·内篇谏上》)

孙叔敖为楚相时执政温和，注意维护百姓利益，他曾顺应百姓的呼声维持币制和车制的不变。

贪贿必然造成与民争利，政策决策者如果能站在百姓的角度考虑问题，贪贿自然就没有了生长的土壤。这些有作为的政治家之所以又是廉政典范，正是在于他们能做到以民为本，不与民争利。

贪贿是进入私有社会后的历史必然，因此要想禁止贪贿，必然需要制度方面的建设。在春秋、战国时期特殊的历史背景下，出现“政以贿成”的局面，有远见的政治家及众多思想家，都对这种现象造成的巨大危害作了充分的揭露和批判，同时也提出了一些有价值的理论主张，虽然制度建设还没有开展起来。不可忽视的是，那些正直的政治家们高尚的情操修养，尤其是他们对贪贿行为的抗争，已经成为时代的廉政典范，为当时及后代的廉政建设起到了很好的模范作用。这些廉政典范所具有的朴素民本思想也为当时廉政建设作出了重要贡献。

(赵爱学)

周　公

【原文】

周公旦者，周武王[①]弟也。自文王[②]在时，旦为子孝，笃仁，异于群子。及武王即位，旦常辅翼武王，用事居多。武王九年，东伐至盟津，周公辅行。十一年，伐纣，至牧野，周公佐武王，作《牧誓》。破殷，入商宫。已杀纣，周公把大钺，召公把小钺，以夹武王，衅社，告纣之罪于天及殷民。释箕子[③]之囚。封纣子武庚禄父，使管叔、蔡叔傅之，以续殷祀。遍封功臣同姓戚者。封周公旦于少昊[④]之虚曲阜，是为鲁公。周公不就封，留佐武王。

武王克殷二年，天下未集，武王有疾不豫，群臣惧，太公、召公乃缪卜。周公曰："未可以戚我先王。"周公于是乃自以为质，设三坛，周公北面立，戴璧秉圭，告于太王、王季、文王。史策祝曰："惟尔元孙王发，勤劳阻疾。若尔三王是有负子之责于天，以旦代王发之身。旦巧能，多材多艺，能事鬼神。乃王发不如旦多材多艺，不能事鬼神。乃命于帝庭，敷佑四方，用能定汝子孙于下地，四方之民罔不敬畏。无坠天之降葆命，我先王亦永有所依归。今我其即命于元龟⑤，尔之许我，我以其璧与圭归，以俟尔命。尔不许我，我乃屏璧与圭。”周公已令史策告太王、王季、文王，欲代武王发，于是乃即三王而卜。卜人皆曰“吉”，发书视之，信吉。周公喜，开籥，乃见书遇吉。周公入贺武王曰：“王其无害。旦新受命三王，维长终是图。兹道能念予一人。”周公藏其策金縢匮中，诫守者勿敢言。明日，武王有瘳。

其后武王既崩，成王少，在强葆之中。周公恐天下闻武王崩而畔，周公乃践阼代成王摄行政当国。管叔及其群弟流言于国曰：“周公将不利于成王。”周公乃告太公望、召公奭曰：“我之所以弗辟而摄行政者，恐天下畔周，无以告我先王太王、王季、文王。三王之忧劳天下久矣，于今而后成。武王蚤终，成王少，将以成周，我所以为之若此。”于是卒相成王，而使其子伯禽代就封于鲁。周公戒伯禽曰：“我文王之子，武王之弟，成王之叔父，我于天下亦不贱矣。然我一沐三捉发，一饭三吐哺，起以待士，犹恐失天下之贤人。子之鲁，慎无以国骄人。”

管、蔡、武庚等果率淮夷而反。周公乃奉成王命，兴师东伐，作《大诰》。遂诛管叔，杀武庚，放蔡叔。收殷馀民，以封康叔于卫，封微子于宋，以奉殷祀。宁淮夷东土，二年而毕定。诸侯咸服宗周。

天降祉福，唐叔得禾，异母同颖，献之成王，成王命唐叔以馈周公于东土，作《馈禾》。周公既受命禾，嘉天子命，作《嘉禾》。东土以集，周公归报成王，乃为诗贻王，命之曰《鸱鸮》。王亦未敢训周公。

成王七年二月乙未，王朝步自周至丰，使太保召公先之雒相土。其三月，周公往营成周雒邑，卜居焉，曰“吉”，遂国之。

成王长，能听政。于是周公乃还政于成王，成王临朝。周公之代成王治，南面倍依⑥以朝诸侯。及七年后，还政成王，北面就臣位，匔匔⑦如畏然。

初，成王少时，病，周公乃自揃其蚤沈之河⑧，以祝于神曰：“王少未有识，奸神命者乃旦也。”亦藏其策于府。成王病有瘳。及成王用事，人或谮周公，周公奔楚。成王发府，见周公祷书，乃泣，反周公。

周公归，恐成王壮，治有所淫佚，乃作《多士》，作《毋逸》。《毋逸》称：“为人父母，为业至长久。子孙骄奢忘之，以亡其家，为人子可不慎乎！故昔在殷王中宗，严恭敬畏，天命自度，治民震惧，不敢荒宁，故中宗飨国七十五年。其在高宗，久劳于外，为与小人，作其即位，乃有亮暗⑨，三年不言，言乃谨，不敢荒宁，密靖殷国，至于小大无怨，故高宗飨国五十五年。其在祖甲，不义惟王，久为小人于外，知小人之依，能保施小民，不侮鳏寡，故祖甲飨国三十三年。”《多士》称曰：“自汤至于帝乙，无不率祀明德，帝无不配天者。在今后嗣王纣，诞淫厥佚，不顾天及民之从也。其民皆可诛。”“文王日中昃不暇食，飨国五十年。”作此以诫成王。

成王在丰，天下已安。周之官政未次序，于是周公作《周官》，官别其宜，作《立政》，以便百姓。百姓说。

周公在丰，病，将没，曰：“必葬我成周，以明吾不敢离成王。”周公既卒，成王亦让，葬周公于毕，从文王，以明予小子不敢臣周公也。

周公卒后，秋未获，暴风雷，禾尽偃，大木尽拔。周国大恐。成王与大夫朝服以开金縢书，王乃得周公所自以为功代武王之说。二公及王乃问史百执事，史百执事曰：“信有，昔周公命我勿敢言。”成王执书以泣，曰：“自今后其无缪卜乎！昔周公勤劳王家，惟予幼人弗及知。今天动威以彰周公之德，惟朕小子其迎，我国家礼亦宜之。”王出郊，天乃雨，反风，禾尽起。二公命国人，凡大木所偃，尽起而筑之。岁则大孰。于是成王乃命鲁得郊祭文王。鲁有天子礼乐者，以褒周公之德也。

选自《史记》卷三十三《鲁周公世家》

【注释】

①周武王：姓姬名发，周文王之子，周朝的建立者。

②文王：周武王之父，商朝时诸侯，居岐山之下，为西方诸侯之长。

③箕子：商纣王叔父，官太师。封于箕（今山西太谷东北）。曾劝谏商纣，纣王不听，将其囚禁。

④少昊：传说中远古时代东夷人的首领。

⑤元龟：大龟。古代用于占卜。

⑥倍依：朝会时背对天子座后的斧文屏风。倍，通“背”；依，通“扆”。

⑦匔匔：恭谨的样子。

⑧自揃（jiǎn）其蚤（zhǎo）沈（chén）之河：揃，剪断；剪下。蚤，指甲。沈，同“沉”。

⑨亮暗：帝王居丧，又作“亮阴”。

【译文】

周公姬旦，是周武王姬发的弟弟。周文王时，周公就极为孝顺、仁慈，不同于其他几个儿子。周武王即位，周公辅助武王处理了很多政事。周武王即位第九年，周公跟随武王征战，向东讨伐到了盟津。周武王十一年，周再次发兵讨伐商纣王，到达牧野之后，周公辅佐武王，作有《牧誓》篇。其后，武王率领各路诸侯攻破商朝的国都殷，进入商纣王的宫殿。武王处决了商纣王以后，周公手持大斧，召公手持小斧，陪伴在武王左右，祭祀社神，向上天与商朝百姓历数商纣王的罪行，又释放了被商纣王关押的大臣箕子，并册封了商纣王的儿子武庚禄父，让管叔、蔡叔去管教他，以延续商朝的祭祀。随后，周武王又遍封有功的群臣和同姓的兄弟、亲戚等。武王将周公封任于少昊的旧址曲阜，即为鲁公。但是周公没有去封地赴任，而是留下来辅助武王。

在周武王灭商的第二年，天下仍未安定，武王不幸生病，大臣都害怕，太公吕尚、召公于是去占卜。周公说道："不能使先王担忧。"于是，周公就以自己的生命为担保，设立三个祭坛，向北站立，戴着玉璧，手持玉圭，向先人太王、王季和周文王祈祷。史官在旁宣读祷告词，说："现在先王的长孙武王姬发，因为勤于政事，身染疾病。如果是姬发有什么过失，使三位先祖无以面对上天，就让我姬旦来代替姬发。我姬旦灵巧聪明，多才多艺，能够侍奉鬼神。而姬发不如我多才多艺，不能侍奉鬼神，但他却受命于天，要他治理天下，一定能够使得姬氏子孙安居乐业，四方百姓对他无不心怀敬畏。姬发一定不会辜负上天的使命，各位先祖也一定能够永得祭祀。现在我就以龟甲占卜，如果先祖答应我的请求，我就将玉璧和玉圭带回去，恭候你们的命令。如果各位祖先不答应我的请求，我就抛弃玉璧和玉圭。"说完，周公命令史官向太王、王季、文王报告，决心用自身来代替武王，于是就在三位祖先的神灵面前占卜。占卜的官员都说吉利，打开卜辞一看，果就如此。周公大喜，打开藏兆书的箱子，亲自验看，卜辞也大吉。周公于是入宫恭贺武王，说："大王您一定会平安无事。我刚才接受了三位先王的命令，说是一切从长考虑，祖先非常眷顾大王您。"周公随后将占卜所用的龟甲藏在金縢柜中，并密封好，并告诫看守官员不要张扬。第二天，武王的病果真痊愈了。

后来武王驾崩时，周成王尚在襁褓之中。周公怕天下听到武王驾崩的消息而发生叛乱，他就代替成王登上王位，处理政事。管叔与其他兄弟等纷纷散布谣言，说：“周公将不利于成王的王位。”周公听说后，告诉太公吕尚、召公奭说：“我之所以不避嫌怨代替新天子执政，是因为我怕天下叛乱，使我无以告知祖先太王、王季和文王。三位先祖为了天下大事费尽心力，现在好不容易成功。武王又英年早逝，即位的新王年幼，为了周家的天下，我才如此做。”于是，周公就一直留在国都辅助成王，派他的儿子伯禽到鲁国接受封地。伯禽临行时，周公告诫他说：“我是文王的儿子，武王的弟弟，成王的叔父。在天下人眼中，我的政治、社会地位已相当高了。但有时我正在洗头发，赶上贤人远道而来，我不得不将湿漉漉的头发扎起来；有时正在吃饭，有贤人拜访，我也要匆忙将来不及咽下的食物吐出来，去接见他们。唯恐会失去天下的贤人。所以，你到了鲁国以后，一定要谦虚谨慎，绝不能因为是国君就目空一切。”

管叔、蔡叔、武庚等果然率领黄淮、江淮一带的诸侯国起来造反。周公奉成王之命，率师东征，很快平定了叛乱，周公作了《大诰》。将管叔和武庚处死，将蔡叔流放，又收拢商朝遗民，封康叔于卫地，微子于宋地，以便能够延续商人的祭祀。黄淮、江淮一带的叛乱，历经两年被平定。天下诸侯都臣服周朝。

天降祥瑞，唐叔获得了一株禾苗，异株同穗，将其献给周成王。成王就命唐叔将禾苗转赠给当时尚在东方的周公，并作了《馈禾》这首诗来赏赐周公。周公收到了成王赏赐的禾苗，心存感激，又特意作了《嘉禾》一文以志纪念。平定东方后，周公返回国都，向成王报捷，并特意作了一首诗《鸱鸮》献给成王。成王接受了，没有按惯例对周公进行训诫。

成王七年二月乙未日，成王驾至丰地，命太保召公先行前往雒邑察看地势。三月，周公奉命在雒邑修建王城，并进行占卜，结果大吉，于是定都雒邑。

成王长大以后，已能独立处理政事。于是，周公就将朝政交还给了成王，成王开始亲政。当周公摄政时，周公曾经坐在王位上南面称尊，接受诸侯朝见。七年后，周公将政权交给成王，北面称臣，对成王极为敬畏尊重。

最初，成王年幼时，曾经生病，周公便剪断自己的指甲并沉入河水，向河神祈祷说："成王年幼无知，亵渎神灵之命的人是我周公旦。"祭祀完毕，周公也将策文藏在内府。成王不久康复。成王亲政后，有人诋毁周公，周公逃到楚地。成王查看内府档案，发现周公的祈祷文，感动得泪流满面，立即迎回周公。

周公返回国都后，担心成王长大后沉迷女色、生活奢靡，于是撰写《多士》、《毋逸》等文以为规谏。《毋逸》说："为人父母，为使其业千秋万代，可后世子孙却多骄奢淫逸，忘记了先人的教诲，以至于家破国亡，子孙怎么能不引以为戒！从前，商朝中宗敬畏天命，奉公守法，日理万机，不敢松懈，所以，他能够平安在位七十五年。商高宗时，高宗因自幼在外行役，与普通百姓生活在一起。即位以后，三年居丧期间不发一言。三年以后，一说话便突然一鸣惊人，大展宏图，尽心处理国事，心系百姓，上下和悦，所以高宗平安在位五十五年。商王祖甲，早年不愿听从父王越过哥哥祖庚而继承王位的安排，便离开王宫与百姓生活在一起，深知人民的痛苦，所以即位后能够安定百姓，从不欺凌孤寡，祖甲因此得以在位三十三年。"《多士》一文说："从商汤到帝乙，帝王们都是恭敬神明而继承祖先遗德的，无人违背天命。其后，商纣王荒淫无度，不顾天命，不恤百姓，百姓皆认为他应该被诛杀。”“我们文王勤政爱民，每天都忙到中午仍无暇吃饭，所以，文王最终能够在位五十年。”周公用这两篇文章来告诫成王。

周成王在丰地时，天下安定，但是，朝廷官制还未制定。为此，周公作了《周官》一书，规定了各种官员的职责，又作了《立政》一文，以方便百姓。于是，举国上下，一片欢腾。

周公在丰地患了重病，临终之际，说：“我死以后，一定要将我安葬在雒邑，以表明我时刻不敢离开成王。”周公死后，成王将其安葬在毕，让他陪葬在文王身边，以表示自己不敢将周公视为臣子。

周公去世的那年秋天，庄稼未熟，狂风暴雨不断，庄稼全被吹倒，大树也被连根拔起。周国上下惊恐。成王与朝臣身穿朝服，打开当年周公所藏得策文。成王方才知道周公当年代武王祈祷的事情。成王及太公、召公询问史百执事，史百执事回答道：“确实是有这么一回事。周公让我不要说出去。”成王手执策文，感动得留下了泪水，说：“从今以后没有准确的占卜了。当年周公为了国事操劳，我年幼无知。现在，上天发怒以彰显周公的威德，也应该只有我一个人前往承受上天的惩罚。况且，无论依照国家或者家庭的礼仪而言，我也都应该如此去做。”于是，成王亲自出城到郊外，向上天谢罪。上天停止大雨，并刮起了反向的大风，田地里的庄稼又全部被吹得站了起来。太公、召公于是命令百姓，凡是此前被吹倒的树木，都扶起培土。当年全国竟然都获得了大丰收。于是，成王又特别命令鲁国举行郊祭之礼以祭祀文王。鲁国得以享此天子礼乐的特权，完全是因为成王褒奖周公的品德而赋予鲁国的。

【评述】

周公是西周初期杰出的政治家、军事家和思想家，是孔子最为崇敬的古代圣人之一。

周公为西周王朝的建立、稳定和巩固立下了不朽功勋。他曾随周武王灭商，又辅佐周成王七年。其中，周公辅佐成王，正如《尚书大传》所说，“一年救乱，二年克殷，三年践奄，四年建侯卫，五年营成周，六年制礼乐，七年致政成王”，可谓功劳赫赫。在武王患病期间，周公又以身代替武王向天祷告；成王身体不适，他又独自向神祈祷。这一切，都体现了周公对西周王朝的无限忠诚。周公严守臣礼。当周成王赐他“异母同颖”之禾时，他“嘉天子命”，“作《嘉禾》”以示回报。他历尽艰辛平定东方诸族叛乱，向成王汇报战果，又作《鸱鸮》一诗，以行臣礼。鉴于西周官制未定，他作《周官》一书。为方便老百姓，他又作《立政》一文。尽管周公摄政七年以天子身份接见天下诸侯，但在成王亲政后，他仍“北面就位，匔匔如畏然”，回到大臣之列。他恐成王有涉淫佚，便作《多士》和《毋逸》二文以警示。其中《多士》劝诫道：“为人父母，为业至长久。子孙骄奢忘之，以亡其家，为人子可不慎乎！”然后指出商中宗在位七十五年、商高宗在位五十五年的原因是“不敢荒宁”；祖甲“知小人之依，能保施小民，不侮鳏寡”，也在位三十三年。《毋逸》一文指出商纣王“诞淫厥佚，不顾天及民之从”，故被武王消灭，而成王祖父文王“日中昃不暇”，勤于国政，亦“飨国五十年”。

除了安邦定国，周公还提出了许多深谋远虑的主张和理念，对当时和后世产生了深远的影响，如他的保民思想。周公从夏商灭亡的历史教训中，认识到取得民心的重要性，为此，就要体察民情，施行德政，把民意作为行政得失的晴雨表，“人无于水监（鉴），当于民监（鉴）”（《尚书·酒诰》）；要关心人民疾苦，知“稼穑之艰难”、“保惠于庶民”（同前）；同时要“慎罚”，一定的惩戒手段是必要的，但用刑罚需谨慎。再如他的勤政思想。周公在《毋逸》一文中提出，为政者首先要勤于政事，不能贪图安逸，更重要的是，要真正做到勤政，就必须深入生活，到百姓中间去，这样才能了解百姓疾苦，掌握为政的正确方向。否则，就会像那些“不知稼穑之艰难，不闻小人之劳，惟耽乐之从”的暴君一样遭到覆亡的命运。周公的思想成为后来儒家思想的重要理论依据。儒家的“仁政”思想，即和周公的保民、勤政观念一脉相承。

总之，周公是我国历史上一位备受推崇的人物，是千古能吏和廉吏的典型。这由周公的谦逊美德所致。正如《韩诗外传》第三十一章所说：“周公践天子之位七年，布衣之士所贽而师者十人，所友见者十二人，穷巷白屋所先见者四十九人，时进善百人，教士千人，官朝者万人”，“一沐三握发，一饭三吐哺，犹恐失天下之士”。周公摄政时，广泛向各种人请教，同时提拔贤能之士。该章又说，周公之子伯禽去封地鲁国时，周公告诫他说：“吾闻德行宽裕，守之以恭者荣；土地广大，守之以俭者安；禄位尊盛，守之以卑者贵；人众兵强，守之以畏者胜；聪明睿知，守之以愚者善；博闻强记，守之以浅者智。”正是这种谦谦君子风度，成就了周公在历史上的崇高地位。

（阿不来提注译　尤海燕评述）

召　公

【原文】

召公奭与周同姓，姓姬氏。周武王之灭纣，封召公于北燕。

其在成王时，召公为三公：自陕以西，召公主之；自陕以东，周公主之。成王既幼，周公摄政，当国践祚①，召公疑之，作《君奭》。君奭不说周公。周公乃称："汤时有伊尹②，假于皇天；在太戊时，则有若伊陟、臣扈③，假于上帝，巫咸④治王家；在祖乙⑤时，则有若巫贤；在武丁时，则有若甘般，率维兹有陈，保乂有殷。"于是召公乃说。

召公之治西方，甚得兆民和。召公巡行乡邑，有棠树，决狱政事其下，自侯伯至庶人各得其所，无失职者。召公卒，而民人思召公之政，怀棠树不敢伐，哥咏之，作《甘棠》之诗。

……

太史公曰：召公奭可谓仁矣！甘棠且思之，况其人乎？燕北迫蛮貉[6]，内措齐、晋，崎岖强国之间，最为弱小，几灭者数矣。然社稷血食[7]者八九百岁，于姬姓独后亡，岂非召公之烈邪！

选自《史记》卷三十四《燕召公世家》

【注释】

①当国践祚（zuò）：指以天子的身份处理国事。当国：执政，主持国事。践祚：登上君位。

②伊尹：商汤时大臣，名伊，一名挚。

③臣扈：商大臣，与伊陟共事太戊，相继为相。

④巫咸：一作巫戊，太戊之臣。与伊尹协力整饬政事，治国有绩。

⑤祖乙：商王名，商汤的六世孙。任巫贤治理国政，东夷宾服，商朝复兴。

⑥蛮貉（hé）：又作“蛮貊”。古代对我国东北部少数民族的蔑称。

⑦社稷血食：社是土地神，稷是谷神。古代帝王都祭祀社稷，“社稷”便成为国家的代称。血食，指享受祭祀。古代杀牲取血用来祭祀，称为“血食”。

【译文】

召公奭和周天子同姓姬。周武王灭掉商纣王以后，封召公于燕地。

周成王时，召公位居三公：自陕地以西，由召公主管；陕地以东，则由周公主管。当时周成王还年幼，便由周公代他执掌国政。对此，召公有所怀疑，周公就写了《君奭》一文，以表白自己。召公仍对周公不满。因此，周公对召公说："商汤时有大臣伊尹，功德感动了上天；太戊时，有像伊陟、臣扈那样的人，功德感动了上帝，还有巫咸治理朝政；祖乙时，有像巫贤那样的人；武丁时，有像甘般那样的人。正是这些大臣们辅佐君王，主持施政，殷朝才得到了治理，实现了安定。"召公听了这番话才高兴起来。

召公治理西部一带，受到广大民众拥戴。召公到乡村城郡去巡察，附近有一棵棠梨树，他就在树下断案并处理其他政事，使贵族和平民，都各有恰当的职守。召公去世后，民众思念他的政绩，怀念那棵棠梨树，舍不得砍伐，作《甘棠》来颂扬他。

……

太史公说：召公奭可以称得上仁德之人了！那棵棠梨树尚且被民众思念，何况对召公本人呢？燕国北面靠近蛮貉等部族，疆土又和齐、晋等国交错，在强国之间艰难地生存，最为弱小，有多少次差点被灭掉。然而国家延续了八九百年之久，在姬姓的封国中只有它最后灭亡，这难道不是召公的功业吗？

【评述】

召公历经周文王、周武王、周成王和周康王四世，居官数十载，为西周王朝的建立与巩固做出了重大贡献。

《尚书·君奭序》说："周公为师、召公为保，相成王为左右"，《史记·周本纪》说"召公为保、周公为师，东伐淮夷"，

《史记·鲁周公世家》也说“周公把大钺，召公把小钺，以夹武王，衅社，告纣之罪于天及殷民”，都把召公与周公相提并论。召公虽被封于燕地，但为承担更重要的责任，他便派大儿子去燕国就封，自己留在镐京，为国鞠躬尽瘁。在周初的几项重大事件中，召公不仅亲自参与而且都起了重要作用，如安抚百姓，支持周公摄政，支持平定叛乱等，功勋卓著。

召公以纣为戒，为官清廉，勤政爱民，轻徭薄赋，还常常了解百姓疾苦，奖励农桑。召公当政期间，其辖区政通人和，“自侯伯至庶人各得其所，无失职者”，备受辖区百姓爱戴。他曾在一棵甘棠树下办公断案和处理政事，后人为了纪念他，舍不得砍伐这棵树，还作了《甘棠》诗来怀念他，留下了“甘棠遗爱”、“甘棠之思”等典故。

召公被后人奉为“廉洁奉公之祖”、“亲政爱民之范”，其勤政爱民精神与廉洁风范已成为中华民族传承不辍的宝贵财富。数千年来，人们对这种伟大精神歌咏不绝，如唐玄宗“树古棠荫在，耕余让畔空”，明代李元伯“在昔召公去，国人爱甘棠”，近人梁启超“东篱采客陶潜菊，南国人怀召伯棠”，现代郭沫若“五里横排遗荷树，千秋蔽芾胜甘棠”，让我们不时想起这位三千多年前的长者。

（史建桥注译　肖刚评述）

芮良夫

【原文】

厉王[①]说荣夷公[②]，芮良夫曰："王室其将卑乎！夫荣公好专利而不知大难。夫利，百物之所生也，天地之所载也，而或专之，其害多矣。天地百物，皆将取焉，胡可专也？所怒甚多，而不备大难，以是教王，王能久乎？夫王人者，将导利而布之上下者也，使神人百物无不得其极，犹日怵惕，惧怨之来也，故《颂》曰：'思文后稷[③]，克配彼天。立我蒸民，莫匪尔极。'《大雅》曰：'陈锡载周。'是不布利而惧难乎？故能载周，以至于今。今王学专利，其可乎？匹夫专利，犹谓之盗，王而行之，其归鲜矣。荣公若用，周必败。"既，荣公为卿士，诸侯不享，王流于彘。

选自《国语·周语上》

【注释】

①厉王：即周厉王，姬姓，名胡。周夷王的儿子。西周第十位君主。

②荣夷公：西周诸侯国荣国（今陕西户县西）第六任国君，被周厉王所宠。

③稷：后稷，中国古史传说中周族的始祖。

【译文】

周厉王宠幸荣夷公，大臣芮良夫进谏说："周王室将要衰落了吧！荣公喜好独占财利却不知道这样做会招致很多灾难。利是从万物中产生出来的，是由天地养育而成的，如果有人要独占它，就会招致很多祸患。天地万物，大家都可以取用，怎么可以为人独占呢？独占财利引发众怒，而又不防备大难，用这种办法引导君王，君王的统治能长久吗？治理天下，应该让全天下的人都能获利，使天地万物各得其所，即使这样还天天忧虑，唯恐招来怨恨。所以《诗经·周颂·思文》说：'那个以文德教化万民的后稷，他与上天同享祭祀。百姓们以谷物为食，没有不受他恩惠的。'《诗经·大雅·文王》说：'广泛施德，奠定了周王朝的丰功伟业。'这难道不是既赐人财利而又时时心怀忧惧吗？所以周文王才能开创基业，从那时一直延续到今。现在大王却独占财利，这能行得通吗？普通百姓独占财利，尚且被称作强盗。君王如果推行独占财利的政策，归附您的人就会很少了。荣夷公如果受到重用，周朝的王业一定会衰败。"不久，荣夷公被任命为卿士，诸侯就不再来朝贡。数年后，厉王被流放到彘地。

【评述】

擅长敛财的荣夷公是周厉王宠幸的大臣。他帮助厉王实行“专利”政策，在全国封山占水，禁止老百姓采樵渔猎，垄断山川河流的一切收益，断绝了广大人民群众的生路。为此，忠臣芮良夫劝止周厉王，否则“周必败也”。但周厉王一意孤行，实施了荣夷公横征暴敛的政策，结果遭到国人的强烈反抗。最后，周厉王被流放于彘，可谓“得其所哉”！

（刘杨注译　肖刚评述）

管　子

【原文】

管仲夷吾者，颍上人也。少时常与鲍叔牙游，鲍叔知其贤。管仲贫困，常欺鲍叔，鲍叔终善遇之，不以为言。已而鲍叔事齐公子小白，管仲事公子纠。及小白立为桓公①，公子纠②死，管仲囚焉。鲍叔遂进管仲。管仲既用，任政于齐，齐桓公以霸，九合诸侯，一匡天下，管仲之谋也。

管仲曰："吾始困时，尝与鲍叔贾，分财利多自与，鲍叔不以我为贪，知我贫也。吾尝为鲍叔谋事而更穷困，鲍叔不以我为愚，知时有利不利也。吾尝三仕三见逐于君，鲍叔不以我为不肖，知我不遭时也。吾尝三战三走，鲍叔不以我为怯，知我有老母也。公子纠败，召忽③死之，吾幽囚受辱，鲍叔不以我为无耻，知我不羞小节而耻功名不显于天下也。生我者父母，知我者鲍子也。"

鲍叔既进管仲，以身下之。子孙世禄于齐，有封邑者十余世，常为名大夫。天下不多管仲之贤而多鲍叔能知人也。

管仲既任政相齐，以区区之齐在海滨，通货积财，富国强兵，与俗同好恶。故其称曰："仓廪实而知礼节，衣食足而知荣辱，上服度则六亲[4]固。四维[5]不张，国乃灭亡。下令如流水之原，令顺民心。"故论卑而易行。俗之所欲，因而予之；俗之所否，因而去之。

其为政也，善因祸而为福，转败而为功。贵轻重，慎权衡。桓公实怒少姬[6]，南袭蔡，管仲因而伐楚，责包茅不入贡于周室。桓公实北征山戎[7]，而管仲因而令燕修召公之政。于柯之会，桓公欲背曹沫之约[8]，管仲因而信之，诸侯由是归齐。故曰："知与之为取，政之宝也。"

管仲富拟于公室，有三归、反坫[9]，齐人不以为侈。管仲卒，齐国遵其政，常强于诸侯。后百余年而有晏子焉。

选自《史记》卷六十二《管晏列传》

【注释】

①桓公：即齐桓公。春秋时齐国国君，春秋五霸之一。姜姓，名小白。齐僖公之子，襄公之弟。公元前685—前643年在位。

②公子纠：春秋时齐国公子，齐僖公之子，齐襄公之弟。齐襄公无道，公子纠与公子小白分别逃往鲁国和莒国。齐襄公被杀后，公子小白先入齐国，被立为君，是为齐桓公。齐桓公兴兵伐

鲁，逼鲁国杀了公子纠。

③召忽：齐人，与管仲一同侍奉公子纠。公子纠被杀后，召忽自杀。

④六亲：即父、母、兄、弟、妻、子。

⑤四维：即四纲——礼、义、廉、耻。

⑥少姬：齐桓公的夫人，蔡国人，齐桓公曾与少姬在苑囿池塘之中划船，少姬故意摇晃小船，使桓公受到惊吓，桓公一怒之下将她送回蔡国。蔡国将其改嫁，桓公于是伐蔡。

⑦山戎：古代北方民族，为戎族的一支，因在大山重谷中活动，故称之为山戎。

⑧曹沫之约：公元前681年，齐桓公与鲁庄公会盟于柯，鲁将曹沫以匕首挟持齐桓公，要求归还鲁国被占土地。桓公被迫应允。

⑨三归、反坫（diàn）：三归指按常例缴纳给公家的市租，反坫指周代诸侯宴会时的一种礼节。坫，放置酒杯的土台，在两楹（厅堂前东西各有一柱）之间。互相敬酒后，把空爵（酒器）反置在坫上。此礼仪其他人不得僭用。

【译文】

管仲，名夷吾，颍上（今安徽颍上县南）人。年轻的时候他常与鲍叔牙交游，鲍叔牙了解他是贤能之人。管仲生活拮据，经常占鲍叔牙的便宜，但鲍叔牙从无怨言，始终对他很好。后来鲍叔牙侍奉齐国的公子小白，管仲侍奉公子纠。等到公子小白立为齐桓公，公子纠死了之后，管仲也因此被囚禁。鲍叔牙于是向齐桓公推荐管仲。管仲被任用之后，在齐国执掌政事，齐桓公的霸业由此造就，他曾九次召集诸侯，匡扶天下，都是管仲的智谋所起的作用。

管仲说："当初我贫困的时候，曾与鲍叔牙一起经商，分财利，很多时候我自己拿的多，但鲍叔牙不认为我贪财，他知道我是贫困所迫。我曾经为鲍叔牙出谋划策，反而使他处境更窘，鲍叔牙不认为我愚笨，他知道时势有利和不利的时候。我曾经数次做官，数次都被君主免职驱逐，鲍叔牙不认为我没有才能，他知道我是没有遇到好时机。我曾经数次作战几次逃走，鲍叔牙不认为我胆怯，他知道这是因为我顾及家里的老母亲。公子纠失败，召忽以死殉节，我被囚禁而受屈辱，鲍叔牙并不认为我不知羞耻，他知道我不以小节为耻，而以功名不显赫于天下为羞耻。生我的是父母，但了解我的人却是鲍叔牙。"

鲍叔牙推荐了管仲之后，自己却甘居于管仲之下。子孙世世代代都在齐国享受俸禄，十几代后人都得到封地，常成为有名的大夫。天下人不称赞管仲的贤能，而都赞扬鲍叔慧眼识人才。

管仲在齐国执政为相之后，使区区的海滨之国齐国货物流通，财富积聚，国富兵强，与百姓同心同德。因此，管仲说："仓库充实，人才懂得礼仪气节；衣食富足，人才会懂得荣誉和廉耻。如果君主能遵守法度，那么六亲之间关系就会稳固。礼、义、廉、耻四个准则得不到伸张，那么国家就会灭亡。国家发布的政令要畅通无阻，顺应民心。"所以道理浅显易懂，推行起来就容易。国家应该以民为主，百姓要求的，就提供给他们，百姓反对的，就顺应民意抛弃。

管仲为政，善于转祸为福，转败为胜。他重视事情的轻重缓急，谨慎地权衡利弊得失。本来桓公是因为生少姬的气而南攻蔡地，管仲却趁机伐楚，责备楚国不向周天子进贡。本来桓公是北伐山戎，管仲却乘机要求燕国施行召公的善政。齐桓公在柯与鲁会盟，会盟之后却想违反曹沫之约，但管仲却趁机劝桓公履行条款，取信于人，诸侯都来归附齐国。因此说："知道给予就是获取的道理，是执政的法宝。"

管仲的财富足以和公室相比，他拥有三归、反坫，但齐国人并不认为他奢侈。管仲死后，齐国仍然遵循他制定的政令，在很长的时间里都是非常强大的国家。过了一百多年，齐国又出现了一位晏子。

【评述】

作为春秋时期著名的政治家、思想家，管仲在齐国辅佐齐桓公大力推行改革，造就了齐桓公的霸业，是历史上颇受赞誉的贤相。管仲最为人称道的是他提倡的民本理论。管仲在《管子》一书中明确提出："夫霸王之所始也，以人为本，本理则国固。"也就是说，要巩固政权，安定强盛，关键在于以民为本，赢得民心。那么，如何才能以民为本呢？

首先，国家的法令制度必须顺应民心。"政之所兴，在顺民心；政之所废，在逆民心。"（《管子》，下同）为政者要广开言路，体贴下情，充分了解民心民愿，"以天下之目视"，"以天下之耳听"，"以天下之心虑"，这样才能制定出合乎民心国情的正确的施政纲领。其次，要关注民生，提高民众的生活水平。具体来说，就是"厚其生"，"薄征敛"，"匡其急"，"振其穷"，"输之以财"，"遗之以利"，让百姓生活富足，心情愉悦，这样才能"仓廪实而知礼节，衣食足而知荣辱"，政令畅通，社会和谐。

另外，为政者要注意节俭，“地之生财有时，民之用力有倦，而人君之欲无穷。以有时与有倦，养无穷之君，而度量不生于其间，则上下相疾也。是以臣有杀其君，子有杀其父者矣”。为政者的贪欲和没有节制的索求往往直接导致政权的颠覆和自身的毁灭。

管仲以民为本的政治思想对后世影响很大，尽管其内涵和现在已经有了很大区别，但是我们仍然能从中吸取有益的成分来充实、丰富我们的为政理念。

（阿不来提注译　尤海燕评述）

李　离

【原文】

李离者，晋文公之理也。过听杀人，自拘当死。文公曰："官有贵贱，罚有轻重。下吏有过，非子之罪也。"李离曰："臣居官为长，不与吏让位；受禄为多，不与下分利。今过听杀人，傅其罪下吏，非所闻也。"辞不受令。文公曰："子则自以为有罪，寡人亦有罪耶？"李离曰："理有法，失刑则刑，失死则死。公以臣能听微决疑，故使为理。今过听杀人，罪当死。"遂不受令，伏剑而死。

选自《史记》卷一百一十九《李离传》

【译文】

李离，是晋文公的法官。他审查案件有过失误杀了人，自己把自己拘捕了，判为死罪。文公说："官职有贵有贱，处罚有轻有重。下属官吏有过失，不是你的罪过。"李离说："臣做了长官，并没有把官位让给属吏；我拿的俸禄多，也没有把钱分给下属。现在审查案件有误，错杀了人，却把罪过推给属吏，没听说过有这样的事。”于是推辞不接受文公的命令。文公说：“你认为自己有罪，那么我也有罪了？”李离说：“法官断案有法规，判错刑就要受刑，杀错人就要受死。您因为我善于明察秋毫，决断疑难案件，才让我做法官。现在我审错案子，错杀了人，论罪当死。”于是没有接受文公的命令，自己伏剑自刎。

【评述】

在其位谋其政，这不但意味着对本职工作兢兢业业，尽职尽责，也意味着对自己的职务行为要负责，要承担哪怕是最坏的后果。李离在断案时失误，错杀了人，这与故意杀人性质完全不同，他有很多理由来为自己开脱罪责，但李离选择了为自己的失误承担全部的责任，并为此不惜违抗爱惜李离的晋文公的命令。生命是可贵的，而李离以身殉法，用生命维护了法律的尊严。在中国封建社会漫长的历史中，李离这个名字是不该被忘却也不该被埋没的。

（尤海燕译文、评述）

斗子文

【原文】

昔斗子文三舍令尹，无一日之积，恤民之故也。成王闻子文之朝不及夕也，于是乎每朝设脯一束、糗一筐，以羞子文。至于今秩之。成王每出子文之禄，必逃，王止而后复。人谓子文曰："人生求富，而子逃之，何也？"对曰："夫从政者以庇民也。民多旷者，而我取富焉，是勤民以自封也，死无日矣。我逃死，非逃富也。"故庄王[①]之世灭若敖氏，唯子文之后在，至于今处郧[②]，为楚良臣。是不先恤民而后己之富乎？

选自《国语·楚语下》

楚令尹子文之族有干法者，廷理[③]拘之，闻其令尹之族也而释之。子文召廷理而责之曰："凡立廷理者，将以司犯王令而察触国法也。夫直士持法，柔而不挠，刚而不折。今弃法而背令，而释犯法者，是为理不端，怀心不公也。岂吾营私之意也，何廷理之驳于法也！吾在上位以率士民，士民或怨，而吾不能免之于法。今吾族犯法甚明，而使廷理因缘吾心而释之，是吾不公之心，明著于国也。执一国之柄而以私闻，与吾生不以义，不若吾死也。”遂致其族人于廷理曰：“不是刑也，吾将死！”廷理惧，遂刑其族人。成王闻之，不及履而至于子文之室曰：“寡人幼少，置理失其人，以违夫子之意。”于是黜廷理而尊子文，使及内政。国人闻之，曰：“若令尹之公也，吾党何忧乎？”乃相与作歌曰：“子文之族，犯国法程，廷理释之，子文不听，恤顾怨萌，方正公平。”

选自《说苑·至公》

【注释】

①庄王：春秋时楚国国君，楚穆王之子。“春秋五霸”之一。

②郧（yún）：古国名，春秋时为楚所灭，故址在今湖北省安陆县。

③廷理：春秋战国时期楚国官名，掌刑狱。

【译文】

从前，楚国斗子文曾三辞令尹之职，他家无余粮，这是他一心为公、体恤老百姓的缘故。楚成王听说斗子文生活贫困，每天饿着肚子上朝，就在上朝时，准备一束干肉和一筐干粮送给他，这也成为一种惯例延续至今。楚成王每次给斗子文增加俸禄时，他必会逃避，直到楚成王停止加薪才回朝廷。有人对子文说：“人活着就是追求富贵，为什么你却逃避它?”斗子文回答说：“为官从政就是要保护民众。如果百姓穷困，而我却得到了富贵，这是用百姓的劳动成果来增加自己的财富，那我的死期也就不远了。所以，我不是在逃避富贵，而是在逃避死亡!”正是因为这个原因，到楚庄王时，若敖氏作乱，被楚庄王消灭，而只有斗子文的后代还在，直到现在还在做郧公，成为楚国的良臣。这难道不是为政先体恤人民、后追求自己财富的结果吗?

楚国令尹斗子文的家族中有人犯法，廷理将他拘捕，但听说他是令尹斗子文家族的人后，就释放了他。子文召见廷理，责备他说：“国家设立廷理，就是要他专门处理违反国王命令和触犯国法之人。正直之士主管司法，执法温和而不迁就，刚正而有韧度。现在你舍弃国法、违背王令，而释放犯法的人，这是为理不正、为官不公的做法。我难道有这种营私舞弊的意愿吗？为何你要违背王法呢？我身居高位，是官员和百姓的表率，官民对我不满，我尚且不能免除王法的惩罚。更何况我的族人现在犯法事实清楚，你却揣度我的心思而将他释放，这是在将我的不公之心昭著全国啊。掌握一国大权而以徇私闻名，让我不义地活着，还不如死去!”随即，子文将他的族人交给廷理，说：“你不惩治他，我就去死!”廷理害怕了，只得惩治了他的族人。楚成王听说这件事后，激动得顾不上穿鞋子便赶到子文的家里，说：“我未谙世事，愚昧无知，任用廷理失当，以至于违背了您的意愿。请您原谅。”楚成王随即罢免了廷理，更加尊敬子文，让他管辖到宫内的事务。国都中的百姓听说这件事，都说：“有这样公正的令尹，我们还有什么可忧患的呢？”便相互作歌，歌词说：“子文的族人违反国法，廷理释放了他，子文不答应，他体恤百姓，方直又公平。”

【评述】

斗子文，又名斗谷於菟，春秋楚成王时著名贤相。斗子文“逃富”和大义灭亲的故事，非常有名。斗子文任相国时，因清廉无私，以致家“无一日之积”。为此，楚成王给他加俸，他逃避不要。时人不解。其实，这是斗子文对“为政”与“致富”鞭辟入里的理解。子文的族人犯法，而廷理枉法将其释放，他又强迫廷理秉公执法，让人崇敬不已。

斗子文任相之前，楚国十年内乱，国运唯艰，人民困苦。因此，斗子文以为，“从政者以庇民”，为官就要替国家着想，为人民考虑。如果只顾搜刮民脂民膏，“勤民以自封”，那他就“死无日矣”。所以，子文看似“逃富”，其实是“逃死”。对于执法，斗子文也以为，要“柔而不挠，刚而不折”。如果枉法，那是“为理不端，怀心不公”。因此，他最后将族人绳之以法。正因子文言传身教，当若敖氏反叛楚庄王而被灭族时，只有子文的子孙得以幸免，多少年后仍为楚国良臣。

斗子文在宦海沉浮中，“三仕三已”，不以物喜，不以己悲，只为楚国输忠心，正如《论语·公冶长》所说：“子张问曰：‘令尹子文三仕为令尹，无喜色；三已之，无愠色。旧令尹之政，必以告新令尹，何如？’子曰：‘忠矣。’”斗子文为相数十年，凭着对国家和人民的忠诚，一身正气，两袖清风，成为中华民族优秀士大夫的典范。

（史建桥注译　尤海燕评述）

臧文仲

【原文】

温之会[①]，晋人执卫成公归之于周，使医鸩之，不死，医亦不诛。

臧文仲言于僖公曰："夫卫君殆无罪矣。刑五而已，无有隐者，隐乃讳也。大刑用甲兵，其次用斧钺，中刑用刀锯，其次用钻笮[②]，薄刑用鞭扑，以威民也。故大者陈之原野，小者致之市朝，五刑三次[③]，是无隐也。今晋人鸩卫侯不死，亦不讨其使者，讳而恶杀之也。有诸侯之请，必免之。臣闻之：班相恤也，故能有亲。夫诸侯之患，诸侯恤之，所以训民也。君盍请卫君以示亲于诸侯，且以动晋？夫晋新得诸侯，与亦曰：'鲁不弃其亲，其亦不可以恶。'"公说，行玉二十瑴，乃免卫侯。

自是晋聘于鲁，加于诸侯一等，爵同，厚其好货。卫侯闻其臧文仲之为也，使纳赂焉。辞曰："外臣之言不越境，不敢及君。"

选自《国语·鲁语上》

【注释】

①温之会：指鲁僖公二十八年（前632），诸侯在温地（今河南温县西南）举行的盟会。当时晋国称霸于诸侯，卫成公不服从晋侯，所以晋侯扣留了卫成公。

②钻笮（zuó）：刑具。膑刑挖膝盖用钻，黥刑刺字用笮。

③三次：行刑的三个地点，指野、朝、市。

【译文】

诸侯在温地盟会时，晋扣留卫成公并押送至周地，指使医者用毒酒毒杀他，但没有成功，医生也没有被处死。

臧文仲对鲁僖公说："卫国君主大概不会再被治罪了。王室颁定的刑法一共有五种，并没有用毒酒暗中杀害这一种，因为是暗害，所以就要有所避讳。最重的刑罚是兴兵讨伐，其次是用斧钺斩首，中刑是用刀锯割鼻断肢，然后是用钻笮实施黥刑，最轻则是用皮鞭抽打，用来威慑百姓。所以大刑在野外执行，小刑罚则在朝、市执行。这五种刑罚和三个执行的地点都是公开的。如今晋国用毒酒没有毒死卫成公，也没有治医生的罪，是想洗脱暗害的罪名，避去暗害的嫌疑。如果有诸侯为卫成公求情，一定会赦免卫成公。我听说相同地位的人应该互相体恤照顾，才能关系亲密。一个诸侯患难，其他的诸侯去体恤照顾他，这样才能为人民树立榜样。您何不替卫成公求情来显示您对诸侯的友爱，并以此来感动晋侯呢？晋国刚刚称霸于诸侯，也让晋国知道：'鲁国不会抛弃亲近的诸侯，晋也应善待其他诸侯。’”鲁僖公听后很高兴，于是送了二十对白玉给晋侯，晋侯最终赦免了卫成公。

从此以后，晋国派遣使者去鲁国聘访时，规格都要高过一般诸侯国。聘访时赠给鲁国的礼品也比其他同等爵位的诸侯国丰厚。卫成公听说自己获释是因为臧文仲后，派人送礼给臧文仲。臧文仲推辞说：“他国臣子的话不应传播过境，我不敢与您有所交往。”

【评述】

臧文仲历事鲁庄公、鲁闵公、鲁僖公和鲁文公等四君，对国事明察秋毫，鞠躬尽瘁，是春秋时一位著名的政治家。

在温地会盟之后，晋文公欲置卫成公于死地。由于周襄王反对，晋文公未能如愿。此时，臧文仲审时度势，劝鲁僖公穿针引线，说服晋国，释放卫成公。鲁僖公照做了。结果，卫成公得以幸免，晋文公也体面下台，鲁国也从晋国获得丰厚的回报，可谓皆大欢喜。特别可贵的是，当被释放的卫成公拿着礼品来感谢臧文仲时，臧文仲却以“外臣之言不越境，不敢及君”为由婉拒，体现了一位贤臣廉吏的高风亮节。

不仅如此，据《国语·鲁语上》记载，鲁国发生饥荒，臧文仲主动请缨去齐国借粮，使鲁国度过艰难岁月；晋文公要诸侯瓜分曹国土地，臧文仲听从重馆仆隶的主意，因而鲁国分到曹国的土地最多。事后，臧文仲实事求是将功劳归于这个仆隶。臧文仲虚心接受柳下惠建议，停止祭祀海鸟“爰居”的荒谬做法，等等。臧文仲的这一切，诚如在他去齐国借粮时，向鲁僖公所坦言：“贤者急病而让夷，居官者当事不避难，在位者恤民之患，是以国家无违。”为政者所思所举，当为国为民。

《左传·襄公二十四年》言“太上有立德，其次有立功，其次有立言。虽久不废，此之谓三不朽”。臧文仲其人已逝，而其功、其德、其言却万古长存。

（胡宏哲注译　尤海燕评述）

赵 盾

【原文】

六年春，晋赵盾、卫孙免侵陈。

赵盾弑君，此其复见何？亲弑君者，赵穿也。亲弑君者赵穿，则曷为加之赵盾？不讨贼也。何以谓之不讨贼？晋史书贼曰“晋赵盾弑其君夷獔”。赵盾曰：“天乎！无辜。吾不弑君，谁谓吾弑君者乎？”史曰：“尔为仁为义，人弑尔君，而复国不讨贼，此非弑君如何？”赵盾之复国奈何？灵公[①]为无道，使诸大夫皆内朝，然后处乎台上，引弹而弹之，已趋而辟丸，是乐而已矣。赵盾已朝而出，与诸大夫立于朝，有人荷畚，自闺而出者。赵盾曰：“彼何也，夫畚曷为出乎闺？”呼之不至，曰：“子，大夫也，欲视之，则就而视之。”赵盾就而视之，则赫然死人也。赵盾曰：“是何也？”曰：“膳宰也，熊蹯不熟，公怒以斗摮而杀之，支解将使我弃之。”赵盾曰：“嘻！”趋而入。灵公望见赵盾，愬而再拜。赵盾逡巡北面再拜稽首[②]，趋而出。灵公心怍焉，欲杀之。于是使勇士某者往杀之，勇士入其大门，则无人门焉者；入其闺，则无人闺焉者；上其堂，则无人焉。俯而窥其户，方食鱼飧。勇士曰：“嘻！子诚仁人也！吾入子之大门，则无人焉；入子之闺，则无人焉；上子之堂，则无人焉，是子之易也。子为晋国重卿，而食鱼飧[3]，是子之俭也。君将使我杀子，吾不忍杀子也。虽然，吾亦不可复见吾君矣。”遂刎颈而死。灵公闻之，怒，滋欲杀之甚。众莫可使往者。于是伏甲于宫中，召赵盾而食之。赵盾之车右祁弥明者，国之力士也，仡然从乎赵盾而入，放乎堂下而立。赵盾已食，灵公谓盾曰：“吾闻子之剑，盖利剑也，子以示我，吾将观焉。”赵盾起将进剑，祁弥明自下呼之曰：“盾！食饱则出，何故拔剑于君所？”赵盾知之，躇阶而走。灵公有周狗，谓之獒，呼獒而属之，獒亦躇阶而从之。祁弥明逆而踆之，绝其颔。赵盾顾曰：“君之獒，不若臣之獒也！”然而宫中申鼓而起，有起于甲中者，抱赵盾而乘之。赵盾顾曰：“吾何以得此于子？”曰：“子某时所食，活我于暴桑下者也。”赵盾曰：“子名为谁？”曰：“吾君孰为介？子之乘矣，何问吾名？”赵盾驱而出，众无留之者。赵穿缘民众不说，起弑灵公，然后迎赵盾而入，与之立于朝，而立成公黑臀。

选自《公羊传·宣公六年》

【注释】

①灵公：即晋灵公。春秋时晋国国君（前620—前607年在位），晋襄公之子。

②稽首：古人的一种礼节，多用于臣子拜见君父时。行礼时屈膝下跪，拱手于地，同时用左手按在右手上，头缓慢地下点到手前的地面上，并停留一段时间。

③鱼飧（sūn）：鱼做的食物。一说鱼羹。

【译文】

鲁宣公六年（前603）春，晋国的赵盾、卫孙免进攻陈国。

赵盾杀了晋灵公，这里又重新提到是为什么呢？为了告诉后人其实亲手杀了国君的，是赵穿。为什么亲手杀了国君的人是赵穿，罪名却加在赵盾身上？是因为他没有讨伐凶手。为什么说他不讨伐凶手？晋国的史臣描述凶手时说："晋国的赵盾杀了他的国君夷獆。"赵盾说："天啊，我太冤枉了。我没有杀国君，是谁说我杀了国君？"史臣说："你做人仁义至上，但有人杀了你的国君，你回国后却不讨伐凶手，这等于是你杀死了国君。"赵盾回国面临的是什么情况？晋灵公暴虐不堪，让众大夫都进宫朝见，然后坐在台上，拉开弹弓射他们，大夫们一个个跑着躲避弹丸。灵公竟然以此为乐。赵盾朝见完出来后，与大夫们一起站在朝堂之上，看见有人扛着畚箕从宫中小门走出来，赵盾说："那是什么？为什么从宫中小门出来呢？"叫唤那个人却不过来，只是说："你是大夫，你要想看，就自己过来看吧。"赵盾凑近一看，原来是死人尸体。赵盾又惊又怒说道："这是怎么回事？"那人回答道："这是厨师的尸体。他做的熊掌没有熟，主公发怒，就用铜斗打死了他，肢解后让我扔掉。”赵盾说：“唉！”然后快步走进内宫。晋灵公看见赵盾，有点心虚，又有点害怕，朝赵盾还答拜礼两次。赵盾避让着向北朝灵公两拜后深深叩头，然后快步退了出去。灵公以为赵盾发现了他暴虐不堪人主，于是派一名勇士前去杀他。那勇士进了赵盾家的大门，大门没人看守；进入内室，也没人守门；上了厅堂，也没有人在那里。勇士俯身偷偷朝室内察看，看见赵盾正在吃简易的鱼羹。勇士叹息说：“唉！您真是个有德行的人。我进入您家大门，没有人看守；进入您家的内室，没人在那儿；上了厅堂，还是没有人，这是您的平易。您作为晋国的重臣，却吃这么简易的鱼羹，这是您的俭朴。国君让我来杀您，我实在不忍心。既然如此，我也不可能回去见国君了。”于是就自刎而死。晋灵公听说了这件事，非常生气，要杀赵盾的念头更强了。但是没有可以派去行刺的人选，于是在宫中埋伏了甲兵，然后召赵盾来吃饭，准备趁此机会杀掉他。赵盾的车右叫祁弥明，是晋国的大力士，他明知有危险仍然无畏地跟随赵盾进宫，到堂下护卫。赵盾吃完后，灵公对他说：“我听说你的剑是把利剑，你拿出来给我看看。”赵盾起身要呈献宝剑，祁弥明见状急忙在堂下叫他：“赵盾，你吃饱了就出来，为什么要在国君面前拔剑呢?”赵盾马上明白了这句话的含义，于是跳下台阶逃跑。灵公有一头训练有素的狗，叫做獒，此时把它放出来咬人，獒跳下台阶追赶赵盾，祁弥明迎上，一脚踢去，把狗的下巴踢断了。赵盾回头说：“国君的獒不如我的獒啊！”随后，宫中的甲士击鼓而起，其中有一人跑出来，抱起赵盾送上车。赵盾回头惊讶地问道：“你为什么要帮助我?”那人回答说：“有一天您在茂密的桑树下给一个人吃东西，救了他的命，我就是那个人。”赵盾问他：“那你叫什么名字？”那人说：“您干吗这么介意我是谁？您上车便可，何必还问我的名字。”赵盾驱车出了国都，众甲士也都没有阻拦他。赵穿趁着大家对灵公的不满，就起事杀了灵公，然后迎赵盾恢复正卿职位，和他同朝为官，并且立黑臀为君，是为晋成公。

【评述】

赵盾是晋国杰出的政治家。他担任正卿后，“制事典，正法罪。辟狱刑，董逋逃。由质要，治旧污，本秩礼，续常职，出滞淹”（《左传·文公六年》），极大地延续了晋文公开创的霸主地位，打造了春秋时期一片恢宏的景象。

这位“治世能臣，乱世雄才”，可嘉可叹。晋灵公不行君道，赵盾多次劝谏，灵公不但不睬，反而派人行刺。当刺客来到赵盾家时，赵府大门无人把守，堂上无人把守。赵府如此简朴，正如孔子所说：“君子坦荡荡。”（《论语·述而》）刺客再从窗户仔细一看，赵盾正在吃着“鱼飧”。堂堂晋国正卿，生活竟如此寒素！刺客深为感动，在忠义两难中选择了自杀。晋灵公又设“鸿门宴”，在千钧一发之际，赵盾被两位武士英勇救出。

赵盾两次死里逃生，缘于他平日的仁义之风。如赵盾曾救下桑荫饿人，后来这位饿人在“鸿门宴”的危难关头舍命相救。再如，狐射姑曾与太傅阳处父有仇，便将阳处父杀了。为此，狐射姑逃往狄国，而他的妻子却留在晋国。赵盾非但没有杀狐射姑的妻子，还将她送到狄国，同丈夫相会。晋灵公为赵穿所杀，太史董狐将这笔账记在赵盾名下，赵盾也没利用权威来压制或杀戮董狐，替赵穿背上了弑君的罪名。这一切，都体现了赵盾的仁者风度。

孟子说："仁者无敌。"（《孟子·梁惠王下》）我们不难从赵盾身上读懂这句千古名言。

（刘杨注译　罗瑛评述）

孙叔敖

【原文】

孙叔敖者，楚之处士也。虞丘相[1]进之于楚庄王，以自代也。三月为楚相，施教导民，上下和合，世俗盛美，政缓禁止，吏无奸邪，盗贼不起。秋冬则劝民山采，春夏以水，各得其所便，民皆乐其生。

庄王以为币轻，更以小为大，百姓不便，皆去其业。市令言之相曰："市乱，民莫安其处，次行不定。"相曰："如此几何顷乎？"市令曰："三月顷。"相曰："罢，吾今令之复矣。"后五日，朝，相言之王曰："前日更币，以为轻。今市令来言曰：'市乱，民莫安其处，次行之不定'。臣请遂令复如故。"王许之，下令三日而市复如故。

楚民俗好庳[2]车，王以为庳车不便马，欲下令使高之。相曰："令数下，民不知所从，不可。王必欲高车，臣请教闾里使高其梱[3]。乘车者皆君子，君子不能数下车。"王许之。居半岁，民悉自高其车。

此不教而民从其化，近者视而效之，远者四面望而法之。故三得相而不喜，知其材自得之也；三去相而不悔，知非己之罪也。

选自《史记》卷一百一十九《孙叔敖传》

【注释】

①虞丘相：指给虞丘封君处理政务的地方行政长官，曾任楚庄王令尹。

②庳（bì）：低、矮。

③梱（kǔn）：门限，门槛。

【译文】

孙叔敖是楚国的隐士。楚国宰相虞丘相将他举荐给楚庄王，想让他接替自己的职位。三个月后孙叔敖做了楚相，他对民众施行教化并加以引导，使得官民之间和睦相处，风气良好。孙叔敖执政温和，法令宽厚，却有令必行。官吏不做邪恶欺诈之事，社会安定甚至没有盗贼。每逢秋冬两季，他鼓励人们进山采伐林木，春夏时便借上涨的河水把木材运出山外。百姓都能找到适合自己的谋生之路，个个安居乐业。

楚庄王认为楚国使用的钱币太轻，就下令把小钱改铸为大钱。但是，百姓用起来很不方便，于是，商人纷纷都不在这里做生意了。管理市场的官员向宰相孙叔敖报告说："市场上出现了混乱，老百姓都不愿意在这里做生意，市场上的秩序很不稳定。"孙叔敖问："这种情况有多久了？"市令说："已经有三个月了。”孙叔敖说：“你先回去吧，我很快令其恢复正常。”过了五天，他上朝时向庄王进谏说：“先前更改钱币，是认为原来使用的钱币太轻了。现在改成大钱，使用起来非常不方便。市令来报告说‘市场混乱，百姓无人安心在那里谋生，秩序很不稳定’。我请求立即下令恢复使用原来的钱币。”庄王同意了，命令颁布三天后，市场秩序又恢复得同先前一样了。

楚国人习惯坐矮车，楚王认为矮车不方便驾马，想下令把矮车改高。孙叔敖说：“大王，您频繁下令，会让百姓无所适从，这样做不好。如果您一定要把车改高，我请求换一种办法，先让百姓们把都市街巷两头的门限做高。乘车人一般都是有身份的君子，他们不能为过门槛频繁下车，自然就会把车的底座造高了。”楚王答应了他的请求。过了半年，老百姓都自动把车子造高了。

这就是不用下达命令，而百姓自然而然地受到教化，在他身边的人看到他的言行而效仿他，离得远的人在四方看到他的措施，也跟着效法他。所以，孙叔敖三次荣居相位而不得意忘形，他明白那是凭借自己的才能获得的；三次被免去相位也没有怨天尤人，因为他知道那不是自己的过错造成的。

【评述】

孙叔敖是我国历史上的名相。他清正廉洁，勤于政事，被司马迁称为“循吏第一”。

孙叔敖极重视民生经济。他制定、实施有关政策法令，务必使农、工、商各得其便。他曾主持修建了被誉为“世界塘中之冠”、我国古代四大水利工程之一的安丰塘，至今仍发挥作用。

楚庄王要把矮车改成高车，孙叔敖劝他只要把都市街巷的门限做高，人们便就会随之改变。庄王嫌“蚁鼻钱”太轻，而改成大币，老百姓尤其是商人损失巨大，使市场萧条。孙叔敖请求庄王恢复旧币，市场又复繁荣，等等。民生，是孙叔敖的第一考量。

孙叔敖身为宰相，“位已高而意益下，官益大而心益小，禄已厚而慎不敢取”（《说苑·敬慎》），吃穿简朴，妻儿不衣帛，马也不食粟，成为《吕氏春秋》、《荀子·非相》极力礼赞的圣人。由于孙叔敖的辅佐，楚庄王登上了春秋霸主地位。可孙叔敖去世后，家徒四壁，连棺木也没有，他的儿子只得靠打柴度日。据《史记·滑稽列传》记载，为改变孙叔敖儿子的这种状况，优孟便穿戴了孙叔敖的衣冠去见庄王，说服庄王封赏孙叔敖的儿子。“优孟衣冠”的成语便由此而来。

孙叔敖的宰相风度，成为天下的表率，远近风从。他三次为令尹，不沾沾自喜；三次被罢相，不怨天尤人。他这种拿得起、放得下的作风，让我们唯生高山仰止之情。

（刘杨注译　尤海燕评述）

解　扬

【原文】

宋人使乐婴齐告急于晋。晋侯[1]欲救之。伯宗[2]曰："不可。古人有言曰：'虽鞭之长，不及马腹。'天方授楚，未可与争。虽晋之强，能违天乎？谚曰：'高下在心。'川泽纳污，山薮藏疾，瑾瑜匿瑕，国君含垢，天之道也。君其待之。"乃止。

使解扬如宋，使无降楚，曰："晋师悉起，将至矣。"郑人囚而献诸楚，楚子厚赂之，使反其言，不许，三而许之。登诸楼车，使呼宋人而告之。遂致其君命。楚子将杀之，使与之言曰："尔既许不穀而反之，何故？非我无信，女则弃之，速即尔刑。"对曰："臣闻之，君能制命为义，臣能承命为信，信载义而行之为利。谋不失利，以卫社稷，民之主也。义无二信，信无二命。君之赂臣，不知命也。受命以出，有死无霣，又可赂乎？臣之许君，以成命也。死而成命，臣之禄也。寡君有信臣，下臣获考死，又何求？"楚子舍之以归。

选自《左传·宣公十五年》

【注释】

①晋侯（？—前581）：即晋景公。春秋时晋国国君，在位十九年。

②伯宗（？—前576）：晋国太宰，贤而好直言，后被谗杀。

【译文】

宋国派大夫乐婴齐到晋国告急求援。晋景公想伸出援助之手，可上大夫伯宗却说："不可。古人说：'鞭子虽然长，也打不到马肚子上。'上天正在保佑楚国，不可以同它争斗。晋国虽然强盛，但能违背天意吗？俗话说：'因时制宜，处理事情要心中有数。'河流湖泊能容纳污泥浊水，山林草野里暗藏毒蛇猛兽，美玉中隐藏着瑕疵，国君也可以含耻忍辱，这是天道。大王还是等等吧。"晋景公于是停止了出兵。

晋景公便派解扬到宋国去，欲使宋国不要投降楚国，并告诉宋国："晋国援军已经全部出发，快要到了。"但解扬路过郑国时，被郑国扣留并献给了楚国。楚庄王企图用重金收买他，让他对宋国人说相反的话。解扬起初不答应，经楚王再三劝诱，他才答应。楚庄王让解扬登上楼车，解扬乘机传达了晋景公的命令，说晋国就会来救宋国。楚王要杀解扬，并派人对他说："你已经答应我，又背弃诺言，为什么？这不是我不讲信用，而是你背信弃义，你快去接受惩罚吧！"解扬回答道："我听说，君王能制定正确的命令叫义，臣下能接受并完成命令为信。信用贯彻道义而推行下去就是利益，谋划好而不失去利益，来保卫国家，这人就是百姓的主人。道义不能有两种信用，讲信用不能接受两种命令。大王贿赂臣下，就是不懂得‘信无二命’的道理，不懂得臣子不能接受两种命令。我奉命出使，死也不能背弃使命，又怎会被您贿赂呢？我之所以答应您，是为了借机会完成使命。我以死完成使命，这是我的福气。我们国君有守信的臣下，臣下又能死得其所，我还有什么可求的呢？”听了这话，楚庄王赦免了解扬，让他回国。

【评述】

守信，是中华民族的传统美德之一。在古代文明中，“信”有很重要的意义，它与“忠”、“孝”、“节”、“义”并提。对于“信”的坚守，有时就体现出人格的高下：或受人敬仰，或被人唾弃。

战国时期的晋国人解扬为了完成君命，不惜冒着生命的危险，在几乎无法完成任务的困境中，传达了君命。这是大智、大勇、大义、大廉。“义无二信，信无二命。君之赂臣，不知命也……死而成命，臣之禄也！”大义凛然，雄辩滔滔，焕发出“信”的大义与大节，突显了解扬生命与人格的光华。这个“信”，是对国家的“大信”，而非对庄王的“小信”。也正是这样一种对“大信”的守护，一代雄主楚庄王不得不“舍之以归”，释放解扬，以表由衷的敬服。

（徐云平注译　窦红玉评述）

范文子

【原文】

晋士燮来聘，言伐郯[①]也，以其事吴故。公赂之，请缓师。文子[②]不可，曰："君命无贰，失信不立。礼无加货，事无二成。君后诸侯，是寡君不得事君[③]也。燮将复之。"季孙[④]惧，使宣伯[⑤]帅师会伐郯。

选自《左传·成公八年》

【注释】

①郯（tán）：国名，在今山东郯城县。

②文子：即士燮。

③不得事君：不好再侍奉贵国国君。这是士燮威胁将与鲁国绝交的委婉语。

④季孙：即季孙行父。春秋时鲁国正卿。谥"文"，故称"季文子"。

⑤宣伯：即叔孙侨如，鲁国大夫。

【译文】

因为郯国与吴国交好，晋国的士燮来鲁国聘问，要鲁国与晋国一起讨伐郯国。鲁成公以财物贿赂士燮，请求暂缓出兵。士燮不答应，说："君令无法变更，如果失去信义就难以自立。除规定的礼物外，您不应该增加其他东西，公事私事不能两全其美。如果大王您后于其他诸侯出兵，我国国君就不能侍奉您了。我将把这个结果回去向我国君汇报。"季孙听了这话害怕了，马上派宣伯率兵会合晋军一同进攻郯国。

【评述】

范文子，春秋时晋国执政范武子之子，晋国大夫。范文子出使鲁国，要求鲁国共同出兵。鲁国为延缓出兵计划，予之贿赂，结果被他严词拒绝。范文子这种以国家利益为上的品德，值得称赞。

范文子的国士风度，与他的为人有关。据《左传·成公二年》记载，公元前 589 年，晋国执政郤克和范文子率军大败齐国，晋军凯旋回师。在大军开进国都时，作为副将的范文子却走在队伍的最后面，范武子问他的原因。他说："军队凯旋归来，举国欢腾，先进城的人格外引人注目。如果我走在队伍最前面，那是代主将接受荣耀，我不敢走在前面。"范文子这种低调为人、高调为国的作风，值得我们奉为楷模。

（史建桥注译　尤海燕评述）

季文子

【原文】

季文子相宣、成，无衣帛之妾，无食粟之马。仲孙它谏曰："子为鲁上卿，相二君矣，妾不衣帛，马不食粟，人其以子为爱，且不华国乎！"文子曰："吾亦愿之。然吾观国人，其父兄之食粗而衣恶者犹多矣，吾是以不敢。人之父兄食粗衣恶，而我美妾与马，无乃非相人者乎！且吾闻以德荣为国华，不闻以妾与马。"

文子以告孟献子[①]，献子囚之七日。自是，子服之妾衣不过七升之布，马饩不过稂莠。文子闻之，曰："过而能改者，民之上也。"使为上大夫。

选自《国语·鲁语上》

季文子卒。大夫入殓，公在位。宰庀家器为葬备，无衣帛之妾，无食粟之马，无藏金玉，无重器备。君子是以知季文子之忠于公室也。相三君矣，而无私积，可不谓忠乎？

选自《左传·襄公五年》

【注释】

①孟献子（？—前542）：即仲孙蔑。姓姬，名蔑，卒谥“献”，故史称“孟献子”。春秋时期鲁宣公、鲁成公、鲁襄公时的执政大臣。

【译文】

季文子任鲁宣公、鲁成公的国相，他的妾不穿丝帛衣服，厩中的马也不喂粟食。仲孙它劝季文子说：“您是鲁国的上卿，辅佐过两朝国君，可您的妾不穿丝帛，马也不吃粟粮，人们还以为您很吝啬。何况您这样做，也没有为国添光加彩！”季文子回答说：“其实，我也希望我的妾穿漂亮的丝帛，马也吃点粮食。但是，我看到我们国家的百姓，他们的父兄吃粗粮、穿破旧衣服的还很多，因此我不敢那样做。人家的父兄吃得粗、穿得差，而我却让妾穿得美、马吃得好，这恐怕不是国相该做的事吧！况且，我听说能够给国家增添光彩的是高尚的德行，而不是妾和马。”

季文子把这件事告诉了孟献子，孟献子为此将仲孙它关了七天。从此以后，仲孙它的妾都穿粗布衣裳，喂马的饲料也只是杂草。季文子知道后，感叹说：“犯了错误能及时改正，就是楷模。”于是提拔仲孙它做了上大夫。

季文子去世了。根据大夫入殓的礼节，鲁襄公亲自祭悼。季文子家中没有穿丝帛的妻妾，没有喂粮食的马，没有收藏的金玉宝贝，没有贵重的器具。他的管家只得将家中的一些器具卖掉作为季文子下葬的费用。君子因此知道季文子对王室的忠心。他辅佐了三代君主，却没有一点私人积蓄。这些难道不是忠心耿耿吗？

【评述】

季文子历仕鲁宣公、鲁成公、鲁襄公。当时鲁国人民还有吃不饱穿不暖的，作为长期掌握实权的人物，季文子也“妾不衣帛，马不食粟”。《左传·成公十六年》中记载：季文子被晋国拘捕，范文子向栾武子说：“（季文子）妾不衣帛，马不食粟，可不谓忠乎？”季文子因其忠而被晋国释放。

季文子强调品德修养。《左传·成公八年》载，鲁成公八年春天，晋国要鲁国将汶阳之田还给齐国。对晋国二三其德之举，季文子怒不可遏：“霸主将德是以，而二三之，其何以长有诸侯乎？”在《左传·成公九年》中，也因汶阳之田的缘故，诸侯对晋国大为不满，晋国深感忧惧，便在蒲地大会诸侯。对晋国此举，季文子批评道：“德则不竞，寻盟何为！”对国家要求如此，对个人何尝不是如此。

季文子深具忧患意识。《左传·成公七年》载，鲁成公七年春天，吴国攻打郯国，最后吴、郯二国讲和。对中原的郯国被荒蛮之地的吴国攻打，季文子痛心疾首道：“中国不振旅，蛮夷入伐，而莫之或恤。无吊者也夫！《诗》曰‘不吊昊天，乱靡有定’，其此之谓乎！有上不吊，其谁不受乱？吾亡无日矣。”季文子这种忧国忧民忧自己的忧患意识被时人称赞："知惧如是，斯不亡矣。"

这些优秀的品质，使季文子能在鲁国卿任上执政三十余年。

（刘杨注译　罗瑛评述）

子　罕

【原文】

宋人或得玉，献诸子罕，子罕弗受。献玉者曰："以示玉人，玉人以为宝也，故敢献之。"子罕曰："我以不贪为宝，尔以玉为宝。若以与我，皆丧宝也。不若人有其宝。"稽首而告曰："小人怀璧，不可以越乡，纳此以请死也。"子罕寘诸其里，使玉人为之攻之，富而后使复其所。

选自《左传·襄公十五年》

【译文】

有个宋国人得到一块玉石，把它献给相国子罕，子罕不接受。献玉的人便说："我已经把这块玉让玉匠看过，他认为是一块宝玉，因此才敢拿来献给您。"子罕说："我把不贪婪的品质作为宝，你把美玉作为宝。如果你把这块玉石给了我，那我们就都失去了自己的宝贝。这样还不如我们都保有各自的宝物。"宋人跪拜在地，对子罕说："我怀揣着宝玉，难以安全回到家乡，我把它献给您，是想因此免去杀身之祸。"于是，子罕把这人安置下来，还让玉匠帮他把玉雕琢好，卖了之后把钱给了献玉的人，等他有了钱后才让他返回家乡。

【评述】

子罕，春秋时宋国司城（司空）。他一向廉洁奉公，深受百姓爱戴。子罕尤"以不受玉为宝"的佳话为人们所传颂。

宋人献玉给子罕，但子罕以"不贪为宝"。因为对子罕来说精神之"宝"，比物质之"宝"更为可贵，更值得珍惜。因此，他能够抵制美玉的诱惑，永保清白之"宝"。可以看出，子罕之"宝"令人敬，宋人之"宝"让人怜。在现实生活中，人们不能同时拥有二"宝"，最好是"各存其宝"，各得其所。

《左传·襄公六年》还有一个故事。宋国的华弱和乐辔小时候是好朋友，长大了仍然关系不错，经常开玩笑。有一次，因华弱的玩笑过分，乐辔很生气，乐辔就在朝廷上当着国君宋平公的面用弓套住华弱的脖子。宋平公觉得华弱目中无人，就把他驱逐出国。对此，子罕以为："乐辔在朝廷上公开羞辱别人，与华弱同罪，但没有被惩罚，有失公平。"因此，他把乐辔也驱逐出国（后因他事未果）。乐辔一怒之下，用箭射中了子罕的家门，说："看你还能有几天日子！"但子罕不计较，待乐辔如故。因此，《左传·襄公二十七年》称赞子罕是"邦之司直（国家主持正义的人）"。

（胡宏哲译文　罗瑛评述）

子 产

【原文】

子产者，郑之列大夫也。郑昭君之时，以所爱徐挚为相，国乱，上下不亲，父子不和。大宫子期言之君，以子产为相。为相一年，竖子不戏狎，斑白不提挈，僮子不犁畔。二年，市不豫贾①。三年，门不夜关，道不拾遗。四年，田器不归。五年，士无尺籍②，丧期不令而治。治郑二十六年而死，丁壮号哭，老人儿啼，曰："子产去我死乎！民将安归？"

《史记》卷一百十九《子产传》

【注释】

① 豫贾：豫，同"预"，提前，预先。贾，同"价"，论价，议价。即预先抬高物价。

② 尺籍：书写军令、军功等的簿籍。汉代把杀敌斩首的功劳记录在一尺长的竹板上，称尺籍。

【译文】

子产，是郑国的大夫。郑昭君在位时，曾任其亲信徐挚为国相，导致国家混乱，官民不亲，父子不和。大宫子期把这些情况汇报给郑昭君，昭君于是改任子产为国相。子产任国相一年后，不再有游手好闲、无所事事的浪荡子，老者无需再提重物，孩童不用再下田耕种。两年之后，市场上不再出现哄抬物价的情况。三年之后，人们都夜不闭户，路不拾遗。四年后，农具可以放在田野，不必每天带回家，五年后，男子无需再出征，办理丧事都自觉符合礼制。子产治理郑国二十六年后去世，青壮年们都嚎啕大哭，老人也像孩子一样啼哭，说："子产离开我们，死了啊，我们该归附谁去？"

【评述】

子产（？—前522），复姓公孙，名侨，字子产，又字子美，郑称公孙。子产是郑穆公之孙，贵族子国之子。春秋时期郑国的政治家和思想家，在郑国为相数十年，知人善任，实行一系列政治改革，采用"宽猛相济"的治国方略，将郑国治理得秩序井然。他仁厚慈爱、轻财重德、爱民重民，执政期间在政治上颇多建树。被清朝的王源推许为"春秋第一人"。

子产在郑国的改革内容主要有三：其一是"作封洫"。即清查田亩，划定田界，多占者没收，不足者补足。与此同时，将居民编制起来，便于管理。其二是"作丘赋"。丘本是被征服部落的地区，他们不服兵役，也无作甲的义务。子产实行"作丘赋"改革，即按照一丘之人数征发军赋，以此充实国库，增强军备。

其三是“铸刑书”。子产把郑国改革后建立起来的新制度，用法律条文形式记录下来，铸在鼎上，公布于众，让人们遵守。子产的改革，在内政外交上都取得很大成功，帮助郑国多次顶住了晋、楚的强权外交，保卫了郑国的利益和尊严，子产也因此得到郑国百姓的拥护。

后世对子产赞誉有加，除《史记》外，其他史书对子产也多有论及，如《论语·公冶长》：“子谓子产：‘有君子之道四焉：其行己也恭，其事上也敬，其养民也惠，其使民也义。’”《论语》中有关子产的其他记载如：“子曰：‘为命，裨谌草创之，世叔讨论之，行子羽修饰之，东里子产润色之。’”《左传》襄公三十一年，以大量篇幅记载子产为政用人、不毁乡校的事迹，也展示了他广开言路、集思广益的为政思想。如此等等，不胜枚举。

（徐慧注译、评述）

石　奢

【原文】

石奢者，楚昭王相也。坚直廉正，无所阿避。行县，道有杀人者，相追之，乃其父也。纵其父而还自系焉。使人言之王曰："杀人者，臣之父也。夫以父立政，不孝也；废法纵罪，非忠也；臣罪当死。"王曰："追而不及，不当伏罪，子其治事矣。"石奢曰："不私其父，非孝子也；不奉主法，非忠臣也。王赦其罪，上惠也；伏诛而死，臣职也。"遂不受令，自刎而死。

《史记》卷一百十九《石奢传》

【译文】

石奢，是春秋时楚昭王的相国。他刚强正直，廉洁公正，既不阿谀逢迎，也不畏惧遇棘手之事。有一次，石奢去地方视察工作，看到路上杀人，他马上追捕凶犯，可追到的竟是他的父亲。于是，他把父亲放走，而把自己捆绑起来，并派人告诉楚昭王说："凶手就是我的父亲。如果惩治父亲来做为自己的政绩，这是不孝；如果我置法律于不顾而纵容犯罪，这是不忠。因此，我罪当死。"楚昭王为他开脱说："你已经追了，只是没有追到，不该治罪。你还是去处理国家大事吧。"石奢说："不偏袒自己的父亲，不是孝子；不遵守法律，不是忠臣。大王您赦免我的罪，是赐给我的恩惠；我服罪而死，也责无旁贷。"于是，石奢没有听从楚昭王之命，自刎而死。

（罗瑛译文）

老 子

【原文】

老子者，楚苦县厉乡曲仁里人也，姓李氏，名耳，字聃，周守藏室之史也。

孔子适周，将问礼于老子。老子曰："子所言者，其人与骨皆已朽矣，独其言在耳。且君子得其时则驾①，不得其时则蓬累而行②。吾闻之，良贾深藏若虚，君子盛德，容貌若愚。去子之骄气与多欲，态色与淫志，是皆无益于子之身。吾所以告子，若是而已。"孔子去，谓弟子曰："鸟，吾知其能飞；鱼，吾知其能游；兽，吾知其能走。走者可以为罔③，游者可以为纶④，飞者可以为矰⑤。至于龙，吾不能知，其乘风云而上天。吾今日见老子，其犹龙邪！"

老子修道德，其学以自隐无名为务。居周久之，见周之衰，乃遂去。至关，关令尹喜曰："子将隐矣，强为我著书。"于是老子乃著书上下篇，言道德之意五千余言而去，莫知其所终。

或曰老莱子亦楚人也，著书十五篇，言道家之用，与孔子同时云。

盖老子百有六十余岁，或言二百余岁，以其修道而养寿也。

自孔子死之后百二十九年，而史记周太史儋见秦献公曰："始秦与周合，合五百岁而离，离七十岁而霸王者出焉。"或曰儋即老子，或曰非也，世莫知其然否。老子，隐君子也。

老子之子名宗，宗为魏将，封于段干。宗子注，注子宫，宫玄孙假。假仕于汉孝文帝，而假之子解为胶西王卬太傅，因家于齐焉。

世之学老子者则绌儒学，儒学亦绌老子。"道不同不相为谋"，岂谓是邪？李耳无为自化，清静自正。

选自《史记》卷六十三《老子韩非列传》

【注释】

①驾：驾车服冕。这里指出仕从政。

②蓬累而行：指君子不得明主知遇就会随遇而安，随俗行事。蓬累，像蓬草一样遇风飞旋，随处止息。

③罔：同"网"。

④纶（lún）：粗丝线。多指钓丝。

⑤矰：用来射飞鸟的带丝绳的短箭。

【译文】

老子是楚国苦县（今河南鹿邑县）厉乡曲仁里人，姓李，名耳，字聃，是周朝管理藏书的史官。

孔子到周国都洛邑，准备向老子请教礼的知识。老子说："你所说的，他本人和骨骸都已腐朽了，只有他的言论还在。况且君子如果遇到好时运，就坐上车子去做官；生不逢时，就像蓬草一样随风转移，随遇而安。我听说：'会做生意的商人把货物囤藏起来，外表上好像没有货物一样。君子具有高尚的品德，但容貌谦恭就像愚蠢的人。'应该去掉你的骄气与多欲，做作的姿态和不实际的志向，这些对于你自身都没有好处。我要告诉你的，就是这些罢了。"孔子离去，对弟子们说："鸟儿，我知道它能飞；鱼儿，我知道它能游；野兽，我知道它能跑。会跑的可以用网去捉它，会游的可以做钓丝去钓它，会飞的可以做矰去射它。至于龙，我就不能知道了，因为它会乘着风云而上升到天空。我今天见到老子，他就像一条龙吧！"

老子讲修道德，他的学说以深自韬隐、不求闻达为要旨。老子久住于周，看到周朝衰微下去，于是就离开了。经过关口时，关令尹喜说："你将要隐居了，请先尽力为我著书吧！"于是老子便作了《老子》上下两篇，用五千多字论述"道"、"德"之意，然后就离去，没有人知道他后来怎么样了。

有人说，有个叫老莱子的也是楚国人，著书十五篇，论述道家的体用，与孔子生活在同一时代等等。

老子大概活了一百六十多岁，也有人说活了二百多岁，因为他讲修道德，所以长寿。

孔子死后一百二十九年，史书上记载周太史儋见过秦献公，说："开始秦与周是在一起的，五百年后分离，分离七十年后，就出现了霸王。"有人说儋就是老子，有人说不是，世人没有人知道是对还是不对。老子是一个隐士君子。

老子的儿子叫李宗，曾做过魏国的将领，封在段干这个地方。李宗的儿子叫李注。李注的儿子叫李宫。李宫的玄孙叫李假，李假曾在汉文帝朝做官。李假的儿子李解是胶西王刘印的太傅，因此定居于齐地。

世上学习老子学说的人，往往贬斥儒学；而研究儒学的人，也贬斥老子的学说。"道不同不相为谋"，难道就是说的这种情况？老子主张无为而治，则百姓自然教化，保持清静则万物自正。

【评述】

老子是我国古代伟大的哲学家和思想家，是道家学派的创始人。其所著的《道德经》含有丰富的辩证法思想，其中蕴含着丰富的廉政文化理念。如应天顺民、无为而治，不守金玉、清心寡欲，知足常乐、宠辱不惊等一系列强调道德自律的廉政思想与智慧，在中国廉政思想史上始终散发着熠熠光辉。

首先，老子提出当权者应"应天顺民、无为而治"。老子曰："圣人欲上民，必以言下之；欲先民，必以身后之。"即当权者欲对国家实施有效治理，就必须先听从人民的意愿，更要把个人利益放在人民的利益之后。同时，老子始终强调"无为而治"，其中，"我无欲，而民自朴"的思想对于当今的反腐倡廉制度建设，具有最直接的指导意义。老子的"无为"并非是静观世变、毫无作为，而是倡导当权者应该首先做到自身勤俭尚德，从而引导廉洁俭朴的社会之风，同时，不能与民争利，更不能以贪为妄施来扰乱人民的平静生活和正常的社会秩序。

其次，老子倡导当权者应“不守金玉、清心寡欲”。老子曰：“金玉满堂，莫之能守；富贵而骄，自遗其咎。”其意为纵使财富再多，也应是有益于社会民生，如果因此而骄奢淫逸，则后患无穷。这就为那些崇尚拜金攀比及为富不仁者敲响了警钟。而“清心寡欲”则引导当权者们勿沉迷于五光十色的物质诱惑中而迷失自我。

再次，老子倡导当权者应“知足常乐、宠辱不惊”。老子曰：“知足之足，常足矣。”廉洁者常乐无求，贪腐者常忧不足。是乐无求，抑或忧不足，是廉洁与贪腐的主要分水岭。老子曰：“宠辱若惊，贵大患若身。”即如果人们对外在的宠辱看得过重，心境就容易受到侵扰，更会引祸自身。

综上，老子的这笔宝贵的思想财富，对于我们今天大力弘扬廉政文化，努力营造廉洁社会氛围，深入推进党风廉政制度建设和反腐败斗争，稳步推进社会主义和谐社会建设进程，无疑具有重要的理论意义和深刻的现实意义。

（张珊珊注译　柳森评述）

孔　子

【原文】

孔子生鲁昌平乡陬邑。其先宋人也，曰孔防叔。防叔生伯夏，伯夏生叔梁纥。纥与颜氏女野合而生孔子。祷于尼丘得孔子。鲁襄公二十二年而孔子生。生而首上圩顶，故因名曰丘云。字仲尼，姓孔氏。

丘生而叔梁纥死，葬于防山。防山在鲁东，由是孔子疑其父墓处，母讳之也。孔子为儿嬉戏，常陈俎豆①，设礼容。孔子母死，乃殡五父之衢，盖其慎也。陬人挽父之母诲孔子父墓，然后往合葬于防焉。

孔子要绖②，季氏飨士，孔子与往。阳虎绌曰："季氏飨士，非敢飨子也。"孔子由是退。

孔子年十七，鲁大夫孟釐子病且死，戒其嗣懿子曰："孔丘，圣人之后，灭于宋。其祖弗父何始有宋而嗣让厉公。及正考父佐戴、武、宣公，三命兹益恭，故鼎铭云：'一命而偻，再命而伛，三命而俯，循墙而走，亦莫敢余侮。饘于是，粥于是，以糊余口。'其恭如是。吾闻圣人之后，虽不当世，必有达者。今孔丘年少好礼，其达者与？吾即没，若必师之。”及釐子卒，懿子与鲁人南宫敬叔往学礼焉。是岁，季武子卒，平子代立。

孔子贫且贱。及长，尝为季氏史，料量平；尝为司职吏而畜蕃息。由是为司空。已而去鲁，斥乎齐，逐乎宋、卫，困于陈、蔡之间，于是反鲁。孔子长九尺有六寸，人皆谓之“长人”而异之。鲁复善待，由是反鲁。

鲁南宫敬叔言鲁君曰：“请与孔子适周。”鲁君与之一乘车，两马，一竖子俱，适周问礼，盖见老子云。辞去，而老子送之曰：“吾闻富贵者送人以财，仁人者送人以言。吾不能富贵，窃仁人之号，送子以言，曰：‘聪明深察而近于死者，好议人者也。博辩广大危其身者，发人之恶者也。为人子者毋以有己，为人臣者毋以有己。’”孔子自周反于鲁，弟子稍益进焉。

是时也，晋平公淫，六卿擅权，东伐诸侯；楚灵王兵强，陵轹中国；齐大而近于鲁。鲁小弱，附于楚则晋怒，附于晋则楚来伐，不备于齐，齐师侵鲁。

鲁昭公之二十年，而孔子盖年三十矣。齐景公与晏婴来适鲁，景公问孔子曰：“昔秦穆公国小处辟，其霸何也？”对曰：“秦，国虽小，其志大；处虽辟，行中正。身举五羖[③]，爵之大夫，起累绁之中，与语三日，授之以政。以此取之，虽王可也。其霸，小矣。”景公说。

孔子年三十五，而季平子与郈昭伯以斗鸡故得罪鲁昭公，昭公率师击平子。平子与孟氏、叔孙氏三家共攻昭公，昭公师败，奔于齐，齐处昭公乾侯。其后顷之，鲁乱。孔子适齐，为高昭子家臣，欲以通乎景公。与齐太师语乐，闻《韶》音，学之，三月不知肉味，齐人称之。

景公问政孔子，孔子曰："君君，臣臣，父父，子子。"景公曰："善哉！信如君不君，臣不臣，父不父，子不子，虽有粟，吾岂得而食诸！"他日又复问政于孔子，孔子曰："政在节财。"景公说，将欲以尼谿田封孔子。晏婴进曰："夫儒者滑稽而不可轨法；倨傲自顺，不可以为下；崇丧遂哀，破产厚葬，不可以为俗；游说乞贷，不可以为国。自大贤之息，周室既衰，礼乐缺有间。今孔子盛容饰，繁登降之礼，趋详之节，累世不能殚其学，当年不能究其礼。君欲用之以移齐俗，非所以先细民也。"后景公敬见孔子，不问其礼。异日，景公止孔子曰："奉子以季氏，吾不能。"以季、孟之间待之。齐大夫欲害孔子，孔子闻之。景公曰："吾老矣，弗能用也。"孔子遂行，反乎鲁。

孔子年四十二，鲁昭公卒于乾侯，定公立。定公立五年，夏，季平子卒，桓子嗣立。季桓子穿井得土缶，中若羊，问仲尼云"得狗"。仲尼曰："以丘所闻，羊也。丘闻之，木石之怪夔、罔阆，水之怪龙、罔象，土之怪坟羊。"

吴伐越，堕会稽，得骨节专车。吴使使问仲尼："骨何者最大?"仲尼曰："禹致群神于会稽山，防风氏后至，禹杀而戮之。其节专车，此为大矣。"吴客曰："谁为神?"仲尼曰："山川之神足以纲纪天下，其守为神，社稷为公侯，皆属于王者。"客曰："防风何守?"仲尼曰："汪罔氏之君守封、禺之山，为釐姓。在虞、夏、商为汪罔，于周为长翟，今谓之大人。"客曰："人长几何?"仲尼曰："僬侥氏三尺，短之至也。长者不过十之，数之极也。"于是吴客曰："善哉圣人!"

桓子嬖臣曰仲梁怀，与阳虎有隙。阳虎欲逐怀，公山不狃④止之。其秋，怀益骄，阳虎执怀。桓子怒，阳虎因囚桓子，与盟而醳之。阳虎由此益轻季氏。季氏亦僭于公室，陪臣执国政，是以鲁自大夫以下皆僭离于正道，故孔子不仕，退而修诗书礼乐，弟子弥众，至自远方，莫不受业焉。

定公八年，公山不狃不得意于季氏，因阳虎为乱，欲废三桓之适，更立其庶孽阳虎素所善者，遂执季桓子。桓子诈之，得脱。定公九年，阳虎不胜，奔于齐。是时孔子年五十。

公山不狃以费畔季氏，使人召孔子。孔子循道弥久，温温无所试，莫能己用，曰："盖周文、武起丰、镐而王，今费虽小，傥庶几乎!"欲往。子路不说，止孔子。孔子曰："夫召我者岂徒哉?如用我，其为东周乎!"然亦卒不行。

其后定公以孔子为中都宰，一年，四方皆则之。由中都宰为司空，由司空为大司寇。

定公十年春，及齐平。夏，齐大夫黎钼言于景公曰："鲁用孔丘，其势危齐。"乃使使告鲁为好会，会于夹谷。鲁定公且以乘车好往。孔子摄相事，曰："臣闻有文事者必有武备，有武事者必有文备。古者诸侯出疆，必具官以从。请具左右司马。"定公曰："诺。"具左右司马。会齐侯夹谷，为坛位，土阶三等，以会遇之礼相见，揖让而登。献酬之礼毕，齐有司趋而进曰："请奏四方之乐。"景公曰："诺。"于是旍旄羽袚矛戟剑拨鼓噪而至。孔子趋而进，历阶而登，不尽一等，举袂而言曰："吾两君为好会，夷狄之乐何为于此！请命有司！"有司却之，不去，则左右视晏子与景公。景公心怍，麾而去之。有顷，齐有司趋而进曰："请奏宫中之乐。"景公曰："诺。"优倡侏儒为戏而前。孔子趋而进，历阶而登，不尽一等，曰："匹夫而营惑诸侯者罪当诛！请命有司！"有司加法焉，手足异处。景公惧而动，知义不若。归而大恐，告其群臣曰："鲁以君子之道辅其君，而子独以夷狄之道教寡人，使得罪于鲁君，为之奈何？"有司进对曰："君子有过则谢以质，小人有过则谢以文。君若悼之，则谢以质。"于是齐侯乃归所侵鲁之郓、汶阳、龟阴之田以谢过。

定公十三年夏，孔子言于定公曰："臣无藏甲，大夫毋百雉之城。"使仲由为季氏宰，将堕三都。于是叔孙氏先堕郈。季氏将堕费，公山不狃、叔孙辄率费人袭鲁。公与三子入于季氏之宫，登武子之台。费人攻之，弗克。入及公侧。孔子命申句须、乐颀下伐之，费人北。国人追之，败诸姑蔑。二子奔齐，遂堕费。将堕成，公敛处父谓孟孙曰："堕成，齐人必至于北门。且成，孟氏之保鄣，无成是无孟氏也，我将弗堕。"十二月，公围成，弗克。

定公十四年，孔子年五十六，由大司寇⑤行摄相事，有喜色。门人曰："闻君子祸至不惧，福至不喜。"孔子曰："有是言也，不曰'乐其以贵下人'乎？"于是诛鲁大夫乱政者少正卯。与闻国政三月，粥羔豚者弗饰贾；男女行者别于途；途不拾遗；四方之客至乎邑者不求有司，皆予之以归。

齐人闻而惧，曰："孔子为政必霸，霸则吾地近焉，我之为先并矣。盍致地焉？"黎钼曰："请先尝沮之；沮之而不可则致地，庸迟乎！"于是选齐国中女子好者八十人，皆衣文衣而舞《康乐》，文马三十驷，遗鲁君。陈女乐文马于鲁城南高门外。季桓子微服往观再三，将受，乃语鲁君为周道游。往观终日，怠于政事。子路曰："夫子可以行矣。"孔子曰："鲁今且郊，如致膰乎大夫，则吾犹可以止。"桓子卒受齐女乐，三日不听政；郊，又不致膰俎于大夫。孔子遂行，宿乎屯。而师己送，曰：“夫子则非罪。”孔子曰：“吾歌可夫？”歌曰：“彼妇之口，可以出走；彼妇之谒，可以死败。盖优哉游哉，维以卒岁！”师己反，桓子曰：“孔子亦何言？”师己以实告。桓子喟然叹曰：“夫子罪我以群婢故也夫！”

孔子遂适卫，主于子路妻兄颜浊邹家。卫灵公问孔子：“居鲁得禄几何？”对曰：“奉粟六万。”卫人亦致粟六万。居顷之，或谮孔子于卫灵公。灵公使公孙余假一出一入。孔子恐获罪焉，居十月，去卫。

将适陈，过匡。颜刻为仆，以其策指之曰：“昔吾入此，由彼缺也。”匡人闻之，以为鲁之阳虎。阳虎尝暴匡人，匡人于是遂止孔子。孔子状类阳虎，拘焉五日。颜渊后，子曰：“吾以汝为死矣。”颜渊曰：“子在，回何敢死！”匡人拘孔子益急，弟子惧。孔子曰：“文王既没，文不在兹乎？天之将丧斯文也，后死者不得与于斯文也。天之未丧斯文也，匡人其如予何！”孔子使从者为宁武子臣于卫，然后得去。

去即过蒲。月余，反乎卫，主蘧伯玉家。灵公夫人有南子者，使人谓孔子曰：“四方之君子不辱欲与寡君为兄弟者，必见寡小君。寡小君愿见。”孔子辞谢，不得已而见之。夫人在絺帷中。孔子入门，北面稽首。夫人自帷中再拜，环佩玉声璆然。孔子曰：“吾乡为弗见，见之礼答焉。”子路不说。孔子矢之曰：“予所不者，天厌之！

天厌之！”居卫月余，灵公与夫人同车，宦者雍渠参乘，出，使孔子为次乘，招摇市过之。孔子曰：“吾未见好德如好色者也。”于是丑之，去卫，过曹。是岁，鲁定公卒。

孔子去曹适宋，与弟子习礼大树下。宋司马桓魋欲杀孔子，拔其树。孔子去。弟子曰：“可以速矣。”孔子曰：“天生德于予，桓魋其如予何！”

孔子适郑，与弟子相失，孔子独立郭东门。郑人或谓子贡曰：“东门有人，其颡似尧，其项类皋陶，其肩类子产，然自要以下不及禹三寸，累累若丧家之狗。”子贡以实告孔子。孔子欣然笑曰：“形状，末也。而谓似丧家之狗，然哉！然哉！”

孔子遂至陈，主于司城贞子家。岁余，吴王夫差伐陈，取三邑而去，赵鞅伐朝歌，楚围蔡，蔡迁于吴；吴败越王勾践会稽。

有隼集于陈廷而死，楛矢贯之，石砮，矢长尺有咫。陈湣公使使问仲尼。仲尼曰：“隼来远矣，此肃慎之矢也。昔武王克商，通道九夷百蛮，使各以其方贿来贡，使无忘职业。于是肃慎贡楛矢石砮，长尺有咫。先王欲昭其令德，以肃慎矢分大姬，配虞胡公而封诸陈。分同姓以珍玉，展亲；分异姓以远方职，使无忘服。故分陈以肃慎矢。”试求之故府，果得之。

孔子居陈三岁，会晋、楚争强，更伐陈。及吴侵陈，陈常被寇。孔子曰："归与归与！吾党之小子狂简，进取不忘其初。"于是孔子去陈。

过蒲，会公叔氏以蒲畔，蒲人止孔子。弟子有公良孺者，以私车五乘从孔子，其为人长贤，有勇力，谓曰："吾昔从夫子遇难于匡，今又遇难于此，命也已。吾与夫子再罹难，宁斗而死。"斗甚疾。蒲人惧，谓孔子曰："苟毋适卫，吾出子。"与之盟，出孔子东门，孔子遂适卫。子贡曰："盟可负邪?"孔子曰："要盟也，神不听。"

卫灵公闻孔子来，喜，郊迎。问曰："蒲可伐乎?"对曰："可。"灵公曰："吾大夫以为不可。今蒲，卫之所以待晋、楚也，以卫伐之，无乃不可乎?"孔子曰："其男子有死之志，妇人有保西河之志。吾所伐者不过四五人。"灵公曰："善。"然不伐蒲。

灵公老，怠于政，不用孔子。孔子喟然叹曰："苟有用我者，期月而已，三年有成。"孔子行。

佛肸[6]为中牟宰。赵简子攻范、中行，伐中牟。佛肸畔，使人召孔子。孔子欲往。子路曰："由闻诸夫子，'其身亲为不善者，君子不入也'。今佛肸亲以中牟畔，子欲往，如之何?"孔子曰："有是言也。不曰坚乎，磨而不磷；不曰白乎，涅而不淄。我岂匏瓜[7]也哉，焉能系而不食?"

孔子击磬，有荷蒉而过门者，曰："有心哉，击磬乎！硁硁乎，莫己知也夫而已矣！"

孔子学鼓琴师襄子，十日不进。师襄子曰："可以益矣。"孔子曰："丘已习其曲矣，未得其数也。"有间，曰："已习其数，可以益矣。"孔子曰："丘未得其志也。"有间，曰："已习其志，可以益矣。"孔子曰："丘未得其为人也。"有间，有所穆然深思焉，有所怡然高望而远志焉。曰："丘得其为人，黯然而黑，几然而长，眼如望羊，如王四国，非文王其谁能为此也！"师襄子辟席再拜，曰："师盖云《文王操》也。"

孔子既不得用于卫，将西见赵简子。至于河而闻窦鸣犊、舜华之死也，临河而叹曰："美哉水，洋洋乎！丘之不济此，命也夫！"子贡趋而进曰："敢问何谓也？"孔子曰："窦鸣犊、舜华，晋国之贤大夫也。赵简子未得志之时，须此两人而后从政；及其已得志，杀之乃从政。丘闻之也，刳胎杀夭则麒麟不至郊，竭泽涸渔则蛟龙不合阴阳，覆巢毁卵则凤皇不翔。何则？君子讳伤其类也。夫鸟兽之于不义也尚知辟之，而况乎丘哉！"乃还息乎陬乡，作为《陬操》以哀之。而反乎卫，入主蘧伯玉家。

他日，灵公问兵陈。孔子曰："俎豆之事则尝闻之，军旅之事未之学也。"明日，与孔子语，见蜚雁，仰视之，色不在孔子。孔子遂行，复如陈。

夏，卫灵公卒，立孙辄，是为卫出公。六月，赵鞅内太子蒯聩于戚。阳虎使太子絻，八人衰绖[8]，伪自卫迎者，哭而入，遂居焉。冬，蔡迁于州来。是岁鲁哀公三年，而孔子年六十矣。齐助卫围戚，以卫太子蒯聩在故也。

夏，鲁桓釐庙燔，南宫敬叔救火。孔子在陈，闻之，曰："灾必于桓釐庙乎?"已而果然。

秋，季桓子病，辇而见鲁城，喟然叹曰："昔此国几兴矣，以吾获罪于孔子，故不兴也。"顾谓其嗣康子曰："我即死，若必相鲁；相鲁，必召仲尼。"后数日，桓子卒，康子代立。已葬，欲召仲尼。公之鱼曰："昔吾先君用之不终，终为诸侯笑。今又用之，不能终，是再为诸侯笑。"康子曰："则谁召而可?"曰："必召冉求。"于是使使召冉求。冉求将行，孔子曰："鲁人召求，非小用之，将大用之也。"是日，孔子曰："归乎归乎？吾党之小子狂简，斐然成章，吾不知所以裁之。"子赣知孔子思归，送冉求，因诫曰"即用，以孔子为招"云。

冉求既去，明年，孔子自陈迁于蔡。蔡昭公将如吴，吴召之也。前昭公欺其臣迁州来，后将往，大夫惧复迁，公孙翩射杀昭公。楚侵蔡。秋，齐景公卒。

明年，孔子自蔡如叶。叶公问政，孔子曰："政在来远附迩。"他日，叶公问孔子于子路，子路不对。孔子闻之，曰："由，尔何不对曰'其为人也，学道不倦，诲人不厌，发愤忘食，乐以忘忧，不知老之将至'云尔。"

去叶，反于蔡。长沮、桀溺耦而耕，孔子以为隐者，使子路问津焉。长沮曰："彼执舆者为谁?"子路曰："为孔丘。”曰：“是鲁孔丘与?”曰：“然!”曰：“是知津矣。”桀溺谓子路曰：“子为谁?”曰：“为仲由。”曰：“子，孔丘之徒与?”曰：“然。”桀溺曰：“悠悠者天下皆是也，而谁以易之？且与其从辟人之士，岂若从辟世之士哉!”耰而不辍。子路以告孔子，孔子怃然曰：“鸟兽不可与同群。天下有道，丘不与易也。”

他日，子路行，遇荷蓧丈人⑨，曰：“子见夫子乎?”丈人曰：“四体不勤，五谷不分，孰为夫子!”植其杖而芸。子路以告，孔子曰：“隐者也。”复往，则亡。

孔子迁于蔡三岁，吴伐陈。楚救陈，军于城父。闻孔子在陈、蔡之间，楚使人聘孔子。孔子将往拜礼，陈、蔡大夫谋曰：“孔子贤者，所刺讥皆中诸侯之疾。今者久留陈、蔡之间，诸大夫所设行皆非仲尼之意。今楚，大国也，来聘孔子。孔子用于楚，则陈、蔡用事大夫危矣。”于是乃相与发徒役围孔子于野。不得行，绝粮。从者病，莫能兴。孔子讲诵弦歌不衰。子路愠见曰：“君子亦有穷乎?”孔子曰：“君子固穷，小人穷斯滥矣。”

子贡色作。孔子曰：“赐，尔以予为多学而识之者与?”曰：“然。非与?”孔子曰：“非也。予一以贯之。”

孔子知弟子有愠心，乃召子路而问曰：“《诗》云‘匪兕匪虎，率彼旷野’。吾道非邪？吾何为于此?”子路曰：“意者吾未仁邪？人之不我信也。意者吾未知邪？人之不我行也。”孔子曰：“有是乎！由，譬使仁者而必信，安有伯夷、叔齐？使知者而必行，安有王子比干？”

子路出，子贡入见。孔子曰：“赐，《诗》云‘匪兕匪虎，率彼旷野’。吾道非邪？吾何为于此？”子贡曰：“夫子之道至大也，故天下莫能容夫子。夫子盖少贬焉？”孔子曰：“赐，良农能稼而不能为穑，良工能巧而不能为顺。君子能修其道，纲而纪之，统而理之，而不能为容。今尔不修尔道而求为容。赐，而志不远矣！”

子贡出，颜回入见。孔子曰：“回，《诗》云‘匪兕匪虎，率彼旷野’。吾道非邪？吾何为于此？”颜回曰：“夫子之道至大，故天下莫能容。虽然，夫子推而行之，不容何病，不容然后见君子！夫道之不修也，是吾丑也。夫道既已大修而不用，是有国者之丑也。不容何病，不容然后见君子！”孔子欣然而笑曰：“有是哉颜氏之子！使尔多财，吾为尔宰。”

于是使子贡至楚。楚昭王兴师迎孔子，然后得免。

昭王将以书社地七百里封孔子。楚令尹子西曰：“王之使使诸侯有如子贡者乎？”曰：“无有。”“王之辅相有如颜回者乎？”曰：“无有。”“王之将率有如子路者乎？”曰：“无有。”“王之官尹有如宰予者乎？”曰：“无有。”“且楚之祖封于周，号为子男五十里。今孔丘述三五之法，明周、召之业，王若用之，则楚安得世世堂堂方数千里乎？夫文王在丰，武王在镐，百里之君卒王天下。今孔丘得据土壤，贤弟子为佐，非楚之福也。”昭王乃止。其秋，楚昭王卒于城父。

楚狂接舆歌而过孔子，曰："凤兮凤兮，何德之衰！往者不可谏兮，来者犹可追也！已而已而，今之从政者殆而！"孔子下，欲与之言。趋而去，弗得与之言。

于是孔子自楚反乎卫。是岁也，孔子年六十三，而鲁哀公六年也。

其明年，吴与鲁会缯，征百牢⑩。太宰嚭召季康子。康子使子贡往，然后得已。

孔子曰："鲁、卫之政，兄弟也。"是时，卫君辄父不得立，在外，诸侯数以为让。而孔子弟子多仕于卫，卫君欲得孔子为政。子路曰："卫君待子而为政，子将奚先？"孔子曰："必也正名乎！"子路曰："有是哉，子之迂也！何其正也？"孔子曰："野哉由也！夫名不正则言不顺，言不顺则事不成，事不成则礼乐不兴，礼乐不兴则刑罚不中，刑罚不中则民无所错手足矣。夫君子为之必可名，言之必可行。君子于其言，无所苟而已矣。"

其明年，冉有为季氏将师，与齐战于郎，克之。季康子曰："子之于军旅，学之乎？性之乎？"冉有曰："学之于孔子。"季康子曰："孔子何如人哉？"对曰："用之有名；播之百姓，质诸鬼神而无憾。求之至于此道，虽累千社，夫子不利也。"康子曰："我欲召之，可乎？"对曰："欲召之，则毋以小人固之，则可矣。"而卫孔文子将攻太叔，问策于仲尼。仲尼辞不知，退而命载而行，曰："鸟能择木，木岂能择鸟乎！"文子固止。会季康子逐公华、公宾、公林，以币迎孔子，孔子归鲁。

孔子之去鲁凡十四岁而反乎鲁。

鲁哀公问政，对曰："政在选臣。"季康子问政，曰："举直错诸枉，则枉者直。"康子患盗，孔子曰："苟子之不欲，虽赏之不窃。"然鲁终不能用孔子，孔子亦不求仕。

孔子之时，周室微而礼乐废，《诗》、《书》缺。追迹三代之礼，序《书传》，上纪唐、虞之际，下至秦缪，编次其事。曰："夏礼吾能言之，杞不足征也。殷礼吾能言之，宋不足征也。足，则吾能征之矣。"观殷、夏所损益，曰："后虽百世可知也，以一文一质。周监二代，郁郁乎文哉。吾从周。"故《书传》、《礼记》自孔氏。

孔子语鲁大师："乐其可知也。始作翕如，纵之纯如，皦如，绎如也，以成。""吾自卫反鲁，然后乐正，《雅》、《颂》各得其所。"

古者《诗》三千余篇，及至孔子，去其重，取可施于礼义，上采契、后稷，中述殷、周之盛，至幽、厉之缺，始于衽席，故曰"《关雎》之乱以为《风》始，《鹿鸣》为《小雅》始，《文王》为《大雅》始，《清庙》为《颂》始。"三百五篇孔子皆弦歌之，以求合《韶》、《武》、《雅》、《颂》之音。礼乐自此可得而述，以备王道，成六艺。

孔子晚而喜《易》，序《彖》、《系》、《象》、《说卦》、《文言》。读《易》，韦编三绝[11]。曰："假我数年，若是，我于《易》则彬彬矣。"

孔子以诗书礼乐教，弟子盖三千焉，身通六艺者七十有二人。如颜浊邹之徒，颇受业者甚众。

孔子以四教：文，行，忠，信。绝四：毋意，毋必，毋固，毋我。所慎：齐，战，疾。子罕言利与命与仁。不愤不启，举一隅不以三隅反，则弗复也。

其于乡党，恂恂似不能言者。其于宗庙朝廷，辩辩言，唯谨尔。朝，与上大夫言，訚訚如也；与下大夫言，侃侃如也。

入公门，鞠躬如也；趋进，翼如也。君召使傧，色勃如也。君命召，不俟驾行矣。

鱼馁，肉败，割不正，不食。席不正，不坐。食于有丧者之侧，未尝饱也。

是日哭，则不歌。见齐衰、瞽者，虽童子必变。

"三人行，必得我师。""德之不修，学之不讲，闻义不能徙，不善不能改，是吾忧也。"使人歌，善，则使复之，然后和之。

子不语：怪，力，乱，神。

子贡曰："夫子之文章，可得闻也。夫子言天道与性命，弗可得闻也已。"颜渊喟然叹曰："仰之弥高，钻之弥坚。瞻之在前，忽焉在后。夫子循循然善诱人，博我以文，约我以礼，欲罢不能。既竭我才，如有所立，卓尔。虽欲从之，蔑由也已。”达巷党人曰：“大哉孔子，博学而无所成名。”子闻之曰：“我何执？执御乎？执射乎？我执御矣。”牢曰：“子云‘不试，故艺’。”

鲁哀公十四年春，狩大野。叔孙氏车子钼商获兽，以为不祥。仲尼视之，曰：“麟也。”取之。曰：“河不出图，雒不出书[12]，吾已矣夫！”颜渊死，孔子曰：“天丧予！”及西狩见麟，曰：“吾道穷矣！”喟然叹曰：“莫知我夫！”子贡曰：“何为莫知子？”子曰：“不怨天，不尤人，下学而上达，知我者其天乎！”

“不降其志，不辱其身，伯夷、叔齐乎？”谓“柳下惠、少连降志辱身矣”。谓“虞仲、夷逸隐居放言，行中清，废中权”。“我则异于是，无可无不可。”

子曰：“弗乎弗乎，君子病没世而名不称焉。吾道不行矣，吾何以自见于后世哉？”乃因史记作《春秋》，上至隐公，下讫哀公十四年，十二公。据鲁，亲周，故殷，运之三代。约其文辞而指博。故吴、楚之君自称王，而《春秋》贬之曰“子”；践土之会实召周天子，而《春秋》讳之曰“天王狩于河阳”。推此类以绳当世，贬损之义，后有王者举而开之。《春秋》之义行，则天下乱臣贼子惧焉。

孔子在位听讼，文辞有可与人共者，弗独有也。至于为《春秋》，笔则笔，削则削，子夏之徒不能赞一辞。

弟子受《春秋》，孔子曰："后世知丘者以《春秋》，而罪丘者亦以《春秋》。"

明岁，子路死于卫。孔子病，子贡请见。孔子方负杖逍遥于门，曰："赐，汝来何其晚也?"孔子因叹，歌曰："太山坏乎！梁柱摧乎！哲人萎乎！"因以涕下。谓子贡曰："天下无道久矣，莫能宗予。夏人殡于东阶，周人于西阶，殷人两柱间。昨暮予梦坐奠两柱之间，予始殷人也。"后七日卒。

孔子年七十三，以鲁哀公十六年四月己丑卒。

哀公诔之曰："旻天不吊，不慭遗一老，俾屏余一人以在位，茕茕余在疚。呜呼哀哉！尼父，毋自律！"子贡曰："君其不没于鲁乎！夫子之言曰：'礼失则昏，名失则愆。失志为昏，失所为愆。'生不能用，死而诔之，非礼也。称'余一人'，非名也。"

孔子葬鲁城北泗上，弟子皆服三年。三年心丧毕，相诀而去，则哭，各复尽哀；或复留。唯子赣庐于冢上，凡六年，然后去。弟子及鲁人往从冢而家者百有余室，因命曰孔里。鲁世世相传以岁时奉祠孔子冢，而诸儒亦讲礼、乡饮、大射于孔子冢。孔子冢大一顷。故所居堂、弟子内，后世因庙，藏孔子衣冠琴车书，至于汉二百余年不绝。高皇帝过鲁，以太牢祠焉。诸侯卿相至，常先谒然后从政。

孔子生鲤，字伯鱼。伯鱼年五十，先孔子死。

伯鱼生伋，字子思，年六十二。尝困于宋。子思作《中庸》。

子思生白，字子上，年四十七。子上生求，字子家，年四十五。子家生箕，字子京，年四十六。子京生穿，字子高，年五十一。子高生子慎，年五十七，尝为魏相。

子慎生鲋，年五十七，为陈王涉博士，死于陈下。

鲋弟子襄，年五十七。尝为孝惠皇帝博士，迁为长沙太守。长九尺六寸。

子襄生忠，年五十七。忠生武。武生延年及安国。安国为今皇帝博士，至临淮太守，蚤卒。安国生卬，卬生驩。

太史公曰：《诗》有之："高山仰止，景行行止。"虽不能至，然心乡往之。余读孔氏书，想见其为人。过鲁，观仲尼庙堂车服礼器，诸生以时习礼其家，余祗回留之不能去云。天下君王至于贤人众矣，当时则荣，没则已焉。孔子布衣，传十余世，学者宗之。自天子王侯，中国言《六艺》者折中于夫子，可谓至圣矣！

选自《史记》卷四十七《孔子世家》

【注释】

①陈俎豆：陈列礼器，进行祭祀。俎和豆都是古代祭祀用的器具。

②要绖（dié）：穿着丧服。绖，古代丧服所用的麻带。扎在头上的称“首绖”，缠在腰间的称“腰绖”。

③五羖（gǔ）：即五羖大夫百里奚。百里奚原为春秋时虞国大夫，虞亡时被晋国俘虏，作为陪嫁之臣送入秦国。后出走到楚国，又被秦穆公以五张牡黑羊皮赎回，用为大夫，称为五羖大夫。羖：黑色的公羊。

④公山不狃：春秋时期鲁国人。复姓公山，名不狃（也作弗扰、不扰），字子泄。公山不狃和阳虎同时，都是鲁国当政者季桓子的家臣。季桓子非常器重公山不狃，派他担任季氏的私邑——费邑的邑宰。

⑤大司寇：西周时期，中央设大司寇，负责实践法律法令，辅佐周王行使司法权，大司寇下设小司寇，辅佐大司寇审理具体案件。

⑥佛肸（bì xì）：春秋末年晋国卿赵鞅的家臣，曾为中牟县宰。

⑦匏（páo）瓜：一年生草本植物，果实比葫芦大，老熟后可剖制成器具。亦指这种植物的果实。匏瓜空悬，像匏瓜那样系悬着而不让人食用。后用以比喻有才能的人却不为世所用。

⑧衰绖（cuī dié）：这里指穿丧服。衰、绖两者是丧服的主要部分。

⑨荷蓧（diào）丈人：扛着锄草工具的老人。蓧，古代耘田所用器具。

⑩百牢：一百份牢。牢，古代祭祀或宴享时用的牲畜。牛羊豕各一曰太牢，羊豕各一曰少牢。

⑪韦编三绝：编连竹简的皮绳断了三次。比喻读书勤奋。韦

编：用熟牛皮绳把竹简编联起来。三：概数，表示多次。绝：断。

⑫河不出图，雒不出书：古代相传每当圣明之世时，黄河便出现河图。因此河图不出时则不是圣明之世。河：黄河。图：传说中的八卦图。传说有龙马从黄河出，背负河图。雒：同“洛”，洛水。“雒不出书”，传说古代有灵龟背负雒书从雒水中浮出。《易·系辞》说：“河出图雒出书，圣人则之。”

【译文】

孔子出生在鲁国昌平乡陬邑。他的祖先是宋人，名叫孔防叔。孔防叔生伯夏，伯夏生叔梁纥。叔梁纥和一个颜氏女子在尼丘山祈祷后生了孔子。孔子生于鲁襄公二十二年（前551）。生下来的时候头顶凹陷，所以起名叫做丘。字仲尼，姓孔。

孔子出生不久叔梁纥就死了，葬在防山。防山在鲁国的东部，由于他母亲忌讳，没有告诉孔子，因此孔子不知道他的父亲葬在了哪里。孔子在年少的时候与人玩耍，常常摆出祭祀时的器皿和礼节。孔子的母亲死后，出于慎重没有马上埋葬，而把灵柩暂时停放在五父之衢。陬人挽父的母亲告诉孔子他父亲的所葬之地，孔子就把母亲也葬到防山，与父亲合葬在一起。

孔子还在服孝期间，鲁国的季氏招待天下的士人，孔子也去了，季氏的家臣阳虎排斥说：“季氏招待贤士，但是不敢招待你啊。”孔子因此就离去了。

孔子十七岁的时候，鲁国的大夫孟釐子得了重病，临终前告诫他的儿子懿子说：“孔丘，是圣人的后代，他的祖先在宋国被杀。他的祖先弗父何有机会统治宋国，却让位给了厉公。到了正考父辅佐戴、武、宣三代，三次任命越来越恭敬，所以鼎上刻有铭文说：‘第一次任命时只弯下身子，再次任命时弯下了腰，第三次任命时完全俯下了身子，走路时顺着墙根走，也没有人敢对他不恭敬。就在这个鼎中做些粥类以糊口。’他的恭敬到了这样的程度。我听说圣人的后代，虽然没有在当代掌权，但是一定会有通达天下的人。现今孔子虽然年少，却熟知礼仪，是不是就是通达天下的人呢？我将要离开人世了，你一定要请他当老师。”等到釐子死后，懿子和鲁国人南宫敬叔前往孔子处学习礼仪。这年，季武子死了，季平子代替他上台执政。

孔子贫困并且出身低贱。等他长大后，曾经做过季氏的小吏，管理仓库井井有条；曾经做过管理牲畜的官，牲畜繁衍增多，由此他做了司空。不久，他离开了鲁国，被齐国排斥，奔走于宋、卫，被围困在陈和蔡之间，于是又返回到鲁国。孔子身高九尺六寸，人们都称他为“长人”并感到奇异。鲁国再一次善待他，因此孔子返回了鲁国。

鲁国的南宫敬叔对鲁国国君说：“请让我和孔子到周王室去。”鲁君给他们一辆马车、两匹马、一个侍童一同前往，到周去问礼，还见到了老子。到离去的时候，老子送出来说：“我听说富贵的人送人财物，而德行高尚的人送人话语。我不是富贵的人，借用德行高尚的人的名号，送你几句话吧：‘聪明深察的人接近死亡，因为他喜欢议论别人。博学善辩的人危害自身，因为他常揭发别人的丑恶。作为儿子不要考虑自己，作为臣子也不要考虑自己。’”孔子从周返回到鲁国后，弟子逐渐多了起来。

当时，晋平公荒淫无度，六卿专权，向东征伐诸侯；楚灵王兵强马壮，欺压中原地区；齐国是大国，又距离鲁国近。鲁国弱小，依附楚国就会激怒晋国；依附晋国，楚国就来讨伐。不防御齐国，齐国就会来侵伐鲁国。

鲁昭公二十年（前522），孔子大约三十岁。齐景公和晏婴来到鲁国，齐景公问孔子说：“当年秦穆公国小并且地处偏僻，他为什么能称霸呢？”孔子回答说：“秦国，虽是小国，但是志向远大；地处偏僻，但是行为公正。用五张羊皮赎回了被囚禁的百里奚，给他爵位并举为大夫，与他谈了三天的话，就给他权力施政。能够做到这些，即使是称王也可以，称霸又算得了什么呢。”景公听了之后很高兴。

孔子三十五岁，季平子和郈昭伯因为斗鸡的事得罪了鲁昭公，鲁昭公率领军队攻打平子。季平子和孟氏、叔孙氏三家联合起来共同攻打鲁昭公，昭公的军队被打败，昭公逃奔到齐国。齐国把昭公安置于乾侯。不久，鲁国内乱，孔子到了齐国，成为高昭子的家臣，想要通过他联系齐景公。孔子和齐太师谈乐，听到《韶》音就开始学习，三个月不知肉的味道，齐人听说了都称赞孔子。

齐景公向孔子问为政的道理，孔子说：“做国君就要像个国君，做臣子的也要像个臣子，父亲要像个父亲，儿子要像个儿子。”景公说：“好啊，如果君主不像个君主，臣子不像个臣子，父亲不像个父亲，儿子不像个儿子，即使有粮食，我又怎么能够吃得到呢！”过些日子景公再次向孔子问为政的道理，孔子说：“为政的重点在于节约财力。”景公听了很高兴，想要把尼谿田这个地方封给孔子。晏婴进言说：“儒者是只会花言巧语而不遵循规矩的；自视甚高却不可以为人臣子；崇尚丧礼，放纵哀思，花费全部的资产进行厚葬，不可以以此为风俗；到处游说争取支持，不可以用他来治理国家。从大贤安息之后，周朝的王室逐渐衰落，礼崩乐坏。现在孔子重视仪容服饰，使上下朝的礼节极为繁琐，几代人也学不完，一年也做不完一套礼仪。国君您想用他的主张来改变齐的风俗，恐怕这不是引导老百姓的好办法。”后来景公再见孔子依然很尊敬，只是不再问他关于礼的问题了。又一日，景公对孔子说：“对待您像对待季氏那样，我做不到。”所以用介于季氏和孟孙氏之间的礼遇来对待孔子。齐大夫想要加害孔子，孔子听说了。景公说：“我老了，不能任用你了。”孔子听了之后就离开了，返回鲁国。

孔子四十二岁的时候，鲁昭公死于乾侯，鲁定公即位。鲁定公五年夏，季平子死，桓子嗣立。季桓子打井的时候得到一个土缶，里面有个像羊一样的东西，对孔子说“得到一只狗”。孔子说：“以我的所见所闻，应该是只羊。我听说在木石之中有怪物是夔、罔阆，水中的怪物是龙和罔象，而在土中的怪物是坟羊。”

吴国讨伐越国，攻下会稽，得到一个有一辆车长的骨节。吴国派使者问孔子：“什么骨头最大？”孔子说：“禹召集诸神聚于会稽山，防风氏迟到了，禹杀了他。他的骨节就有一辆车长，这是最大的。”吴国的使者又问：“谁是神啊？”孔子说：“管理山川的神能够制定管理天下的政策，守护山川的就是神，守护社稷的就是他的公侯臣下，他们都归属于王。”吴使又问：“防风氏守护的是什么呢？”孔子说：“汪罔氏的君主守候的是封、禺之山，姓釐。他在虞夏商叫汪罔，在周就是长翟，现在称之为大人。”吴使问：“那他多高啊？”孔子说：“僬侥氏高三尺，是最矮的。高的不过三丈，是最高的了。”于是吴使说：“太好了，真是圣人啊！”

季桓子有宠臣叫仲梁怀，和阳虎有矛盾。阳虎想要把仲梁怀赶走，公山不狃阻止了他。这年秋天，仲梁怀越发骄横，阳虎因此抓住了仲梁怀。桓子很生气，阳虎因此囚禁了桓子，与他结盟后释放了桓子。阳虎因此更加的轻视季氏。季氏也越权于公室，大夫家臣执掌国家大权，所以鲁国自大夫以下都超越职权，违背正常的统治秩序，所以孔子不在鲁国做官，回家修《诗》、《书》、《礼》、《乐》等著作，弟子更多了，很多都是从很远的地方慕名而来的，无不虚心请教。

鲁定公八年（前502），公山不狃对季氏不满，借由阳虎作乱，想要趁这个时候废掉三桓嫡长子，改立阳虎所支持的三桓的庶子，于是抓住了季桓子，季桓子使用计策，得以脱身。定公九年，阳虎作乱没有成功，逃到了齐国。当时孔子50岁。

公山不狃依靠费地反叛季氏，派人征召孔子。孔子探索治国之道很久了，但是一直没有施展的地方，没有人任用自己，说：“周文王和周武王在丰、镐之地起兵而成就王业，今天费城虽然很小，但也算差不多吧！”想要去。子路很不高兴，制止孔子。孔子说：“他召见我不会白白让我去吧？他如果重用我，周朝礼乐制度就会在东方复兴！”但最终没有成行。

后来定公让孔子做了中都宰。一年后，四面八方都效仿孔子的策略，后来由中都宰升为司空，再由司空升为了大司寇。

鲁定公十年（前500）的春天，鲁国和齐国讲和。夏天，齐国大夫黎钼对齐景公说：“鲁国重用孔子，一定会危及到齐国。”于是派使者通知鲁在夹谷进行友好相会。鲁定公毫无戒备，准备好车辆前往。孔子行摄相事，对定公说：“我听说文事必须有武力做后盾，武事也一定要有文事的准备。古时候如果诸侯离开自己的疆土，必须有随从的文武官。请带着左右司马随同您一起去。”定公说：“好。”于是带齐了左右司马，与齐景公在夹谷会面。在那里建好了坛位，设了三个等级的阶梯，双方以礼相见，互相拱手作揖登上了台阶。在双方礼毕之后，齐国有官员上前说：“请下令奏四方的乐曲。”景公说：“好的。”然后一些拿着各种兵器的人吵闹着上台来。孔子快步走上前，一阶阶登了上去，还差一阶的时候举起袖子说：“两国的国君在这里相会，这些夷狄的乐曲怎么能够出现在这里！请让他们退下！”有司让这些人下去，他们站住不动，纷纷看向晏子和景公。景公心里很惭愧，让手下人把他们带了下去。不一会，齐国的官员快步向前说：“请求演奏宫中的音乐。”景公说：“好的。”一些艺人和身材矮小的人都登上了台子。孔子快步上前，登上了台阶，还差一阶的时候说：“让一些普通人来迷惑诸侯，罪过可以杀头！请求命令有关官员处置！”齐国的官员处置了那些人，使他们身首异处。景公害怕，知道在道义上自己是不对的。回去后十分惊恐，告诉他的大臣们说：“鲁国的大臣们是用君子的言行来辅佐他们的君主，而你们只用夷狄的思想来教我，使我得罪了鲁国的君主，我该怎么办呢?”大臣上前说：“如果君子有错则用实际行动来谢罪，小人有错就用花言巧语来谢罪。如果您真的感到后悔，就用实际行动来谢罪吧。”于是齐君将侵占鲁国的郓、汶阳、龟阴的土地还给了鲁国来谢罪。

鲁定公十三年（前497）夏天，孔子对定公说：“做臣子的不能私自养兵，大夫城邑的城墙也不能有三百丈。”于是定公派仲由去做季氏宰，想要毁掉三桓城邑的城墙。叔孙氏最先毁掉了郈的城墙。当季氏要毁掉费的城墙的时候，公山不狃和叔孙辄就带领费城人去袭击鲁国。定公和他的三个儿子逃到了季氏的宫殿当中，登上了季武子的高台。费城人去攻打，但是没有成功。但已攻到定公身边的台侧，孔子命令申句须、乐颀下台去攻打他们，费人败逃。鲁国人追赶他们，在姑蔑把他们彻底打败了，公山不狃、叔孙辄两人逃到了齐国，于是就拆除了费的城墙。将要拆除成地的城墙时候，公敛处父对孟孙氏说："拆除了成的城墙，齐国人一定就会逼近北门了，并且成地是孟氏的屏障啊，没有成也就没有孟氏了，我们不应该拆除。"十二月，鲁定公包围了成城，没有攻下来。

鲁定公十四年（前496），孔子五十六岁，作为大司寇掌管国家大事，面露喜色。他的学生们说："听说君子都是遇到灾祸也不害怕，遇到高兴的事也不露喜色。"孔子说："是有这么说的。但不是还有句话：'乐在地位尊贵而让属下感觉受到尊敬吗'？"于是就把鲁国作乱的大夫少正卯杀掉了。孔子执政的三个月中，贩卖猪羊的商贩也安分地经商；男女走路也要分着走；路上丢了东西也不会有人捡；各地的客人来到这里也不去请求官员的庇护，就能受到宾至如归的照顾。

齐国人听了之后很害怕，说："如果孔子执政那鲁国一定会称霸，我们国家离鲁国最近，我们一定会最先成为他进攻的目标。为什么不先给他一些地呢？"黎钼说："请先尝试着阻止他们，如果不能阻止，就给他土地，那时也不迟！"于是在齐国选了美女八十人，让她们穿上漂亮的衣服学习跳《康乐》舞，又装饰一百二十匹骏马，全部送给鲁国的国君。齐将这些女人和马匹安排在鲁国城南高门外。季桓子穿着便装看了好几次，想要接受，就对鲁国的国君报告说要去视察，来回看了好多天，贻误政事。子路说：“老师您可以离开了。”孔子说：“鲁国现在马上就要祭祀了，如果按照礼法分肉给大夫们，我还可以留在这里。”季桓子最终接受了齐国送来的女子和乐队，多日不理朝政；祭祀的时候，又没有分肉给大夫们。孔子于是就离开了鲁国，在屯地住宿，师己去送他，说：“夫子没有错啊。”孔子说：“我可以唱首歌吗？”于是唱道：“妇人的口，可以把人赶走；接近那些妇人，可以让人死亡。优哉游哉，让我一直这样到老！”师己回去后，桓子问：“孔子说什么了？”师己实言以告。桓子叹了口气说：“先生是怪罪我接受那些奴婢啊！”

孔子于是到了卫国，住在子路妻子的哥哥颜浊邹的家里。卫灵公问孔子说：“你在鲁国的俸禄是多少啊？”回答说：“粟米六万。”卫国也给他粟米六万石。待了一段时间，有人对卫灵公说孔子的坏话，卫灵公派公孙余假监视他。孔子害怕获罪，在卫国待了十个月，离开了卫国。

孔子打算去陈国，路过匡。颜刻做他的仆人，为他驾马，用他的鞭子指画说：“从前我来的时候就是从那个缺口进来的。”匡人听说了，以为是鲁国的阳虎。阳虎曾经残害过匡人，匡人于是就阻止孔子通过。孔子长的很像阳虎，被围困了五日。颜渊后来赶到，孔子说：“我以为你死了呢。”颜渊说：“您还在，我怎么敢死！”匡人围攻孔子形势越来越紧迫，弟子们都害怕了。孔子说：“文王已经死去，但文王的留下的礼乐不在这里么？上天如果要毁灭礼乐，那么后人就无人继承礼乐了。既然上天没有毁灭礼乐，那匡人又能把我怎么样呢！”孔子让他的弟子去卫国的宁武子那称臣，然后就离开了。

离开匡地后就路过蒲地。过了一个月左右，又返回卫国，住在蘧伯玉家。卫灵公有个叫南子的夫人，派人对孔子说：“各地来到卫国想和我们君主成为朋友的君子，一定会见南子夫人的。南子夫人也愿意见您。”孔子谢绝了。后来不得已见了南子。南子夫人坐在帏帐中。孔子走了进去，面向北作揖，夫人在帏帐中回礼，环佩玉器发出了叮当的声响。孔子说：“我来就不愿见她，既然见了，就得还她以礼。”子路不高兴。孔子发誓说：“我假若说的不是实话，上天会厌弃我！上天会厌弃我！”在卫国住了一个多月，卫灵公与夫人南子同坐了一辆车子，宦官雍渠陪侍车右，出宫后，让孔子坐在第二辆车子上跟从，大摇大摆地从市上走过。孔子说：“我没有见过喜好美德跟喜好美色一样的。”于是对卫灵公的所作所为感到厌恶，就离开卫国，往曹国去了。这一年，鲁定公死了。

孔子离开曹国到达宋国，与弟子们在大树下演习礼仪。宋国的司马桓魋想杀死孔子，就把树砍掉了。孔子离开了。弟子们说：“我们可以快点走了。”孔子说：“上天既然把传道的使命赋予我，桓魋他又能把我怎么样！”

孔子到了郑国，与弟子们失散了，孔子一个人站在外城的东门。郑国有人看见了就对子贡说：“东门有个人，他的额头像唐尧，脖子像皋陶，肩膀像郑子产，可是从腰部以下比禹短了三寸，垂头丧气真像一条丧家犬。”子贡见面把原话如实地告诉了孔子。孔子笑着说道：“他形容我的相貌，不一定对，但说我像条丧家犬，是的，是的。”

孔子于是到达陈国，寄住在司城贞子家里。过了一年多，吴王夫差来攻打陈国，夺取了三个城邑退兵离去了。赵鞅攻打朝歌，楚国包围了蔡国，蔡国迁移到吴地。吴国在会稽打败了越王勾践。

有隼聚集在陈国的宫廷中死了，楛木做的箭射穿过身体，箭长一尺八寸。陈湣公派使者向孔子请教，孔子说："这些隼是从很远的地方飞来的，这是肃慎的箭。从前周武王伐纣灭商，与各少数民族沟通，让各族都以各自的地方特产来进贡，叫他们不能忘记自己的职责和义务。于是肃慎部族献来楛木做的箭和石头制作的箭头，长一尺八寸。周武王想展示他的美德，就把肃慎部族的箭分给长女太姬，后来太姬嫁给了虞胡公，虞胡公又封在陈国。当初王室分珍宝玉器给同姓诸侯，是为了表示重视亲族；而让异姓诸侯到远方任职，是为了让他们不要忘记服从周王朝。所以把肃慎部族的箭分给陈国。"陈湣公听了叫人到过去的仓库中去找一找，果然找到了这种箭。

孔子在陈居住了三年，正好赶上晋楚争霸，不断讨伐陈国，直到陈国被吴国侵伐，陈国常常被欺凌。孔子说："回去吧，回去吧！我家乡那些年轻人生性狂傲，但是进取不忘当初的志向。"于是孔子离开了陈国。

孔子路过蒲地，正好遇上公叔氏据蒲叛卫，结果孔子被蒲人扣留了。孔子弟子中有一个叫公良孺的，自带了五辆车子跟随孔子。此人富有贤德，且很勇猛，他对老师说："从前我跟着您曾在匡地遇到危难，如今又在这里遇难，想来这是命里注定的吧。既然如此，我宁愿搏斗而死。"公良孺跟蒲人打得不可开交，蒲人害怕了，便对孔子说："如果你们不去卫国，我们就放你们走。"与孔子订立了盟约之后，便让孔子一行从东门走了。孔子于是到了卫国。子贡问道："盟约可违背吗？"孔子回答："凡是要挟之下订立的盟约，神是不会认可的。”

卫灵公听说孔子来了，很是高兴，亲自赶到郊外迎接。灵公问道：“可以讨伐蒲人吗？”孔子回答：“可以。”灵公道：“我的大夫们却认为不可以，因为现在蒲地是卫国防御晋、楚两国的屏障，卫国前去讨伐，恐怕还是不可以的吧？”孔子答道：“蒲地的男子有誓死效忠卫国的信念，妇女也有保卫西河的愿望。我们所要讨伐的，无非只是四、五个叛首而已。”灵公说：“很好。”但却未讨伐。

卫灵公年老怠政，也不起用孔子。孔子长叹了一声说：“如果有人愿意起用我，一年时间就可以治理得差不多，三年就会成效卓著。”孔子只好走了。

佛肸是中牟之地的长官。赵简子攻打范氏、中行氏，讨伐中牟。佛肸反叛，使人招请孔子来相助。孔子打算前去，子路说：“我听您说过：‘亲身做过坏事的人，君子是不会接触他的。’现在佛肸亲自在中牟反叛，您欲前往，这是为什么呢？”孔子回道：“我是说过这句话。但我也说过，坚硬的东西再磨也不会变薄的，洁白的东西再染也不会黑的。我难道是匏瓜吗，怎能总是挂着却不给人吃呢？”

一日孔子正在击磬，有个背着草筐的人从他门口经过，说道：“真是有心情啊，把磬敲得又响又急。既然没人赏识，那就算了吧！”

孔子向师襄子学习鼓琴，一连学了十天，技艺也没有什么长进。师襄子说：“可以学习新曲了。”孔子说：“我虽已熟习了这首乐曲，但尚未习得技法。”过了些日子，师襄子说：“您已经熟习技法了，可以学习新的曲子了。”孔子说：“我还没有领会此曲的意蕴。”过了些日子，师襄子又说：“您已领会此曲的意蕴了，可以学习新曲了。”孔子说：“我还没有体会出作曲者是怎样的一个人。”又过了些日子，孔子神情肃穆，默然深思，然后又怡然欣悦，显出志向高远的样子。说道：“我已知道作曲者是怎样的一个人了，他肤色黝黑，身材高大，目光深远，好像一位统治四方的王者，除了周文王又有谁能够如此呢！”师襄子听后离开席位，给孔子拜了两拜，说：“据我老师讲，这正是《文王操》呀。”

孔子在卫国得不到重用，便打算西行去见赵简子。到了黄河边，却听到窦鸣犊、舜华被杀的消息。就面对着河水叹气说道：“黄河之水太壮美了，浩浩荡荡！我孔丘不能过河，这是天命呀！”子贡趋身向前，问道：“老师您这是何意呢？”孔子说：“窦鸣犊和舜华都是晋国的贤能大夫。当初赵简子还未得志的时候，是靠着这两个人才得以执政的；现在他得志了，却杀了这二人来执掌政权。我听说过，剖腹取胎杀害幼小，麒麟就不来到近郊了；涸泽而渔，蛟龙就不来调和阴阳了；翻巢毁卵，凤凰就不愿来飞翔了。这是为什么呢？因为君子忌讳伤害他的同类。那些鸟兽对于不义之行尚知避开，何况我孔丘呢！”于是便回到陬乡休息，创作了《陬操》来哀悼窦鸣犊和舜华。随后又返回卫国，住在了蘧伯玉家里。

有一天，卫灵公向孔子问起排兵布阵之事。孔子回答道：“祭祀的事我倒曾听说过，军旅之事我未曾学过。”第二天，卫灵公与孔子谈话的时候，看见大雁飞过，就只顾抬头仰望，心思不在孔子身上。孔子于是就离开了卫国，再次前往陈国。

这年夏天，卫灵公死了，他的孙子辄立为国君，这就是卫出公。夏六月，赵鞅将卫国前太子蒯聩接到戚地。阳虎让太子蒯聩穿上孝服，又让八个人披麻戴孝，假装是从卫国来接太子回去奔丧的人。蒯聩哭着进了戚城，就在那里住了下来。冬天，蔡国迁都于州来。这一年是鲁哀公三年（前492），孔子已经六十岁了。齐国帮助卫国围困戚城，是因为卫太子蒯聩居于此地的缘故。

同年夏天，鲁国桓公、釐公的享庙起火，南宫敬叔去救火。孔子在陈国听说此事，就说："火灾一定是发生在桓公和釐公的享庙吧？"不久证实，果然如此。

这年秋天，季桓子病了，他乘着辇车望见鲁城，很有感慨地长叹一声说："从前这个国家几乎就要振兴了，因为我得罪了孔子，所以没有振兴起来。"回头看着他的嗣子季康子说："我要是死了，你一定会做鲁国的相；如果做了鲁国相，你一定要召回孔子。"过了几天，季桓子死了，季康子继承了他的职位。办完季桓子的丧事之后，康子想召回孔子。公之鱼对他说："从前我们的国君曾经任用过他，但却有始无终，最后被诸侯耻笑。现在你再任用他，如果情况也是如此，将会再次招来诸侯的耻笑。"康子问："那么召谁才好呢？"公之鱼说："一定要召冉求。"于是就派使者去召回冉求。冉求准备动身时，孔子说："这次鲁人召冉求回去，不会小用，将会大用他的。"这一天，孔子说："回去吧，回去吧！我家乡的那些年轻人志向狂简，卓有文采，我真不知道怎样教育他们才好。"子赣知道孔子想回家乡去，在送别冉求时，叮嘱他道："你要是被重用了，一定要想着把老师请回去。"

冉求离去之后，第二年，孔子从陈国迁到了蔡国。蔡昭公准备到吴国去，是吴国召他去的。从前昭公欺骗他的大臣，把国都迁到了州来，这次昭公要去吴国，大夫们担心他又要迁都，公孙翩就把蔡昭公射死了。接着，楚军侵犯蔡国。秋天，齐景公死了。

第二年，孔子从蔡国前往叶地。叶公问孔子为政的道理，孔子说："为政的道理在于招纳远方的人来到这里，使近处的人不会迁徙到别处。"另一天，叶公向子路问孔子的情况，子路不回答。孔子听说这件事后就对子路说："仲由，你为什么不回答说'他这个人呀，学习起来不知疲倦，教导人毫不厌烦，发愤学习时忘记了吃饭，快乐起来忘记了忧愁，以至于连衰老就将到来也不知道'这样的话。"

孔子离开叶地返回到蔡国。长沮、桀溺两人并肩耕田，孔子以为他们是隐士，就叫子路前去打听渡口在哪里。长沮说："那个拉着马缰的人是谁？"子路回答说："是孔丘。"长沮又问："是鲁国的孔丘吗？"子路说："是的。"长沮说："这个人知道渡口在哪儿。"桀溺又问子路："你是谁？"子路说："我是仲由。"桀溺说："你是孔丘的弟子吧？"子路说："是的。"桀溺说："天下到处动荡不安，而谁能改变这种现状呢？你与其跟随那些逃避恶人的士人，还不如跟着躲避乱世的人呢？"说完，仍耕作不止。子路把此话告诉了孔子，孔子怅然地说："我们不能居住在山林里与鸟兽同群，天下如果太平的话，我也用不着到处奔走想改变这个世道了。"

有一天，子路在路上走，遇到一位肩扛除草工具的老人。子路问他："您看见过我的老师吗？"老人说："你们这些人四肢不勤劳，五谷分辨不清，谁是你的老师啊？"说完就把拐杖竖在一旁拔草去了。事后子路把这些经过告诉了孔子，孔子说："这是位隐士。”于是再去拜访，人已经走了。

孔子迁到蔡国三年，吴国攻打陈国。楚国救援陈国，军队驻扎在城父。听说孔子住在陈国和蔡国之间，楚国便派人去礼聘孔子。孔子正要前往拜见接受聘礼，陈国、蔡国的大夫商议说：“孔子是位贤者，他所抨击讽刺的全部切中诸侯的弊病。如今长久地停留在我们陈国和蔡国之间，大夫们的所作所为都不中孔子的意。如今的楚国，是个大国，却来礼聘孔子。如果孔子被楚国重用，那么我们陈、蔡两国执政的大夫们就危险了。”于是他们就一起派了一些服劳役的人把孔子围困在野外，不能行动，粮食也断了。跟从的弟子们饿病了，站都站不起来。孔子却还在不停地给大家讲学，传播诗书礼乐。子路很生气地来见孔子：“君子也有困窘的时候吗？”孔子说：“君子在困窘面前能坚持操守不动摇，小人遇到困窘就会不加节制胡作非为了。”

子贡的脸色也变了。孔子说：“赐啊，你认为我是博学强记的人吗？”子贡回答说：“是的。难道不对吗？”孔子说：“不是的。我是用一种思想贯穿于全部知识之中的。”

孔子知道弟子们心中不满。便叫来子路问道：“《诗经》上说‘不是犀牛也不是老虎，却徘徊在旷野上’，难道是我们的学说有什么不对吗？我们为什么会落到这种地步呢？”子路说：“我想大概是我们还不够仁德吧？所以人家不信任我们；或者是我们还不够智慧吧？所以人家不放我们通行。”孔子说：“是这样吗？仲由啊，假使仁德之人必定受人信任，哪里还会有伯夷、叔齐饿死在首阳山的事呢？假使智谋之人就能畅行无阻，哪里会有王子比干被剖心的事呢？”

子路退出，子贡进来见孔子。孔子对子贡说：“赐，《诗经》

上说‘不是犀牛也不是老虎，却徘徊在旷野上’。难道是我们的学说有什么不对吗？我们为什么落到这种地步呢？”子贡说：“老师的学说博大到了极点，所以天下没有一个国家能容纳老师。老师能否稍微降低一些您的标准呢？”孔子说：“赐啊，好的农夫虽然善于耕种，却不一定有好的收获；好的工匠手艺精巧，但未必都能使人们满意。君子能研修自己的道义，像织网一样，先理出基本的脉络，再一点一点梳理清楚，但不一定被世人所接受。现在你不去研修自己的道义，反而想降格来求得容身之所。赐啊，你的志向不够远大啊。”

子贡出去之后，颜回进来见孔子。孔子说：“回啊，《诗经》说‘不是犀牛也不是老虎，却徘徊在旷野上’。我们的学说难道不对么？我们为什么会这样呢？”颜回说：“老师的学说博大到极点了，所以天下没有一个国家能容纳。即便如此，老师还是要推行自己的学说，不被天下接受又有什么可担忧的呢？不被接受，才更能显出君子的本色！一个人不研修自己的学说，那是自己的耻辱。而精心研修的学说不被人所用，那是当权者的耻辱了。不被天下接受又有什么关系呢？不被接受，才能看出谁是真正的君子！”孔子听了欣慰地笑着说：“说的是啊，颜回！假使你有钱财，我愿意给你做管家。”

于是派子贡到楚国去。楚昭王调动军队来迎接孔子，这才免除了这场灾祸。

楚昭王想把有百姓户籍的七百里土地封给孔子。楚国的令尹子西说：“大王出使各诸侯国的使臣，有像子贡这样的吗？”昭王说：“没有。”子西又问：“大王的辅佐大臣，有像颜回这样的吗？”昭王说：“没有。”子西又问：“大王的将帅，有像子路这样的吗?”昭王回答说:“没有。”子西还问:“大王的各部主事官员,有像宰予这样的吗?”昭王回答说:“没有。”子西接着说:“况且我们楚国的祖先在受周天子分封时,封号是子爵男爵,封地方圆五十里。现在孔丘讲述三皇五帝的法度,阐明周公旦、召公奭辅佐周天子的事业,大王如果任用了他,那么楚国还能世世代代保有方圆几千里的土地吗?想当年文王在丰邑、武王在镐京,只有百里之地,最终统一天下。现在如让孔丘拥有那片土地,再加上那些贤能的弟子辅佐,这不是楚国的福音啊。”楚昭王于是就打消了原来的想法。这年秋天,楚昭王死在城父。

楚国的狂人接舆有一天唱着歌走过孔子身旁说:“凤凰呀,凤凰呀,你的美德为什么衰落了呢?过去的不能再挽回,未来的还可以追得上,罢了,罢了!现在从政的人很危险啊!”孔子下了车,想和他谈谈,但他却快步走开了,孔子没能跟他说上话。

这之后孔子从楚国返回了卫国。这一年,孔子六十三岁,是鲁哀公六年(前489)。

第二年,吴国和鲁国在一个叫缯的地方会盟,吴国要求鲁国提供百牢的祭品。吴国的太宰嚭召见季康子。季康子派子贡前往交涉,然后才免除这个要求。

孔子说:“鲁国、卫国的政治,就像兄弟一样。”这个时候,卫国国君辄的父亲蒯聩没有继位做国君,流亡在外,诸侯多次以此指责他。而孔子的弟子很多在卫国做官,卫公想请孔子出来执政。子路问孔子说:“卫国国君正等着您出来执政,您打算首先做什么呢?”孔子回答说:“我一定要先端正名分!”子路说:“有这样的事吗,老师您太迂腐了!为什么要正名分呢?”孔子说:“仲由!你太鲁莽了,要知道,名分不正,说出的话来就不顺当；说话不顺当，那么事情就办不成；事情办不成，那么礼乐教化就不能兴盛；礼乐教化不兴盛，那么刑罚就不能准确适度，老百姓就不知所措。所以君子办事必须符合名分，说出来的话，一定要切实可行。君子对于他所说出来的话，毫不马虎随便才行啊。”

到了第二年，冉有为季氏统率军队，同齐国在郎这个地方作战，打败了齐国。季康子对冉有说：“您的军事才能是学习来的呢？还是天生的？”冉有回答说：“我是从孔子那里学来的。”季康子又问：“孔子是个什么样的人呢？”冉有回答说：“任用他就会有名，他的学问传播到百姓中，对质于鬼神前，都是没有缺憾的。我对于军事，即使因功而累计封到二千五百户人家，我的老师也不会动心的。”康子说：“我想召请他来，可以吗？”冉有说：“想召请他来，要是能不让小人从中阻碍，就可以了。”当时，卫国的孔文子准备攻打太叔，向孔子问计。孔子推辞说不知道，回到住处他便命令备车离开，说：“鸟能选择树木栖息，树木怎能选择鸟呢？”孔文子坚决挽留。恰好季康子派来公华、公宾、公林，带着礼物迎接孔子，孔子就回鲁国去了。

孔子离开鲁国共十四年然后又回到鲁国。

鲁哀公向孔子问为政的道理，孔子回答说：“为政重在选择大臣。”季康子也向孔子问为政的道理，孔子说：“举荐正直的人，废黜奸邪的人，那样奸邪的人也会正直起来。”季康子为盗窃之事忧虑，孔子说：“如果你自己没有贪欲，就是鼓励偷盗之事，人们也不会做。”但是鲁国最终也不能任用孔子，孔子也不谋求做官。

孔子的时代，周王室衰微，礼乐制度多被废止，《诗》、

《书》也残缺不全了。孔子追溯、探究夏、商、西周三代的礼乐制度，把《书传》的篇次重新排好，上起唐尧、虞舜之时，下至秦穆公，依照时间顺序编写历史事件。孔子说：“夏代的礼仪制度我还能讲说，只是夏的后裔杞国没有足够的资料去证实。殷商的礼仪制度我也能讲说，只是殷商的后裔宋国没有足够的资料去证实。如果文献充足，我就能用来印证了。”孔子考察了殷、夏两代对礼仪制度的增补、删减之后说：“将来即使经过百世也能知道，因为一者重视形式，一者重视内容。周代的礼仪制度借鉴了夏代和殷代，多么丰富多彩呀，我依从周代的礼仪。”所以《书传》、《礼记》都是出自孔子。

孔子对鲁国的太师说：“乐律是可以了解的。开始演奏，五音配合，乐声洪大，接下去和谐清纯，层次分明，连续不断，这就构成一部乐曲。”孔子又说：“我从卫国返回鲁国之后，就开始订正诗乐，使《雅》、《颂》都恢复了原貌。”

古代流传下来的《诗》有三千多篇，到孔子时，他把重复的删掉了，选取可用于礼义教化的。早期的选取殷始祖契、周始祖后稷时期诗歌，中期的选取叙述殷、周两代兴盛的诗歌，直到周幽王、周厉王的政治缺失。开头是叙述男女之情夫妇关系的诗篇，所以说：“《关雎》是《国风》的开始篇目，《鹿鸣》是《小雅》的第一篇；《文王》是《大雅》的第一篇；《清庙》是《颂》的第一篇。”三百零五篇诗孔子都能配乐歌唱，以求合于《韶》、《武》、《雅》、《颂》这些乐曲的音调。礼乐制度从此才得以恢复旧观而能够叙述，从而使王道完备，最后完成了六艺的编修。

孔子晚年喜欢钻研《周易》，编排了《彖》、《系》、《象》、

《说卦》、《文言》等。孔子读《周易》非常勤奋，穿书简的牛皮绳子都弄断了很多次。他还说：“如果再多给我几年时间，我对《周易》就能够充分掌握理解了。”

孔子用《诗》、《书》、《礼》、《乐》作教材教育弟子，弟子大约有三千人，其中能精通礼、乐、射、御、数、术这六种技艺的有七十二人。至于像颜浊邹那样的人，受到孔子一定的教育而又不在籍的弟子，也是很多的。

孔子教育弟子有四个方面：学问、行为、忠恕、信义。他为弟子制订四条戒律：不妄意揣测、不武断、不固执、不自以为是。他认为应当谨慎对待的是：斋戒、战争、疾病。孔子很少谈到利益与命运、利益与仁德。他教育弟子的时候，不到人家因渴求知识烦闷发急的时候，就不去启发引导他。他讲出一个道理，弟子如果不能触类旁通，举一反三，他就不再重复讲述了。

孔子在自己的家乡，谦恭得像个不善言谈的人。他在宗庙祭祀和朝廷议政这些场合，却能言善辩，然而态度又很恭谨。上朝时，他与上大夫交谈，态度和悦自然；与下大夫交谈，就显得和乐安详了。

孔子进入国君的宫门，弯着腰，非常恭谨，进门后急行而前以示谦恭。国君命他迎接宾客，孔子的神情庄重认真。国君召见他，他不等车驾备好，就急忙动身起行。

鱼不新鲜，肉变了质，或不按规矩切割，孔子都不吃。席位不正，孔子不就坐。在有丧事的人旁边吃饭，孔子从来不吃饱饭。

在一天内，哭过就不再歌唱。看见穿孝服的人和盲人，即使只是个小孩，孔子也必定改变面容以示同情。

孔子说："三个人同行，中间必有可做我老师的。"又说："不去修明道德，不去讲求学业，听到正当的道理不能前往学习，对缺点错误又不能改正，这些是我忧虑的问题。"孔子请人唱歌，要是唱得好，就请人再唱一遍，然后自己也跟着唱起来。

孔子不谈论怪异、暴力、悖乱、鬼神的事情。

子贡说："老师对《诗》、《书》、《礼》、《乐》等的讲解，我们是能听到的。老师对天道与人性、命运的见解，我们就听不到了。"颜渊感慨地长叹一声说："老师的学问我越是仰慕，越觉得它无比高远；越是钻研探讨，越觉得它坚实深厚。看见它似乎在前面，忽然间又在后面了。老师循循善诱，用典籍文章来丰富我的学识，用礼仪来规范我的言行，使我想停止学习都不可能。虽然我已经充分发挥了我的才力，也好像有所建树，但老师的学问却仍是卓然立在我的面前。虽然我也想追赶上去，但是不可能追得上啊。"达巷这个地方的人说："孔子真伟大啊，他博学多才而不是因某一方面而成名。"孔子听了这话之后说："我要专于什么呢？是专于驾车？还是专于射箭？我看还是专于驾车吧。"弟子牢说："老师曾说：'我没有被重用，所以才学会了这许多的技艺'。"

鲁哀公十四年（前481）的春天，在大野这个地方狩猎。给叔孙氏驾车的钼商猎获了一头怪兽，大家认为这是不祥之兆。孔子看了后说："这是麒麟。"就取走了它。孔子说："黄河上再不见神龙负图出现，洛水上再不见神龟负洛书出现，我也快要完啦！"颜渊死了，孔子说："这是老天要亡我了呀！"等到他西去大野狩猎见到麒麟，说："我的主张没有希望实现了！"他感慨地叹息说："没有人能了解我啊！"子贡说："为什么说没有人了解您?”孔子回答说:“我不抱怨天,也不怨恨人,通过平常的学习,理解人生的真谛,能了解我的,只有上天了吧!”

孔子说:“不降低自己的志向,不使自己的人格受到侮辱,伯夷、叔齐就是这样的人吧!”又说:“柳下惠、少连降低了自己的志向,使人格受到了侮辱。”又说:“虞仲、夷逸隐居世外不复谈论世事,行事高洁,在乱世中废己免患,合于权变之道。”又说:“我与他们不同,进亦可,退亦可。”

孔子说:“不成啊,不成啊!君子最担忧的就是死后没有留下被人们称颂的美名。我的主张不能推行,我拿什么留名后世呢?”于是就根据鲁国的史书作了《春秋》,上起鲁隐公元年,下至鲁哀公十四年,共包括鲁国十二个国君。《春秋》以鲁国为中心,以周王室为传承的正统,参照殷商制度,推而上承三代的法统。《春秋》文辞简约而旨意深远。所以吴国、楚国的国君自称为王的,在《春秋》中仍贬称为“子”爵;晋文公在践土与诸侯会盟,实际上周襄王是他召来的,而《春秋》中却避讳说“周天子到河阳巡狩”。依此类推来衡量当世的各种行为。其中蕴含的褒贬之义,是为了使后世的国君能加以实行和推广。如果《春秋》的义法通行天下,那么天下的乱臣贼子就会心存畏惧。

孔子在司寇职位上审理诉讼案件时,文辞上有应该与别人商议的地方,他从不独自决断。到了写《春秋》时就不同了,应该写的一定写上去,应当删的一定删掉,就连子夏这些长于文字的弟子也不能改动一句话。弟子们学习《春秋》的时候,孔子说:“后人将因为这部《春秋》而了解我,后人也将因为这部《春秋》而怪罪我。”

第二年,子路死在卫国。孔子病了,子贡请求看望他。孔子正拄着拐杖在门前散步，见到子贡说：“赐，你为什么来得这么晚啊？”孔子于是就叹息，随即唱道：“泰山要崩塌了！梁柱要断了，哲人要死了！”他边唱边流泪。对子贡说：“天下无道已经很久了，没有人愿意遵行我的主张。夏人死了停棺在东阶，周人死了停棺在西阶，殷人死了停棺在堂屋的两柱之间。昨天晚上我梦见自己坐在两柱之间，我原本就是殷人啊。”七天后孔子就死了。

孔子享年七十三岁，死于鲁哀公十六年（前479）四月的己丑日。

鲁哀公为他作了一篇悼词说：“老天爷不仁慈，不肯留下这位老人，使他抛弃我而去，我孤独而又伤痛。啊！多么哀伤！尼父啊，我难以自我约束了！”子贡说：“鲁君大概不能终老于鲁国了！老师曾说过：‘礼法丧失就会昏乱，名分丧失就会产生过失。一个人丧失了意志就会昏乱，失去其应处之所就会出现过错。’老师活着的时候不能任用他，死了作祭文哀悼他，这是不合礼的。作为诸侯，自称‘余一人’，是不合名分的。”

孔子被葬在鲁城北面的泗水岸边，弟子们都为他服丧三年。三年心丧完毕，大家道别离去时，都相对而哭，又各自极尽哀悼；有的就又留了下来。只有子赣在墓旁搭了一间房子住下，守墓共六年，然后才离去。孔子弟子及鲁国人，相继前往墓旁居住的有一百多家，于是就把这里命名为“孔里”。鲁国世代相传，每年都定时到孔子墓前祭拜，而各位儒生们也在孔子墓前讲习礼仪，举行乡饮、大射等活动。孔子的墓地有一顷的面积。孔子居住过的堂屋以及弟子们所居住的内室，后来就改成庙，收藏了孔子的衣服，帽子，琴、车子、书籍等，直到汉代，二百多年间没有废弃。高祖刘邦经过鲁地，用牛、羊、猪三牲俱全的太牢之礼祭祀孔子。诸侯、卿大夫、宰相一到任，常是先去拜祭孔子庙，然后才去就职。

孔子生孔鲤，字伯鱼。伯鱼享年五十岁，在孔子去世之前就死了。

伯鱼生孔伋，字子思，享年六十二岁。子思曾经受困于宋国。子思作了《中庸》。

子思生孔白，字子上，享年四十七岁。子上生了孔求，字子家，享年四十五岁。子家生孔箕，字子京，享年四十六岁。子京生孔穿，字子高，享年五十一岁。子高生孔慎，享年五十七岁，曾经做过魏国的相。

子慎生孔鲋，享年五十七岁，做过陈胜王的博士，死在陈这个地方。

鲋的弟弟叫子襄，享年五十七岁。曾经做过汉孝惠帝的博士，后被提升为长沙太守。身高九尺六寸。

子襄生孔忠，享年五十七岁。孔忠生孔武，孔武生孔延年和孔安国。孔安国做了当今皇帝的博士，官至临淮郡太守，短寿早死。孔安国生孔卬，孔卬生孔驩。

太史公说：《诗》中有这样的话："像高山一样让人敬仰，崇高的品行使人遵从。"虽然我不能达到这种境地，但是心里却十分向往。我读孔子的著作，可以想象出他的为人。路过鲁地，我看到孔子的庙堂、车辆、衣服、礼器，也看到那些读书人按时到孔子旧宅中演习礼仪的情景。我在那里留恋徘徊，不想离去。天下的君王与贤人也够多的了，活着的时候都很荣耀尊贵，可是一死就什么都没有了。孔子虽然是一介平民，但是他的学说已经传了十几世，读书的人都以他为宗师。自天子王侯以下，中原谈论六艺的人都把孔子的学说作为评判准则，孔子可说是至高无上的圣人了！

【评述】

孔子是儒家学派的创始人，在孔子的学说中就包含了清正廉洁的内容。比如孔子曾提出“仁者爱人”、“其身正，不令而行，其身不正，虽令不从”、“不义而富且贵，于我如浮云”、“放于利而行，多怨”、“见贤思齐焉，见不贤而内自省也”、“奢则不孙，俭则固。与其不孙也，宁固”等，都表现了孔子的廉政思想。

“仁”是孔子道德观的核心，是做人和从政的根本。孔子认为，为官者应当“亲亲而仁民”。孔子认为，不管是当官还是做百姓，若是决心向仁德靠拢，也就不会做坏事。他说：“富与贵，是人之所欲也，不以其道得之，不处也。贫与贱，是人之所恶也，不以其道得之，不去也。君子去仁，恶乎成名？君子无终食之间违仁，造次必于是，颠沛必于是。”（《论语·里仁》）正所谓君子爱财，取之有道，通向富贵的道路必须有仁德的保证，否则必然害人害已。

子张曾经问孔子：“何如斯可以从政矣？”子曰：“尊五美，屏四恶，斯可以从政矣。”子张曰：“何谓五美？”子曰：“君子惠而不费，劳而不怨，欲而不贪，泰而不骄，威而不猛。”子张曰：“何谓惠而不费？”子曰：“因民之所利而利之，斯不亦惠而不费乎？择可劳而劳之，又谁怨？欲仁而得仁，又焉贪？君子无众寡，无大小，无敢慢，斯不亦泰而不骄乎？君子正其衣冠，尊其瞻视，俨然人望而畏之，斯不亦威而不猛乎？”子张曰：“何谓四恶？”子曰：“不教而杀谓之虐；不戒视成谓之暴；慢令致期谓之贼；犹之与人也，出纳之吝谓之有司。”（《论语·尧曰》）孔子认为，从政者应该施惠于人民，自己却不耗费；使百姓劳作，大家都很信服而不怨恨；自己有追求却不贪污受贿；泰然自若不骄傲；有威严却不残暴。凡百姓能得到好处的便使他们得到，一心追求仁德，衣冠整齐，目不斜视，自然会使人望而生畏。为官者宽厚就会得到众人的拥护，勤快就会有功绩，公平就会使百姓高兴。

孔子的廉政思想，对于我们今天廉洁从政、执法为民，仍具有十分重要的意义。作为孔子思想教育下的后人，我们应当珍惜历史，继承传统，把孔子的廉政思想不断发扬光大，清廉执政，宽以待民，努力树立和维护人民政权为人民的良好形象。

（张珊珊注译　肖刚评述）

魏献子

【原文】

冬，梗阳人有狱，魏戊不能断，以狱上。其大宗[1]赂以女乐，魏子将受之。魏戊谓阎没、女宽曰："主以不贿闻于诸侯，若受梗阳人，贿莫甚焉。吾子必谏。"皆许诺。退朝，待于庭。馈入，召之。比置，三叹。既食，使坐。魏子曰："吾闻诸伯叔，谚曰：'唯食忘忧。'吾子置食之间三叹，何也？"同辞而对曰："或赐二小人酒，不夕食。馈之始至，恐其不足，是以叹。中置，自咎曰：'岂将军食之，而有不足？'是以再叹。及馈之毕，愿以小人之腹为君子之心，属餍而已。"献子辞梗阳人。

选自《左传·昭公二十八年》

【注释】

①大宗：中国古代宗法社会以嫡系长房为"大宗"，其余诸子为"小宗"。

【译文】

冬天，梗阳有人来大夫魏戊处打官司，魏戊判不了这个案子，就把它交给他的父亲——时任晋国上卿的魏献子。诉讼一方的大宗为了打赢官司，就奉上歌女给魏献子，魏献子打算收下。对此情况，魏戊对晋大夫阎没、女宽说："我父亲以不收贿赂闻名于诸侯。如果他收下梗阳人的歌女，这将是莫大的贿赂啊。请你们一定要劝谏我的父亲。"阎没、女宽答应了魏戊的请求。退朝后，阎没、女宽就在庭中候着魏献子。厨房将饭送来了，魏献子请他们一起用餐。到菜上完，他们二人先后叹息了三次。他们吃完饭，魏献子请他俩坐下，不解地问："我听长辈说过一句谚语：'只有吃东西时可以忘记忧愁。'可你们在上菜时叹息了三次，这是为什么呀？"二人异口同声地答道："有人请我们喝酒，但没有吃晚饭，所以我们一直饿着肚子。刚才食物刚拿上来的时候，我们怕不够吃，因此叹息一次。饭菜上了一半时，我们自责道：'魏将军请我们吃饭，哪有不够吃的道理？'因此又叹息一次。等到饭菜都上齐了，我们便决定拿小人的肚子来衡量大人您的心，正好吃饱就行了，再好的东西都不想要了。"魏献子听了，明白了他俩的意思，就拒绝了梗阳人的歌女。

【评述】

魏献子是春秋时期晋国著名的军事家、政治家。魏献子执政六年，尽展才华，奠定了魏国在三家分晋中的基础。魏献子身居高位，极为珍视自己的名誉。但有一次，他竟然收受诉讼一方的女乐。此时，魏献子之子魏戊利用手下人员巧妙规谏。魏献子幡然大悟，拒绝了女乐。魏献子知错即改，从善如流，依然可亲可敬。

（徐云平注译　柳森评述）

晏 子

【原文】

晏平仲婴者，莱之夷维人也。事齐灵公、庄公、景公，以节俭力行重于齐。既相齐，食不重肉，妾不衣帛。其在朝，君语及之，即危言；语不及之，即危行。国有道，即顺命；无道，即衡命。以此三世显名于诸侯。

越石父贤，在缧绁[①]中。晏子出，遭之途，解左骖赎之，载归。弗谢，入闺。久之，越石父请绝。晏子戄然，摄衣冠谢曰："婴虽不仁，免子于厄，何子求绝之速也?"石父曰："不然。吾闻君子诎于不知己而信于知己者。方吾在缧绁中，彼不知我也。夫子既已感寤而赎我，是知己；知己而无礼，固不如在缧绁之中。"晏子于是延入为上客。

晏子为齐相，出，其御之妻从门间而窥其夫。其夫为相御，拥大盖，策驷马，意气扬扬，甚自得也。既而归，其妻请去。夫问其故。妻曰："晏子长不满六尺，身相齐国，名显诸侯。今者妾观其出，志念深矣，常有以自下者。今子长八尺，乃为人仆御，然子之意自以为足，妾是以求去也。”其后夫自抑损。晏子怪而问之，御以实对。晏子荐以为大夫。

选自《史记》卷六十二《晏子传》

景公之时，霖雨十有七日。公饮酒，日夜相继。晏子请发粟于民，三请，不见许。公命柏遽巡国，致能歌者。晏子闻之，不说，遂分家粟于氓，致任器于陌，徒行见公曰：“十有七日矣！怀宝乡有数十，饥氓里有数家，百姓老弱冻寒不得短褐，饥饿不得糟糠，敝撤无走，四顾无告。而君不恤，日夜饮酒，令国致乐不已，马食府粟，狗餍刍豢，三保之妾，俱足粱肉。狗马保妾，不已厚乎？民氓百姓，不亦薄乎？故里穷而无告，无乐有上矣；饥饿而无告，无乐有君矣。婴奉数之策，以随百官之吏，民饥饿穷约而无告，使上淫湎失本而不恤，婴之罪大矣。”再拜稽首，请身而去，遂走而出。

公从之，兼于涂而不能逮，令趣驾追晏子，其家，不及。粟米尽于氓，任器存于陌，公驱及之康内。公下车从晏子曰：“寡人有罪，夫子倍弃不援，寡人不足以有约也，夫子不顾社稷百姓乎？愿夫子之幸存寡人，寡人请奉齐国之粟米财货，委之百姓，多寡轻重，惟夫子之令。”遂拜于途。晏子乃返，命禀巡氓，家有布缕之本而绝食者，使有终月之委；绝本之家，使有期年之食，无委积之氓，与之薪橑，使足以毕霖雨。令柏巡氓，家室不能御者，予之金；巡求氓寡用财乏者，死三日而毕，后者若不用令之罪。公出舍，损肉撤酒，马不食府粟，狗不食饦肉②，辟拂③嗛齐，酒徒减赐。三日，吏告毕上：贫氓万七千家，用粟九十七万钟，薪橑万三千乘；怀宝二千七百家，用金三千。公然后就内退食，琴瑟不张，钟鼓不陈。晏子请左右与可令歌舞足以留思虞者退之，辟拂三千，谢于下陈，人待三，士待四，出之关外也。

选自《晏子春秋·内篇谏上第一》

【注释】

①缧绁（léi xiè）：拘系犯人的绳索，引申为牢狱。

②饦（zhān）：同“饘”，稠粥，或煮粥、吃粥。

③辟拂：辟，通“弼”，“辟拂”犹“辅拂”，指侍御之幸臣。亦说此指舞者。

【译文】

晏子，字平仲，名婴，莱地夷维人。他曾服侍过齐灵公、齐庄公和齐景公。他为人节俭，注意以身作则，因此很受齐国人的敬重。他做了齐国宰相之后，吃饭时也从不会多到两个肉菜，姬妾们也不穿丝绸衣服。他上朝议政的时候，国君谈到的事，他会直言无忌；国君没有谈到的事，他会秉公而行。国家有法度，他会顺理而行；国家没有法度，他就会权衡形势，采取相应措施。因此他能连仕三朝，名声传扬于诸侯各国。

越石父这个人贤能，但陷于牢狱，被缚服役。晏子出行时，在路上碰到他，便用车乘左边的马给他赎身，并载他回府。晏子到家后没有向越石父打招呼，就走进了内室，过了很久没出来，越石父就向晏子提出绝交，晏子十分诧异，整理好衣帽谢罪说："我晏婴虽算不上善良宽厚，但把你从困境中解救出来，为什么你这么快就要和我绝交呢？"石父说："不是这样的。一个人在不了解自己的人面前受委屈不足为怪，在了解自己的人的面前就应当受到尊重。当我被陷在牢狱中的时候，那些人是不了解我。您既然已经知道我的为人并且赎出了我，就是了解我；既是了解我却不能以礼相待，那我还不如在牢狱之中。"晏子于是请他进府做了上宾。

晏子做齐相的时候，有一次出门，他车夫的妻子从门缝里偷看她的丈夫，看到她的丈夫倚靠着车上的伞柱，挥鞭策马，洋洋自得，看起来非常知足。回家后，他的妻子请求离开他。丈夫问她原因，妻子说："晏子身高不到六尺，却担任了齐国的宰相，名声传扬于诸侯之间。今天我看他出门，见他志向信念深藏不露，总是态度谦和的样子。你身高八尺，却做了人家的仆役，而你却自感满足、得意洋洋。我因此请求离开你。"自此之后，这个车夫便自觉地控制自己，处处表现得很谦逊。晏子感到奇怪，便去问车夫，车夫如实地回答了缘由，晏子就推荐他做了大夫。

齐景公时，雨连续下了十七天。景公却只知夜以继日地饮酒作乐。晏子请求向百姓发放粮食救灾，多次请求，都没有得到景公的许可。景公命令柏遽到全国巡视，寻找善于歌唱的人。晏子听说了这件事，很不高兴，于是就把自己封邑里的粮食分给百姓，把装粮食的器具放在路旁，自己步行去见景公，说："大雨接连下了十七天了。房屋毁坏的有几十处，饥民每个闾里都有好几家，百姓中年老体弱的，挨冷受冻，连御寒的粗布短衣都没有，忍饥挨饿却没有糟糠充饥，处境艰难无路可走，四处顾盼，没有寻求援助的地方。可是您非但不加体恤，日夜饮酒，还不断地命令全国选送能歌善舞的人。宫中的马吃着府库里的粮食，猎狗被过分地宠养，甚至仆人都有充足的好米和肉食。如此对待狗马仆人，不是太优厚了吗？如此对待百姓，不是太刻薄了吗？闾里处于困境的百姓无处求告，就会对国君不满意；饥饿而无法求助，也会不喜欢这样的国君。晏婴我拿着记事的簿册，跟随在百官之后供职，却让百姓如此饥饿穷困而无处申告，让君王沉湎于享乐却不体恤百姓，我的罪过就大了。"说完行了两次跪拜礼后，请求辞官归去，然后快步出宫。

景公跟随晏子而出，加倍赶路也没追上。于是命令驾车追到晏子家中，还没赶上他。只见他家的粮食都给百姓分光了，装粮食的器具都摆在道路上。景公驾车在大路上终于追上了他。景公下车对晏子说："我有罪过，您舍弃我不管，我不值得您屈尊留下，但您也不顾国家百姓吗？希望您顾念我留下来。请允许我拿齐国的粮食财物交给百姓，拿多拿少全听您的吩咐。"说完就在路上向晏子拜谢。晏子于是回来继续任职。晏子命令主管粮仓的官员巡视查访百姓家，家中有农桑种子而没有粮食吃的，发给他们足够一个月吃的粮食；家中连种子都没有的，发给他们足够一年吃的粮食；没有储备柴火的人家，就给他提供柴火，让他们有足够的柴火渡过连日阴雨的难关。他让柏遽巡查访问百姓的家，发现房屋不能抵挡风雨的，就发给金钱。视察寻找缺乏生活费用的百姓，限三天内办理完毕。超过三天，就是巡查官员玩忽职守，应当治罪。景公不住在宫室，减少酒肉的供应，不再让马匹吃府库里的粮食，猎狗不再吃肉粥，削减歌舞姬妾的待遇，减少对酒徒的赏赐。三天后，官吏巡访后回来向景公汇报：贫民有一万七千家，分发粮食九十七万钟，柴薪发放了有一万三千车；毁坏房室的二千七百家，共分发抚恤金三千金。景公这才搬回宫中居住，节省饮食，不弹奏琴瑟，不击钟鼓。晏子请求将左右近臣和那些景公身边靠歌舞愉悦的人离开宫室，于是三千名歌舞伎人也被从后宫斥退，姬妾三人，近臣四人，也被遣送出宫门之外。

【评述】

晏子的为人，有口皆碑。

晏子崇尚礼乐。齐景公与诸大夫饮酒，要大家不拘礼，晏子当即指出："凡人之所以贵于禽兽者，以有礼也。故《诗》曰：'人而无礼，胡不遄死？'礼不可无也。"（《晏子春秋内篇·谏上第二》）

晏子也特别强调"仁义"。他说："安仁义而乐利世者，能服天下。""倍仁义而贪名实者，不能服天下。"（《晏子春秋内篇·问上第二》）因此，遇到灾荒，齐景公不救灾，他就将自家的粮食分给灾民，然后谏君赈灾。晏子外交，也主张与邻国和平共处。齐景公将伐宋国，他劝景公毋"伐无罪之国"，如果一意孤行，"军必有殃"。齐景公不听，齐军果然损兵折将）（《晏子春秋内篇·谏上第二十二》）景公要攻打晋国，晏子规劝而无效后，便“辞不为臣，退而处穷。”（晏子春秋《内篇·问上第二》），等等。

晏子崇尚俭朴。他“节其衣服饮食之养，以先齐国之人，然犹恐其侈靡而不顾其行也”（《说苑·臣术》）。他吃“脱粟之食”、“五卵、苔菜”，穿“十升之布”，上朝策驽马，住“近市湫隘嚣尘，不可以居”之室（《晏子春秋内篇·杂下第六》）。而且对齐景公的奢侈进行规劝。齐景公听新乐不上朝，晏子命令宗祝修礼而拘禁歌人虞。齐景公在晏子家饮酒，要用全新的酒器，晏子不同意，说：“国君和大臣自得其乐，却要老百姓出钱，这是独自享乐，不可以！”（《晏子春秋内篇·杂上第十四》）景公欲厚葬佞臣梁丘据，晏子劝阻。齐景公要鲁国工匠给自己做了一双鞋子，用黄金做鞋带，白银做装饰，连缀着珍珠，鞋头上还嵌有美玉，晏子规劝后，景公便不再穿了（《晏子春秋内篇·谏下第二》），等等。

晏子一生，清白做人。他主张“廉者，政之本也；让者，德之主也”（《晏子春秋内篇·杂下第六》）。他管理国家秉公无私，亲友僚属有求于他，他于合法者办，不法者拒。他从不接受礼物（大到赏邑、住房，小到车马、衣服等），还时常把自己的俸禄送给亲戚朋友和劳苦百姓。

晏子对后世政治家产生了深远的影响。太史公司马迁愿为之执鞭为仆，而这在《史记》的人物中，仅晏子一人而已。西汉刘向《晏子春秋叙录》也把晏子和管子相提并论。至今，人们仍为晏子的优秀事迹而津津乐道。

（刘杨注译　罗瑛评述）

公仪休

【原文】

公仪休者，鲁博士[①]也。以高弟为鲁相。奉法循理，无所变更，百官自正。使食禄者不得与下民争利，受大者不得取小。

客有遗相鱼者，相不受。客曰：“闻君嗜鱼，遗君鱼，何故不受也?”相曰：“以嗜鱼，故不受也。今为相，能自给鱼；今受鱼而免，谁复给我鱼者？吾故不受也。”

食茹而美，拔其园葵而弃之。见其家织布好，而疾出其家妇，燔其机，云：“欲令农士工女安所雠其货乎?”

选自《史记》卷一百十九《公仪休传》

【注释】

①博士：古代学官名。最早见于春秋战国时期。

【译文】

公仪休是鲁国的博士。因德才兼优被提拔为鲁国的相国。做相国以后，他遵奉法度，按原则行事，丝毫不改变规则，因此百官的品行自然端正。他命令为官者不许和百姓争夺利益，做大官的不许占小便宜。

有人给他送鱼，他不肯接受。送鱼的人问道："我听说您非常喜欢吃鱼，可我送来了，您为什么不要?"公仪休回答说："正因为我喜欢吃鱼，才不收你的鱼。我现在做宰相，还能买得起鱼，要是我因收了你的鱼而蒙难，谁还愿意给我送鱼？所以，我是万万不接受的。"

公仪休发现自家菜园里的蔬菜味道好，就马上把它们拔出来扔掉了。他看见自家织的布质量很好，就迅速休了他的妻子，还烧掉了织布机。他说："不这样的话，让农民和织妇如何卖出他们的产品?"

【评述】

战国时期鲁国丞相公仪休"嗜鱼而不受鱼"的故事，被《史记》、《说苑》等多部古书记载，千百年来为人们所传颂。因为少些物欲会使精神富有，看薄名利能增强心理承受能力，不计较个人得失能心态平和。若总患得患失而不惜手段去捞钱，必然引火烧身。贪欲是把一个人推向人生不归路的"助推器"。

（刘杨注译　窦红玉评述）

西门豹

【原文】

魏文侯时，西门豹为邺令。豹往到邺，会长老，问之民所疾苦。长老曰：“苦为河伯娶妇，以故贫。”豹问其故，对曰：“邺三老①、廷掾②常岁赋敛百姓，收取其钱得数百万，用其二三十万为河伯娶妇，与祝巫共分其余钱持归。当其时，巫行视小家女好者，云是当为河伯妇。即娉取。洗沐之，为治新缯③绮縠④衣，闲居斋戒；为治斋宫河上，张缇⑤绛帷，女居其中，为具牛酒饭食，（行）十余日。共粉饰之，如嫁女床席，令女居其上，浮之河中。始浮，行数十里乃没。其人家有好女者，恐大巫祝为河伯取之，以故多持女远逃亡。以故城中益空无人，又困贫，所从来久远矣。民人俗语曰：‘即不为河伯娶妇，水来漂没，溺其人民’云。”西门豹曰：“至为河伯娶妇时，愿三老、巫祝、父老送女河上，幸来告语之，吾亦往送女。”皆曰：“诺。”

至其时，西门豹往会之河上。三老、官属、豪长者、里父老皆会，以人民往观之者三二千人。其巫，老女子也，已年七十。从弟子女十人所，皆衣缯单衣，立大巫后。西门豹曰："呼河伯妇来，视其好丑。"即将女出帷中，来至前。豹视之，顾谓三老、巫祝、父老曰："是女子不好，烦大巫妪为入报河伯，得更求好女，后日送之。"即使吏卒共抱大巫妪投之河中。有顷，曰："巫妪何久也？弟子趣之！"复以弟子一人投河中。有顷，曰："弟子何久也？复使一人趣之！"复投一弟子河中。凡投三弟子。西门豹曰："巫妪弟子是女子也，不能白事。烦三老为入白之。"复投三老河中。西门豹簪笔磬折，向河立待良久。长老、吏傍观者皆惊恐。西门豹曰："巫妪、三老不来还，奈之何？"欲复使廷掾与豪长者一人入趣之。皆叩头，叩头且破，额血流地，色如死灰。西门豹曰："诺，且留待之须臾。"须臾，豹曰："廷掾起矣。状河伯留客之久，若皆罢去归矣。"邺吏民大惊恐，从是以后，不敢复言为河伯娶妇。

西门豹即发民凿十二渠，引河水灌民田，田皆溉。当其时，民治渠少烦苦，不欲也。豹曰："民可以乐成，不可与虑始。今父老子弟虽患苦我，然百岁后期令父老子孙思我言。"至今皆得水利，民人以给足富。十二渠经绝驰道，到汉之立，而长吏以为十二渠桥绝驰道，相比近，不可。欲合渠水，且至驰道合三渠为一桥。邺民人父老不肯听长吏，以为西门君所为也，贤君之法式不可吏也。长吏终听置之。故西门豹为邺令，名闻天下，泽流后世，无绝已时，几可谓非贤大夫哉！

选自《史记》卷一百二十六《西门豹传》

【注释】

①三老：官名。掌教化。

②廷掾（yuàn）：官名。县令的属吏。

③缯（zēng）：丝织品的总称。

④縠（hú）：古称质地轻薄纤细透亮、表面起皱的平纹丝织物为縠。

⑤缇（tí）：橘红色的丝织物。

【译文】

魏文侯时，西门豹担任邺县令。西门豹一到邺县，就召集地方上德高望重的人，询问人民的疾苦。长老们都反映："我们被给河伯娶媳妇弄得苦不堪言，因此民穷财尽。"西门豹问其原因，他们说："邺城的三老、廷掾每年要向我们搜刮几百万钱财，可他们只用其中的二三十万来为河伯娶媳妇，其余的钱就和巫婆瓜分了。到河伯娶媳妇时，女巫婆挨家挨户去看，看到小户人家的漂亮女孩，就说'这个姑娘适合作河伯的媳妇'。然后就下聘礼，把人强行抢走。女孩被抢走后，巫婆给她洗澡，做新丝绸花衣，让她独自居住并沐浴斋戒；又在黄河边上给她建斋戒用的房子，房里挂起橙色和大红色的帷帐，让她住在那里面，并备办牛肉酒食。这样几天后，大家又一起打扮那个女孩，像嫁女一样铺床枕席，让这个姑娘坐在床上，然后漂到河中。开始，床在水上漂浮着，漂几十里路后便沉了，女孩就淹死了。那些有漂亮女儿的家庭，因担心老巫婆给河伯‘娶’走女儿，大多带着女儿远走他乡了。所以这里的人烟就越来越稀少，也更加贫穷了。这一恶劣风俗沿袭已久，听说如不给河伯娶媳妇，就会洪水泛滥，淹没房屋财产，把人都淹死’。”西门豹说：“到了给河伯娶媳妇的那一天，请操办这事的三老、巫祝、父老都到河边去给新娘送行。也请你们来告诉我，我也要送这个姑娘。”大家都说：“好。”

到了给河伯娶媳妇的日子，西门豹准时赶到。三老、官吏、地方豪强、乡里父老也都来了，来看热闹老百姓也有两三千人。那个女巫是个70岁的老太婆，后面跟着十来个身穿丝绸祭祀礼服的女徒弟。西门豹说：“把河伯的媳妇叫过来，我看看是否漂亮。”巫婆马上从帷帐扶出那个女孩，来到西门豹面前。西门豹看了看这个姑娘，回头对三老、巫祝、父老们说：“这个女孩不漂亮，麻烦大巫婆入河中替我报告河伯，若找到了更漂亮的姑娘，过几天就送到。”说完，他就叫差役们将老巫婆投到河里。过了一会儿，西门豹说：“老巫婆怎么还不回来？叫她徒弟去催一催！”又把她的一个弟子投到河中。又过了一会儿，说：“这个弟子怎么也去了这么久？再派一个徒弟去催！”又把一个弟子抛到河中。西门豹总共将三个弟子抛到河里。西门豹说：“巫婆和她的弟子都是女人，不知道报告事情。还请三老去说清楚吧。”又把三老抛到河中。西门豹头上插着一支笔簪，弯着腰，恭恭敬敬地向黄河站着，等了很久。长老、官吏和旁边看热闹的人都很害怕。西门豹回过头来说："巫婆、三老都不回来，怎么办？"他想再派一个廷掾和豪强到河里去催他们。可这些人都吓得跪在地上叩头，把头都叩破了，额头上的血流到地上，面如死灰。西门豹说："好了，再等他们一会儿。"过了一会儿，西门豹说："廷掾起来吧。看来河伯要留客很久，你们先回家去。"邺城官吏和老百姓都非常惊恐，从此以后再也不敢说为河伯娶媳妇了。

接着，西门豹征发当地人开挖了十二条渠道，引黄河水来灌溉，农田都得到了灌溉。在开渠的时候，一些人感到厌烦劳累，不愿意干。对此，西门豹说："老百姓可以和他们共同为成功而快乐，不可以和他们一起考虑事情的开始。现在乡亲们虽然都埋怨我添麻烦，但百年以后他们一定会思念我的，一定会想起我今天的话。"直到现在，邺县还受益于这些水利工程，人们丰衣足食。到西汉时，地方官以为这十二条横穿御道的渠道，它们的桥梁截断了御道，因它们彼此相距不远，就想把十二条渠道合并起来，即在渠水快流到驰道时，把三条渠道合在一起，再架一座桥。可邺地的老百姓不同意这种意见，认为那些渠道是西门豹先生设计的，前贤的规划不能更改。地方官最终听取了老百姓的意见。所以，西门豹做邺县令，名闻天下，泽被后世。难道能说他不是一个贤大夫吗！

【评述】

西门豹是战国时期著名的政治家。他曾跟随乐毅的先祖乐羊出征中山国，因英勇善战，屡建奇功，而深得魏文侯器重。三家分晋以后，魏国得到一块新土地邺地（今河北临漳县邺镇附近，西边是韩国上党，北边是赵国邯郸），这块土地是魏国向太行山以东发展的跳板，是军事要地。为治理这个地方，魏文侯任命精明强干、体恤百姓的西门豹为邺令。

西门豹到邺地后，见到田地荒芜、人烟稀少、人民穷困，便以眼还眼、以牙还牙，惩治了灭绝人性的巫婆和邺地官员，并率领当地人民开渠引水（至一千多年后的唐肃宗时仍在发挥着作用），灌溉田地，使邺地恢复了正常的社会秩序，离乡背井的人民也重返家园，邺地又出现了昔日的繁荣。据说西门豹在发展农业生产的同时，还实行寓兵于农、藏粮于民的政策，很快使邺城成为魏国的东北重镇。西门豹除暴，在中国历史上谱写了一曲无惧无畏的正气之歌。

豫剧电影《七品芝麻官》有句台词："当官不为民做主，不如回家卖红薯。"意思是说，身处官位，凡事就要替人民考虑，万事就得为人民做主，如果做不到这一点，就要主动让贤。西门豹下车伊始，便"铁肩担道义"（明杨继盛语），义无反顾地"替人民做主"，挽回了颓废的世风，维护了人民的利益，他本人也达到了为官的最高境界，可谓好官矣。

西门豹的优秀事迹，千百年来被人民颂扬不息。南北朝时北周著名诗人庾信曾写诗赞美他，说："君子为利博，达人树德深。苹藻由斯荐，樵苏幸未侵。恭闻正臣祀，良识佩韦心。容范虽年代，徽猷若可寻。菊花随酒馥，槐影向窗临。鹤飞疑逐舞，鱼惊似听琴。漳流鸣磴石，铜雀影秋林。"（《西门豹庙诗》）明代作家冯梦龙也称赞说："河伯何曾见娶妻，愚民无知被巫欺。一从贤令除疑网，女子安眠不受亏。"（《东周列国志》）西门豹死后，邺地人民在其治水的地方兴建了西门豹大夫庙和投巫池。

宋、明、清时，又专门为他树立碑碣。今天，河北临漳的西门子渠，正是西门豹治邺功绩和人民对他崇敬与感念的不朽见证。

（刘杨注译　窦红玉评述）

田稷母

【原文】

齐田稷[1]母，齐田稷子之母也。田稷子相齐，受下吏之货金百镒，以遗其母。母曰：“子为相三年矣，禄未尝多若此也，岂修士大夫之费哉！安所得此?”对曰：“诚受之于下。”其母曰：“吾闻士修身洁行，不为苟得。竭情尽实，不行诈伪。非义之事，不计于心。非理之利，不入于家。言行若一，情貌相副。今君设官以待子，厚禄以奉子，言行则可以报君。夫为人臣而事其君，犹为人子而事其父也。尽力竭能，忠信不欺，务在效忠，必死奉命，廉洁公正，故遂而无患。今子反是，远忠矣。夫为人臣不忠，是为人子不孝也。不义之财，非吾有也。不孝之子，非吾子也。子起。”田稷子惭而出，反其金，自归罪于宣王，请就诛焉。宣王闻之，大赏其母之义，遂舍稷子之罪，复其相位，而以公金赐母。君子谓，稷母廉而有化。诗曰：“彼君子兮，不素飧[2]兮。”无功而食禄，不为也，况于受金乎!

颂曰：田稷之母，廉洁正直，责子受金，以为不德，忠孝之事，尽财竭力，君子受禄，终不素食。

选自《列女传》卷一《母仪传·齐田稷母》

【注释】

①田稷：战国时期齐宣王的丞相。

②飧：晚饭，亦泛指熟食、饭食。

【译文】

齐田稷母，是齐国宰相田稷的母亲。田稷为齐相，收了下属送的百镒黄金，并把它送给了母亲。母亲说："你当宰相已经三年了，从来没有今天这么多的俸禄，是拿了其他官员的吧！不然，哪有这么多?"田稷老实回答："确实是收自下面官员的。"母亲听后说："我只听说士人要修身洁行，不能随便拿人家的东西。做事要真心真意，实事求是，不义之事不萦于心，不义之财也不入家门。做人就是要言行一致，表里如一。今天国君给你高官厚禄，你应该在言行上报答国家。臣子对待君主，要像儿子对待父亲一样毕恭毕敬。唯有尽忠竭力，不辱君命，才不会大祸临头。而你却不然，远离忠诚。为臣不忠，就是为子不孝。不义之财，非我所有；不孝之子，亦非我儿。你起来吧！"田稷惭愧地从母亲房间出来，立即将钱退回，还主动向齐宣王认罪，请求惩罚自己。齐宣王听闻之后，对他母亲的深明大义极为赞赏，于是不但赦免了田稷的罪过，恢复他的宰相职位，而且从国库里拿出钱来奖赏他的母亲。君子们称赞道：田稷母亲为人清廉，且善于教育。《诗经》说："那些君子，不白吃饭呵！"无功不受禄，更何况接受别人的钱呢?

有人作颂说：田稷之母，廉洁正直。斥儿受钱为不道，尽心教子要忠孝。君子受禄，岂能素餐！

【评述】

田稷贵为齐国丞相，居然收受部下贿赂。他的母亲深明大义，从为士、为人臣、为人子等三个角度，严厉批评了他的受贿行为，使他悬崖勒马，退赃请罪。田稷母亲深明大义，田稷言听计从，为家庭反腐做出了千古表率。

家庭是一个休戚相关、荣辱与共的共同体。家庭反腐，就是在家庭成员之间进行反对腐败的斗争，即在家庭成员之间用动之以情、晓之以理的教育方式，杜绝腐败，营造清正廉洁的家庭氛围。而我国有"亲亲相隐"的道德传统。田稷母却反其道而行之，将个人前途及家族荣辱与国家利益紧密地联系起来，其中又以国家利益为重，从而要田稷以清正廉洁为先，率先垂范，实属不易。

（刘杨注译　柳森评述）

孟　子

【原文】

孟轲，驺①人也。受业子思②之门人。道既通，游事齐宣王，宣王不能用。适梁，梁惠王不果所言，则见以为迂远而阔于事情。当是之时，秦用商君，富国强兵；楚、魏用吴起③，战胜弱敌；齐威王、宣王用孙子④、田忌⑤之徒，而诸侯东面朝齐。天下方务于合从连衡⑥，以攻伐为贤，而孟轲乃述唐、虞、三代之德，是以所如者不合。退而与万章⑦之徒序《诗》《书》，述仲尼之意，作《孟子》七篇。其后有驺子之属。

选自《史记》卷七十四《孟子荀卿列传》

【注释】

①驺：今山东邹县东南。

②子思：战国初期伦理思想家，名伋，字子思，孔鲤之子、孔子之孙。鲁国陬邑（今山东曲阜）人。相传曾受业于曾参，

《小戴礼记》中的《中庸》篇大部分及《表记》、《坊记》诸篇都为子思所作。《汉书·艺文志》著录《子思》二十三篇，已佚。

③吴起：战国初期卫国左氏（今山东曹县北）人，著名军事家和政治改革家，相传著有《吴起兵法》。

④孙子：名武，字长卿，齐国人。春秋末期著名的军事家，生卒年月不可考，约生于公元前5世纪下半叶，与孔子同时。孙武著有军事名著《孙子兵法》，这也是我国现存最早的兵书。

⑤田忌：又叫田期、田期思。战国初期齐国将领。封于徐州（今山东滕县南），又称徐州子期。周显王十六年（前353），他和孙膑率军在桂陵战败魏军。二十八年（前341），又和孙膑率军在马陵战役中，全歼魏军十万，生擒魏国大将庞涓。

⑥合从连衡：从，今作“纵”。战国时已成秦强众弱之局，为适应当时内政外交需要，遂有纵横家出，分为两派：一派主张合纵，以苏秦为代表；一派主张连横，以张仪为代表。合纵是指联合燕、赵、韩、魏、齐、楚六国力量，以抗拒秦国的兼并。因六国呈南北走向，故称为合纵。连横是为破合纵而提出的对策，指以秦国为轴心，秦与六国分别媾和，以达到各个击破的目的。后世以“合纵连横”一语表示结成军事联盟。

⑦万章：战国时齐国人。孟子弟子。曾随孟子出游，后从孟子居邹，整理《诗经》、《尚书》，并作《孟子》七章，其一曰《万章》，记载与孟子问答之事。

【译文】

孟轲，邹国人，曾跟着子思的弟子学习。通晓儒家之道以后，孟子便去游说齐宣王，但齐宣王没有任用他。于是他又来到魏国，然而梁惠王也不认可他的主张，认为他的主张不切实情，远离实际。当时，各诸侯国都在实行变革：秦国任用商鞅，实现了富国强兵；楚国、魏国任用吴起，战胜了一些国家，削弱了强敌；齐威王和宣王任用孙武、田忌等人，国力日渐强盛，各诸侯国都东来朝拜齐国。各诸侯国正致力于“合纵连横”的攻伐谋略，把能攻善伐看作贤能，孟子却称颂唐尧、虞舜以及夏、商、周三代的德政，因此他的学说与游说之国的需要都不符合。于是孟子就回到家乡与万章等人整理《诗经》、《书经》，阐发孔子的思想学说，写成《孟子》七篇。在他之后，出现了学者驺子等人。

【评述】

孟子是战国时期著名的思想家、政治家和教育家，被认为是孔子学说的开创性继承者。孟子继承和发展了孔子的“仁”与“德治”思想，创造性地提出了以“民贵君轻”为中心的“民本”政治学说，并形成了一套完整的“仁政”思想体系。

孟子曰：“民为贵，社稷次之，君为轻。”孟子从天下治乱和国家兴衰的角度出发，认为民是国家之基础与根本，民比君更加重要。这一具有民本主义色彩的言辞，是孟子仁政学说的核心，对后世的执政者和思想家们有着极大的影响。孟子根据自己对战国时期各国治乱兴衰的详细观察，认为统治者能否得天下、进而保天下，关键在于能否得到人民的爱戴与拥护。应该说，“民贵君轻”的政治理论，指明了封建君主权力运行的限制性因素，在封建专制集权体制国家的日常管理过程中，这一理论旨在引导执政者充分重视民心向背，并有限度地控制个人不良欲望尤其是贪欲，从而在历朝历代的倡廉肃贪过程中发挥了一定的积极作用。

孟子曰："富贵不能淫，贫贱不能移，威武不能屈，此之谓大丈夫。"意思是说，富贵不能使一个人心生惑乱，贫贱不能使他的节操嬗变，威武不能使他的意志屈服，这样的人才称得上"大丈夫"。由此，在劝诫封建统治者要重视和爱护人民的同时，孟子提出了统治者应该清心寡欲的自律思想。孟子主张为政者要在廉政方面身先士卒，注意提高自身思想道德修养，积极抵制不正当的物质诱惑，着力排除众多感官物累，从而保持高尚道德节操，做到清白做人、廉洁从政。

尽管历经两千多年，但孟子的一系列廉政名言与思想依然掷地有声、熠熠生辉，在我国的社会主义廉政文化建设过程中，始终发挥着重要的指导作用。社会主义廉政文化建设是廉政建设和文化建设相结合的产物。在不断加强和改善社会主义廉政文化建设过程中，我们应该以海纳百川的气度，积极学习和借鉴世界上一切廉政文明成果，但其前提是我们必须科学合理地传承中华民族的优秀文化，尤其是将诸如孟子等思想家的理论成果中，那些有益于当今反腐倡廉制度建设的内容，与社会主义和谐社会建设进程紧密结合，从而使这些中华民族的宝贵精神财富，在新时代、新形势下，发挥更多、更好的借鉴作用。

（张珊珊注译　柳森评述）

庄　子

【原文】

庄子者，蒙人也，名周。周尝为蒙漆园吏，与梁惠王、齐宣王同时。其学无所不窥，然其要本归于老子之言，故其著书十余万言，大抵率[①]寓言也。作《渔父》、《盗跖》、《胠箧》以诋訾孔子之徒，以明老子之术。《畏累虚》、《亢桑子》之属，皆空语无事实。然善属书离辞[②]，指事类情，用剽剥儒、墨，虽当世宿学不能自解免也。其言洸洋自恣以适己[③]，故自王公大人不能器之。

楚威王闻庄周贤，使使厚币迎之，许以为相。庄周笑谓楚使者曰："千金，重利；卿相，尊位也。子独不见郊祭之牺[④]牛乎？养食之数岁，衣以文绣，以入大庙。当是之时，虽欲为孤豚，岂可得乎？子亟去，无污我。我宁游戏污渎之中自快，无为有国者所羁，终身不仕，以快吾志焉。"

选自《史记》卷六十三《老子韩非列传》

【注释】

①率：一概，都。

②属书离辞：作文措辞。

③洸（huàng）洋自恣以适己：言论放纵不拘，以适合自己的情意为准。洸洋，犹“汪洋”，水无际涯的样子，比喻言辞诞漫。

④牺：即牺牲，供祭祀用的家畜。

【译文】

庄子是战国时期蒙地人，名周。他曾做过蒙地漆园的官吏，与梁惠王、齐宣王生活在同一时代。他的学说无所不及，但其要旨、根本却源于老子的理论。所以他的著述有十多万字，大多都是寓言。他创作《渔父》、《盗跖》、《胠箧》等篇章来诋毁孔子学说，以阐明老子之道。他写的《畏累虚》、《亢桑子》之类，都是编造出来的，完全没有事实依据。但他善于作文措辞，表达事理，形容情状，来攻击儒家和墨家的学说，即使是当世饱学之士，也不能使自己幸免。他的文章汪洋恣肆，以适应自己的情意，所以当时的王公大人都不器重他。

楚威王听说庄周贤能，派人带重金去聘请，答应让他做相国。庄子笑着对楚国使者说：“千金是重利，相国是尊位，但你难道没见过天子祭祀天地时用作牺牲的牛吗？这些牛被饲养好几年，然后给它披上彩绣的服饰，送进太庙去作祭品。在这个时候，即使想做一只小猪，还能办得到吗？你赶快走吧，不要玷污我！我宁愿在污浊的小河沟里自在快活，也不愿被国君所约束，我愿终身不做官，这样才能使我的心灵快乐。”

【评述】

几十年来，学者对庄子及《庄子》一书的研究主要集中于哲学上，对其政治思想的论述很少，因为从《庄子》中很难找到积极的治世良方。但庄子对名利、权力的批判，对人性自然说的主张等，相应地提出了一整套理论，在先秦诸子中以自然主义的政治思想独具一格，在其犀利的笔锋之下，蕴藏着浓厚的人性、人道的感情内容。

战国时代，人们对圣君明主出世救世的呼声高涨，思想界的儒、墨、名、法等家无不如此，他们歌颂治世、治人，谴责乱世、乱人。庄子却一反常见，以为一切祸乱的根源在这个“治”上。不论治与乱，都同权力相连，因为这些人都把权力视为珍宝，为追逐权力而争斗逐杀。因为权力“乱人之性”，所以，庄子视权力为赃物，对权力投以蔑视的眼光，尽管君主握有权柄，指挥一切，但这是他理想中“自由”的累赘和祸源。

名与利是当时社会，也是整个私有制社会里人与人最普遍的关系，任何人都无法摆脱这种关系。庄子认为，人们只有从名利中解脱出来，才能回到自然。因此，庄子对名利欲望大加鞭挞。庄子认为，名利欲望同人的本性是对立的，都属于身外之物。庄子为人正直不阿，不媚权贵，不屈于势力。他对社会上存在的许多丑恶现象，都能够使用辛辣冷峭的文字，给予无情的揭露和抨击。《庄子》一书，表达了庄子追求自由，渴望无拘无束生活的愿望。即使贫困，他也不愿做官，不与统治者合作。庄子对那种不择手段阿谀奉承，从而取得高官厚禄、荣华富贵的小人，深恶痛绝。

需要指出的是，庄子所追求的个性自由发展，反对人为约束，有其正确的方面；但其中也有其消极颓废的因素。庄子主张社会倒退，企图以此来表现对当时黑暗社会的否定，这也是非常消极的。司马迁针对老子和庄子的这种倒退思想，曾经提出过批评。庄子有时对人生似乎有些冷漠，往往表现出消极遁世的思想。但终其一生，他为正义不遗余力地呼唤着、奋斗着，他对黑暗社会，是大胆揭露和批判的；对邪恶势力，是冷嘲热讽、嬉笑怒骂的；对美好事物，是热情赞美和歌颂的。

（张珊珊注译　李慧评述）

赵奢

【原文】

赵奢者，赵之田部吏也。收租税而平原君家不肯出租，奢以法治之，杀平原君用事者九人。平原君怒，将杀奢。奢因说曰："君于赵为贵公子，今纵君家而不奉公则法削，法削则国弱，国弱则诸侯加兵，诸侯加兵是无赵也，君安得有此富乎？以君之贵，奉公如法则上下平，上下平则国强，国强则赵固，而君为贵戚，岂轻于天下邪？"平原君以为贤，言之于王。王用之治国赋，国赋大平，民富而府库实。

秦伐韩，军于阏与。王召廉颇而问曰："可救不？"对曰："道远险狭，难救。"又召乐乘[1]而问焉，乐乘对如廉颇言。又召问赵奢，奢对曰："其道远险狭，譬之犹两鼠斗于穴中，将勇者胜。"王乃令赵奢将，救之。

兵去邯郸三十里，而令军中曰："有以军事谏者死。"秦军军武安西，秦军鼓噪勒兵，武安屋瓦尽振。军中候有一人言急救武安，赵奢立斩之。坚壁，留二十八日不行，复益增垒。秦间来入，赵奢善食而遣之。间以报秦将，秦将大喜曰："夫去国三十里而军不行，乃增垒，阏与非赵地也。"赵奢既已遣秦间，卷甲而趋之，二日一夜至，令善射者去阏与五十里而军。军垒成，秦人闻之，悉甲而至。军士许历请以军事谏，赵奢曰："内之。"许历曰："秦人不意赵师至此，其来气盛，将军必厚集其阵以待之。不然，必败。"赵奢曰："请受令。"许历曰："请就𫓧质②之诛。"赵奢曰："胥后令邯郸。"许历复请谏，曰："先据北山上者胜，后至者败。"赵奢许诺，即发万人趋之。秦兵后至，争山不得上，赵奢纵兵击之，大破秦军。秦军解而走，遂解阏与之围而归。

选自《史记》卷八十一《廉颇蔺相如列传》

【注释】

①乐乘：战国时赵国名将。

②𫓧（fū）质：古代斩人的刑具。借指腰斩之罪。

【译文】

赵奢，是赵国负责农业的一个官吏。有一次，他征收租税时，平原君家不愿意按规定缴税，于是赵奢就依法惩治，杀了平原君家主事的九个人。平原君大怒，打算杀了赵奢。赵奢却趁机对平原君进言说："您是赵国一位尊贵的王室公子，如果我免掉您家的租税而不征收，那就是败坏国家的法令。国家的法令如果败坏，国家一定会衰弱，那随之而来的就是其他诸侯国的侵略。那么赵国就会因此灭亡，您哪里还会有今天的荣华富贵呢？现在，假如您以自己尊贵的地位带头奉公守法，那么赵国上下官员、百姓都不再有怨言。举国上下都毫无怨言了，那么国家就会变得强大。那随之而来的，必定是赵国的江山社稷固若金汤。如此一来，您作为贵戚，又怎会被天下所轻视呢?”平原君听了之后，认为赵奢这个人非常贤能，于是把他推荐给了赵王，赵王就任用赵奢来负责整个国家赋税的征收管理，结果整个国家的赋税征收工作都很顺利，百姓因此富足，而国家的仓库得以充实。

秦国发兵攻打韩国，军队驻扎在赵国的阏与（今山西省沁县)。赵王召见将军廉颇征询意见道：“我们可以出兵救援阏与吗?”廉颇回答说：“路途遥远，地势险要，救援很难。”赵王又召见将军乐乘征询意见，乐乘的回答和廉颇的一样。赵王又召见赵奢，赵奢回答说：“路途遥远，地势险要，但这种情形就像两只老鼠在洞穴之中发生争斗一样，将领勇敢善战的一方将会取得胜利。”赵王于是任命赵奢为将军，立即率军前往救援韩国。

赵奢率军离开国都邯郸三十里后，传令军中说：“如果有谁就用兵之事进言的，依照军法处斩。”这时秦军驻扎在武安（今河北省武安市）之西，每次秦军排阵操练的时候，他们齐声呐喊的声音，都会把武安城内的房瓦震动。这时，赵军中有一个担任军中侯的官员建议应立即前往武安救援，赵奢当即把他斩了。随后，赵奢命令加固壁垒，就这样在原地待了二十八天没有进军，并且还不断加固壁垒。秦军派奸细来刺探消息，赵奢好好地款待了他，然后打发回去。奸细回去后，将他所见所闻报告给秦军将领，秦军将领大喜过望，说道：“赵奢刚刚离开国都邯郸三十里，便驻扎不前，还下令增修壁垒，阏与不会再属于赵国所有了。”赵奢把秦军奸细打发走以后，立即下令军中偃旗息鼓，日夜兼程，向前进发。经过两天一夜的急行军，抵达了前线。赵奢又选派了一些擅长射箭的将士，赶到距离阏与五十里外的地方驻扎，等到赵军修成壁垒之后，秦军才得到消息，立即集中全部兵力前来进攻。此时，赵军中的一个军士许历请求向赵奢建言作战方面的事情，赵奢说：“让他进来。”许历见到赵奢说：“秦军没有料到我军会突然到达此地，秦军此时来攻正是士气高昂的时候，势不可当，所以将军您一定要集中兵力，严守战阵，而不出去与秦军交战。不然，我们必定会遭遇失败。”赵奢听完以后，说道：“我接受您的建议。”许历说道：“我既然违反了您之前下达的不准任何人劝谏的军令，请您现在就将我处斩。”赵奢却回答说：“还是等回到邯郸后再谈论这件事吧。”许历又向赵奢建议：“现在两军对峙，能够抢先占领北面山地的，就一定能够取胜，而落后的就一定会失败。”赵奢接受了许历的建议，立即派了一万军队前去占领了北面的山地。秦军随后才来抢夺，但是已经攻不上去了。赵奢命令山上的士兵全力进攻，大败秦军。秦军突围而逃，赵奢成功地解除了秦军对阏与的包围，胜利凯旋。

【评述】

赵奢是战国时赵国与廉颇、乐乘地位相同的军事家，战国东方八大名将之一。赵奢执法严明，平原君家不愿纳税，时为田部吏的赵奢将其管事者依法处置，又成功劝说平原君主动向国家交税。由于赵奢执法公平，赵王任命他掌管赵国赋税。赵奢上任后，赵国“国赋大平，民富而府库实”。赵奢悉心治军，国而忘家。赵奢成为赵国将军后，“身所奉饭者以十数，所友者以百数。大王及宗室所赐币者，尽以与军吏士大夫。受命之日，不问家事。”因此，士卒皆乐为之效命。赵奢虚怀若谷。在赵奢的大手笔——解阏与之围的战斗中，他诚恳接受军士许历的意见，集中兵力，抢占制高点，大败强大的秦军，使秦多年都不敢轻举妄动。

赵奢死后，赵王为追念他的功勋，将他厚葬于邯郸附近的西山，时人亦称之为“马服君”。他的子孙遂以“马”为姓，如东汉名将马援就是他的后代。

（阿不来提注译　肖刚评述）

荀　子

【原文】

荀卿，赵人，年五十始来游学于齐。邹衍[①]之术，迂大而闳辩；奭[②]也文具难施；淳于髡[③]久与处，时有得善言。故齐人颂曰："谈天衍[④]，雕龙奭[⑤]，炙毂过髡[⑥]。"田骈[⑦]之属皆已死。齐襄王时，而荀卿最为老师。齐尚修列大夫之缺，而荀卿三为祭酒[⑧]焉。

齐人或谗荀卿，荀卿乃适楚，而春申君[⑨]以为兰陵令。春申君死而荀卿废，因家兰陵。李斯尝为弟子，已而相秦。荀卿嫉浊世之政，亡国乱君相属，不遂大道，而营于巫祝，信禨祥[⑩]，鄙儒小拘。如庄周等，又滑稽乱俗。于是推儒墨道德之行事兴坏，序列著数万言而卒，因葬兰陵。

选自《史记》卷七十四《孟子荀卿列传》

【注释】

①邹衍：阴阳家的代表人物，齐国三邹（邹忌、邹衍、邹奭）之一。著作有《始终》、《大圣》、《主运》，皆佚。

②奭（shì）：即邹奭，常采用邹衍之术以著文，齐王很赏识他。

③淳于髡：战国时齐国谋士，以博学和滑稽善辩著称。

④谈天衍：因邹衍著文喜谈论天地开启、五德起源，言必及天事，故称其为“谈天衍”。

⑤雕龙奭：因邹奭采用邹衍的手法行文，其文修饰如雕镂龙纹，故称其为“雕龙奭”。

⑥炙毂过髡：比喻淳于髡之文言辞悠远，意味深长，犹如烤热毂輠中的油剂那样余流不尽。炙：烤。毂过：即毂輠，车上盛润滑剂的器皿。

⑦田骈：齐人，著有《田子》二十五篇。

⑧祭酒：古时宴饮必推一德高望重者举杯先祭，称为祭酒，后为官名。

⑨春申君：即黄歇，楚国大臣。“战国四公子”之一。

⑩机（jī）祥：祈禳求福之事。

【译文】

荀卿，赵国人，年满五十才来到齐国游学。当时，邹衍的学说迂曲宏大，而富于雄辩；邹奭的文采完美而难以实施；淳于髡这人，如与他相处久了，有时也会得到一些精彩言辞。所以，齐国人称颂他们说：“深远宏伟的是邹衍；华丽如雕镂龙纹的是邹奭；圆润意长如烤毂輠的是淳于髡。”此时，田骈等人都已去世。齐襄王时，荀卿要算最老的前辈了。而齐国此时正在补充大夫这一官位的缺额，所以，荀卿曾三次做齐国的祭酒。

后来，齐国有人说荀卿的坏话，荀卿便到了楚国。楚国宰相春申君让荀卿做了兰陵令。春申君死后，荀卿被罢职，在兰陵安家。李斯曾经当过荀卿的学生，后来做了秦国的宰相。荀卿痛恨当时混浊的政治，认为这班人亡国乱君，不推行他的大道，而专门去研究巫术，信奉祈禳求福之事；他也鄙薄儒者只拘于小节；而庄周等人，又只靠能言善辩来扰乱世俗。于是，荀卿便考察儒、墨、道等家的成败得失，依次整理，著述数万言，死后葬在兰陵。

【评述】

荀子是先秦时期非常重要的思想家，也是先秦诸子中的最后一位集大成者。战国末期，诸子各派的思想学说均已出现，荀子处在各种思想激荡的时代，从而造就了他兼通诸经，集百家之大成。他的学说流传甚广，李斯、韩非子都是他的学生，西汉初期许多著名经师也出于他或他的弟子门下，后世张衡、王充、柳宗元、王夫之、戴震以及近代资产阶级革命民主派等都不同程度地受到他的影响。

荀子在春秋战国末期社会思想的大融合形势下，结合齐国文化的特质，发展孔、孟“礼治”思想，改造法家思想，形成了他的“礼法”思想，进而提出系统的“化性起伪”理论，在人性改造理论的基础上，荀子又提出“隆礼”、“重法”的治国主张。荀子之“礼”荡去了孔、孟治世思想中的理想主义色彩，具备了严谨性、外律性的特点，成为其思想体系的支点。荀子之

“法”剔除了法家的唯刑主义。“隆礼重法”、“礼”“法”并存的精神贯彻在他的全部政治思想中。荀子礼法观的主要内容和基本特点是强调“礼”在治国安邦中的重要作用的同时，也不忽略“法”的作用，即主张“礼”“法”并重——“隆礼重法”，在此基础上，形成其独特的德治思想。荀子的德治思想内涵丰富，见解精辟，其精义主要体现为以政惠民、以德导民、以礼齐民等三个层面。荀子的这种礼法并重的礼法观和德治思想，在新的历史条件下，对我们正确处理社会主义现代化建设过程中的若干重要关系，特别是道德建设和法制建设的关系，有着直接的借鉴意义和启发作用。

荀子认为，只要人们按照先义后利的原则行事，就能得到应得的利益，也就是说，取财获利必须经过正当的途径，符合社会规范的要求，反对“不义之财”、“取利无道”。这其中包含的“取利有义”思想，“利民”思想，“见利思义”思想等，无论是作为一种人格理论，还是国家经济政策制定和立法的指导原则，都有其积极的正面价值。

（张珊珊注译　窦红玉评述）

韩非子

【原文】

韩非者，韩之诸公子也。喜刑名法术之学，而其归本于黄老。非为人口吃，不能道说，而善著书。与李斯[①]俱事荀卿，斯自以为不如非。

非见韩之削弱，数以书谏韩王，韩王不能用。于是韩非疾治国不务修明其法制，执势以御其臣下，富国强兵而以求人任贤，反举浮淫之蠹而加之于功实之上。以为儒者用文乱法，而侠者以武犯禁。宽则宠名誉之人，急则用介胄之士。今者所养非所用，所用非所养。悲廉直不容于邪枉之臣，观往者得失之变，故作《孤愤》、《五蠹》、《内外储》、《说林》、《说难》十余万言。

然韩非知说之难，为《说难》书甚具，终死于秦，不能自脱。

……

人或传其书至秦。秦王见《孤愤》、《五蠹》之书，曰："嗟乎，寡人得见此人与之游，死不恨矣！"李斯曰：

“此韩非之所著书也。”秦因急攻韩。韩王始不用非，及急，乃遣非使秦。秦王悦之，未信用。李斯、姚贾害之，毁之曰：“韩非，韩之诸公子也。今王欲并诸侯，非终为韩不为秦，此人之情也。今王不用，久留而归之，此自遗患也，不如以过法诛之。”秦王以为然，下吏治非。李斯使人遗非药，使自杀。韩非欲自陈，不得见。秦王后悔之，使人赦之，非已死矣。

申子②、韩子皆著书，传于后世，学者多有。余独悲韩子为《说难》而不能自脱耳。

选自《史记》卷六十三《老子韩非列传》

【注释】

①李斯（？—前208）：秦代政治家、文学家。楚国上蔡（今属河南）人。后入秦向秦王嬴政献上灭六国、统一天下之计，被拜为长史、客卿。秦始皇统一全国后，被拜为丞相。秦二世二年（前208），李斯为赵高诬陷，被腰斩于咸阳市中。

②申子（约前395—前337）：郑国京（今河南省荥阳县东南）人，法家代表人物之一。韩国灭掉郑国后，韩昭侯重用他为丞相，在韩国主持改革，15年间使韩国强盛起来。

【译文】

韩非子是韩国王室的一位公子。他喜欢刑名法术之学，但实质上他的思想是黄老之学。韩非子口吃，所以不善言谈，但善于著书立说。他与李斯一起跟随荀子学习，李斯自认为才能不如韩非子。

韩非子看到韩国实力削弱，曾数次向韩王进谏，阐述自己的治国思想，但韩王没有采纳。因此，韩非子开始非常痛恨不能以开明法制治国的做法，认为君主应该依靠手中掌握的大权来役使臣民，任用贤人辅政以达到富国强兵的目的，现在反而任用一些类似于蠹虫的夸夸其谈之辈，并将其置于实心任事的贤士之上。如果任用儒学之士多会因过于深文周纳而败坏一个国家的法度，而游侠之辈则多会因崇尚武力而违犯一个国家的禁令；在国家太平之时，帝王应当信任、重用一些懂得爱惜自己名誉的人，在国家危难之时，帝王则应当提拔、重用一些敢于为国冲锋陷阵的披甲之士。然而现在国家所供养的都是一些没有用的人，而国家所急需的一些人才却又不予供养。因此，韩非子悲叹廉洁正直之士遭奸臣排挤，他回顾过往成败得失的变数，作了《孤愤》、《五蠹》、《内外储》、《说林》、《说难》等十余万字的作品。

但是，韩非子知道游说帝王的做法困难重重，并且在其《说难》一文中详细地分析了应该如何游说的原则，但是，他本人却最终被李斯害死在了秦国，未能以其渊博的知识帮助自己避开祸难。

……

后来有人将韩非的著述传到了秦国。秦王见到了韩非所著的《孤愤》、《五蠹》等文章，说道："唉，寡人如果能够有幸见到此人，并且得以与其交往，那么即使死也不会感到遗憾了。"李斯说："这些都是韩非所写的著作，您要想得到他，先得攻打韩国。"秦国因此调兵加紧攻打韩国。韩王开始没有任用韩非，等到情形危急了，于是派遣韩非出使秦国进行求和。秦王对于韩非的到来非常高兴，但是却未能对韩非予以信任、重用。李斯、姚贾等人乘机陷害韩非，在秦王面前诋毁韩非说："韩非是韩国王室的公子。现在大王想要吞并六国，韩非处在其间，一定会心向韩国而不会为您尽忠效力，这是人之常情。现在大王如果不愿任用这个人的话，那么过一段时间再把他释放回国，他就一定会成为我们秦国的后患，不如现在找寻一个借口，将其治罪杀掉。"秦王同意了李斯、姚贾的建议，将韩非治罪下狱。李斯又暗中遣人给韩非送去毒药，劝说韩非自杀。韩非想要再次面见秦王，给自己辩白，但是最终未能见到秦王。后来秦王后悔了，派人前去赦免韩非，但是已经迟了，韩非已经死了。

申子、韩子都有著述流传后世，学习的人不少。我只是为韩非子自己撰写《说难》，却最终无法避开灾祸而悲叹。

【评述】

韩非是战国末期卓越的政治理论家，也是法家学说的集大成者和法家学派的代表人物。在《韩非子》一书中创立了以法治为中心，法、术、势兼用的政治理论体系。其中就有不少篇幅谈到了贪贿的危害，并给出了解决方案。在两千多年后的今天，这其中仍有许多值得我们借鉴的地方。

其在《八奸》篇列出了为臣吏者成为奸邪的八种情况，让我们惊奇的是，其中大部分竟然都可以在当代找到案例。比如"同床"、"在旁"、"父兄"俨然就是当前的"情人腐败"、"秘书腐败"、"家人腐败"，而"养殃"就是官员生活奢靡。

其《十过》篇提到："处官者毋私，使其利必在禄"，为我们点出了解决官员腐败问题的实质，但要做到官员在工资收入之外没有私利，恐怕还要制度、法律的约束。

贪腐还能亡国。韩非在《亡征》篇为我们列出了四十七条亡国的征兆。像“好宫室台榭陂池，事车服器玩，好罢露百姓（使百姓疾劳困乏），煎靡货财者，可亡也”、“官职可以重求，爵禄可以货得者，可亡也”、“饕贪而无厌，近利而好得者，可亡也”、“婢妾之言听，爱玩之智用，外内悲惋而数行不法者，可亡也”等，这绝不是韩非的危言耸听，应该是生逢战国乱世的他，观察各国兴亡而提出的告诫。

（阿不来提注译　赵爱学评述）

羊舌鲋

【原文】

次于卫地，叔鲋求货于卫，淫刍荛者[①]。卫人使屠伯[②]馈叔向[③]羹与一箧锦，曰："诸侯事晋，未敢携贰，况卫在君之宇下，而敢有异志？刍荛者异于他日，敢请之。"叔向受羹反锦，曰："晋有羊舌鲋者，渎货无厌，亦将及矣。为此役也，子若以君命赐之，其已。"客从之，未退而禁之。

选自《左传·昭公十三年》

【注释】

①刍荛（chú ráo）者：割草打柴的人，这里指割草者。

②屠伯：卫国大夫。

③叔向：即羊舌肸（xī），羊舌鲋之兄，春秋末期晋国著名政治家、外交家，被孔子称为"遗直"。

【译文】

晋国的军队停驻在卫国境内，晋军大夫羊舌鲋为向卫国索取财物，故意放纵手下人以割草喂马为借口，肆意砍伐，百姓叫苦不迭。卫国国君只得派屠伯给叔向送去羹汤和一箱子锦缎，说："卫国一心一意侍奉晋国。卫国又在贵国大王的房檐下，怎么敢不服从？现在，贵国割草的人和往常不大一样，请您阻止他们。"叔向接受了羹汤，退回锦缎，说："我们晋国有个羊舌鲋，贪得无厌，大祸快临头了。对这件事，若以贵国国君的命令赐给他锦缎，他就会停止。"屠伯照办了。还未等他退出去，羊舌鲋就下令这些人停止捣乱。

【评述】

公元前529年，韩宣子召集诸侯国在平丘会盟。羊舌鲋为司马，率三十多万大军去邹国训练。途经卫国时，羊舌鲋要卫国送厚礼。卫国不理。羊舌鲋便纵容士兵打着割草喂马的幌子，到处乱砍乱伐。卫国只得送礼，打发走这个瘟神。羊舌鲋又以同样手段勒索其他小国。后来，羊舌鲋为晋国司寇，更加贪婪。有一次，他负责处理一桩多年未决的土地纠纷，诉讼双方为晋国两个显赫人物邢侯和雍子。由于两人封地毗连，且无严格界限，雍子便侵占邢侯的封地。为打赢官司，雍子将女儿嫁给羊舌鲋，羊舌鲋便判邢侯有罪。邢侯怒杀羊舌鲋。

羊舌鲋不学无术，贪婪无比。对于他的死，他的哥哥叔向也以为罪有应得。叔向是贤臣，以正直和才识见称，至今留下了一些重要的政治见解和政治风范，孔子曾称赞他："叔向，古之遗直也。治国制刑，不隐于亲。三数叔鱼之恶，不为末减，由义也夫，可谓直矣。”（《左传·昭公十四年》）羊氏两兄弟，一个贪墨，一个廉直，可谓“沉舟侧畔千帆过，病树前头万木春”（刘禹锡的《酬乐天扬州初逢席上见赠》）矣。

春秋时期，官吏利用权力攫取美色和钱财，都以“贪”罪论处。羊舌鲋身为司寇，徇情妄法，践踏刑律，被定为“墨罪”（当时以“贪污纳贿，败坏职守”为“墨”），成为我国有史书记载以来第一个因为贪污而受到严惩的官员。

（史建桥注译　肖刚评述）

子　常

【原文】

蔡昭侯[1]为两佩与两裘，以如楚，献一佩一裘于昭王。昭王服之，以享蔡侯。蔡侯亦服其一。子常欲之，弗与。三年止之。唐成公如楚，有两肃爽马，子常欲之，弗与，亦三年止之。唐人或相与谋，请代先从者，许之。饮先从者酒，醉之，窃马而献之子常。子常归唐侯。自拘于司败，曰："君以弄马之故，隐君身，弃国家，群臣请相夫人以偿马，必如之。"唐侯曰："寡人之过也，二三子无辱。"皆赏之。蔡人闻之，固请而献佩于子常。子常朝，见蔡侯之徒，命有司曰："蔡君之久也，官不共也。明日，礼不毕，将死。"蔡侯归，及汉，执玉而沈，曰："余所有济汉而南者，有若大川！"蔡侯如晋，以其子元与其大夫之子为质焉，而请伐楚。

选自《左传·定公三年》

【注释】

① 蔡昭侯：蔡国国君，名申，公元前518—前491年在位。

【译文】

蔡昭侯做了两只玉佩与两件皮衣带到楚国，把其中一只玉佩和一件皮衣献给了楚昭王。楚昭王穿上他送的皮衣，戴着玉佩，设宴款待蔡昭侯。蔡昭侯自己穿戴了另一套皮衣和玉佩赴宴。楚国令尹子常很想要蔡昭侯的皮衣与玉佩，但蔡昭侯不给他。于是，子常把蔡昭侯扣留在楚国三年。唐成公去楚国时，也带去两匹骕骦名马。子常也想要，可唐成公也没给他。子常又把唐成公扣留了三年。唐国人听说此事，请求派人去替代先前跟唐成公去楚国的人，唐成公同意了。这些人到了楚国，就请先来楚国的人喝酒，把他们灌醉后，偷了马去献给了子常。子常这才把唐成公放回去。偷马的人把自己绑到唐国司寇那里，说："国君因为玩马的缘故，陷于困境，抛弃国家群臣。我请求帮助马夫偿还丢失的马，一定和原来的两匹一样。"唐成公说："这都是我的错，你们无罪。"唐成公赏赐了他们。蔡国人听说了此事，坚决请求蔡昭侯把玉佩送给子常。子常得到了想要的东西，他上朝时看见蔡昭侯手下的人，便对相关官员说："蔡侯在此地滞留多时，是由于你们没有准备好送行的礼品。明天，如果礼物还没有备好，我就处死你们！"蔡昭侯在回国途中，来到了汉水边上，他把玉抛入水中，发誓说："要是我再渡汉水来朝聘楚国，就像这玉一样溺水而死！"蔡昭侯回去后，便赴晋国，将他的儿子姬元和蔡国大夫的儿子作为人质，请求晋国攻打楚国。

【评述】

蔡昭侯和唐成公朝见楚昭王时，给楚王带来了玉佩和宝马等礼物。楚国令尹子常得知后，便向他们二人强行索要。二人不肯，子常便向楚王进谗言，将他们在楚国囚禁了三年，直到向子常交出宝物后才脱身回国。子常之贪婪嘴脸，可见一斑。

子常由于贪婪，为官不仁。当时，吴国国君阖闾之弟夫概曾直斥“楚瓦（子常）不仁”（《左传·定公四年》）。由于不仁，子常便听信谗言，“令尹子常贿而信谗”（《左传·昭公二十七年》）。如他听信奸臣费无极的谗言而杀正直和善的楚国大夫伯郤宛，并灭其族。子常杀伯郤宛，楚国人怨之，为堵住楚国人之口，开脱自己之罪，子常又灭了费无极和鄢将师两个谗臣之族。

多行不义必自毙。鲁定公四年（前506）冬天，曾被无理关押的蔡昭侯、唐成公和吴王阖闾率军联合攻打子常。子常被打得落花流水，只得逃往郑国。后来，吴军攻破楚国都城郢（楚昭王逃到随国），整个郢都包括子常的家产都成了吴军的战利品，子常的夫人被夫概占有。伍子胥移师郑国，子常自杀，得到了可耻的下场。

子常本是一代雄主楚庄王之孙，但却是一个势利小人。据《晏子春秋》载，晏子使楚时，他为楚灵王车右，曾讪笑晏子：“我听说君王将相均魁梧俊美之士，功在当代，流芳千古。你身没有五尺高，手无缚鸡之力，不脸红吗？”晏子反唇相讥：“秤砣虽小压千斤，舟桨空长终为水役。那公孙侨如魁梧而被鲁国所杀，南宫万力大无比也死于宋国。你自以为高大，不就是楚王的一个武士吗？我虽矮小，却能独当一面，为国效力！”

楚昭王用如此小人当国，兵败如山倒，这就是搬起石头砸了自己的脚。

（刘杨注译　柳森评述）

仇由君

【原文】

知伯[1]将伐仇由，而道难不通，乃铸大钟遗仇由之君。仇由之君大说，除道将内之。赤章曼枝曰："不可。此小之所以事大也，而今也大以来，卒必随之，不可内也。"仇由之君不听，遂内之。赤章曼枝因断毂[2]而驱，至于齐七月，而仇由亡矣。

选自《韩非子·说林下》

【注释】

① 知伯：又作"智伯"，亦称智襄子，即荀瑶，春秋末晋国大夫，后为赵襄子所杀。

②毂：车轮中心，有圆孔，可以插轴。

【译文】

智伯将要攻打仇由国，但是道路崎岖难行。于是，智伯就铸了一口大钟送给仇由国君。仇由国君很高兴，准备马上修筑道路来接收它，大夫赤章曼枝阻止他说："不能接受，这本是小国献给大国的礼品。而智伯却以大国的身份送给你，他的军队必然会随之而来，大王万万不能接受！"仇由国君不听，最后还是接受了。为了逃命，赤章曼枝随即马不停蹄地逃离仇由国，以至于把马车车轴都跑断了。赤章曼枝到了齐国七个月后，仇由国就灭亡了。

【评述】

仇由之君贵为一国之主，未以民众安危为其执政第一要务，在自身贪欲的驱使下，置良言于不顾，利令智昏，因小失大，最终苦尝亡国之恨。可见，贪欲既可致人亡身，亦可导致丧国。

（徐云平注译　柳森评述）

伯　嚭

【原文】

越王勾践，其先禹之苗裔，而夏后帝少康之庶子[①]也。封于会稽，以奉守禹之祀。文身断发，披草莱而邑焉。后二十余世，至于允常[②]。允常之时，吴王阖庐[③]战而相怨伐。允常卒，子勾践立，是为越王。

元年，吴王阖庐闻允常死，乃兴师伐越。越王勾践使死士挑战，三行至吴陈，呼而自刭。吴师观之，越因袭击吴师，吴师败于槜李，射伤吴王阖庐。阖庐且死，告其子夫差曰："必毋忘越。"

三年，勾践闻吴王夫差日夜勒兵，且以报越，越欲先吴未发往伐之。范蠡谏曰："不可。臣闻兵者凶器也，战者逆德也，争者事之末也。阴谋逆德，好用凶器，试身于所末，上帝禁之，行者不利。"越王曰："吾已决之矣。"遂兴师。吴王闻之，悉发精兵击越，败之夫椒。越王乃以余兵五千人保栖于会稽。吴王追而围之。

越王谓范蠡曰："以不听子故至于此，为之奈何？"

蠡对曰："持满者与天，定倾者与人，节事者以地。卑辞厚礼以遗之，不许，而身与之市。"勾践曰："诺。"乃令大夫种行成于吴，膝行顿首曰："君王亡臣勾践使陪臣种敢告下执事：勾践请为臣，妻为妾。"吴王将许之。子胥言于吴王曰："天以越赐吴，勿许也。"种还，以报勾践。勾践欲杀妻子，燔宝器，触战以死。种止勾践曰："夫吴太宰嚭贪，可诱以利，请间行言之。"于是勾践乃以美女宝器令种间献吴太宰嚭。嚭受，乃见大夫种于吴王。种顿首言曰："愿大王赦勾践之罪，尽入其宝器。不幸不赦，勾践将尽杀其妻子，燔其宝器，悉五千人触战，必有当也。"嚭因说吴王曰："越以服为臣，若将赦之，此国之利也。"吴王将许之。子胥进谏曰："今不灭越，后必悔之。勾践贤君，种、蠡良臣，若反国，将为乱。"吴王弗听，卒赦越，罢兵而归。

勾践之困会稽也，喟然叹曰："吾终于此乎？"种曰："汤系夏台，文王囚羑里，晋重耳奔翟，齐小白奔莒，其卒王霸。由是观之，何遽不为福乎？"

吴既赦越，越王勾践反国，乃苦身焦思，置胆于坐，坐卧即仰胆，饮食亦尝胆也，曰："女忘会稽之耻邪？"身自耕作，夫人自织，食不加肉，衣不重采，折节下贤人，厚遇宾客，振贫吊死，与百姓同其劳。欲使范蠡治国政，蠡对曰："兵甲之事，种不如蠡；填抚国家，亲附百姓，蠡不如种。"于是举国政属大夫种，而使范蠡与大夫柘稽行成，为质于吴。二岁而吴归蠡。

勾践自会稽归七年，拊循其士民，欲用以报吴。大夫逢同谏曰："国新流亡，今乃复殷给，缮饰备利，吴必惧，惧则难必至。且鸷鸟之击也，必匿其形。今夫吴兵加齐、晋，怨深于楚、越，名高天下，实害周室，德少而功多，必淫自矜。为越计，莫若结齐，亲楚，附晋，以厚吴。吴之志广，必轻战。是我连其权，三国伐之，越承其弊，可克也。"勾践曰："善。"

居二年，吴王将伐齐。子胥谏曰："未可。臣闻勾践食不重味，与百姓同苦乐。此人不死，必为国患。吴有越，腹心之疾，齐与吴，疥也。愿王释齐，先越。"吴王弗听，遂伐齐，败之艾陵，虏齐高、国以归。让子胥。子胥曰："王毋喜！"王怒，子胥欲自杀，王闻而止之。越大夫种曰："臣观吴王政骄矣，请试尝之贷粟，以卜其事。"请贷，吴王欲与，子胥谏勿与，王遂与之，越乃私喜。子胥言曰："王不听谏，后三年吴其墟乎！"太宰嚭闻之，乃数与子胥争越议，因谗子胥曰："伍员貌忠而实忍人，其父兄不顾，安能顾王？王前欲伐齐，员强谏，已而有功，用是反怨王。王不备伍员，员必为乱。"与逢同共谋，谗之王。王始不从，乃使子胥于齐，闻其托子于鲍氏，王乃大怒，曰："伍员果欺寡人！"役反，使人赐子胥属镂剑以自杀。子胥大笑曰："我令而父霸，我又立若，若初欲分吴国半予我，我不受，已，今若反以谗诛我。嗟乎，嗟乎，一人固不能独立！”报使者曰：“必取吾眼置吴东门，以观越兵入也！”于是吴任嚭政。

居三年，勾践召范蠡曰：“吴已杀子胥，导谀者众，可乎？”对曰：“未可。”

至明年春，吴王北会诸侯于黄池，吴国精兵从王，惟独老弱与太子留守。勾践复问范蠡，蠡曰：“可矣。”乃发习流二千人，教士四万人，君子六千人，诸御千人，伐吴。吴师败，遂杀吴太子。吴告急于王，王方会诸侯于黄池，惧天下闻之，乃秘之。吴王已盟黄池，乃使人厚礼以请成越。越自度亦未能灭吴，乃与吴平。

其后四年，越复伐吴，吴士民罢弊，轻锐尽死于齐、晋。而越大破吴，因而留围之三年，吴师败，越遂复栖吴王于姑苏之山。吴王使公孙雄肉袒膝行而前，请成越王曰：“孤臣夫差敢布腹心，异日尝得罪于会稽，夫差不敢逆命，得与君王成以归。今君王举玉趾而诛孤臣，孤臣惟命是听，意者亦欲如会稽之赦孤臣之罪乎？”勾践不忍，欲许之。范蠡曰：“会稽之事，天以越赐吴，吴不取。今天以吴赐越，越其可逆天乎？且夫君王早朝晏罢，非为吴邪？谋之二十二年，一旦而弃之，可乎？且夫天与弗取，反受其咎。‘伐柯者其则不远’，君忘会稽之厄乎？”勾践曰：“吾欲听子言，吾不忍其使者。”范蠡乃鼓进兵，曰：“王已属政于执事，使者去，不者且得罪。”吴使者泣而去。勾践怜之，乃使人谓吴王曰：“吾置王甬东，君百家。”吴王谢曰：“吾老矣，不能事君王！”遂自杀。乃蔽其面，曰：“吾无面以见子胥也！”越王乃葬吴王而诛太宰嚭。

选自《史记》卷四十一《越王勾践世家》

【注释】

①夏后帝少康之庶子：春秋越国始祖无馀，传说是夏朝第五代王少康之庶子。

②允常：越国国君。

③阖庐：即姬光（？—前496），吴国国君。

【译文】

越王勾践的祖先是夏禹的后代，夏王少康的庶出之子。这个庶子被封在会稽，以供继续奉养夏禹的祭祀。他们在身上刺花纹，又剪短头发，开垦荒地，砍伐树木，除去草莽，修筑城邑。经过二十多代以后，传位到允常为越王。允常在位时，与吴王阖庐产生仇恨，相互攻伐不休。允常死后，他的儿子勾践即位为越王。

越王勾践元年（前496），吴王阖庐听说允常去世，就兴兵讨伐越国。越王勾践派遣敢死队向吴军应战。这些敢死队员排成三列，冲入吴军中，大喊大叫，然后自杀。吴军只顾观看，越军趁机偷袭吴军，在槜李打败了吴军，并射伤了吴王阖庐。阖庐在弥留之际，告诫儿子夫差：“一定不要忘了报仇！”

越王勾践三年（前494），勾践听说吴王夫差日夜加紧练兵，准备报复越国，就想在吴国未发兵前攻打吴国。范蠡进谏说：“不行！我听说武器是凶器，发起战争违背道义，争夺是下策。暗中谋划违背道义之事，使用凶器，您亲自参与这种下等事，是上天不允许的，也没有好处。”越王说：“我已经决定了。”于是举兵伐吴。吴王得知后，出动全部精兵迎击越军，在夫椒大败越军。越王只剩下五千残兵困守会稽。吴王乘胜追击，包围了他们。

越王向范蠡问计说：“因为没听您的意见，今天落到这个地步，怎么办?”范蠡回答说：“能持满不贪者，必有上天相助；能够扶危定倾的人，会得到百姓的拥护；能够节制行事的人，就能得到地之利。现在，您只有对吴王言辞谦卑，并送优厚的礼物给他。如果他不答应，您就亲自去向他臣服。”勾践说：“好吧！”于是派大夫文种去吴国求和。文种跪在地上，一边叩头，一边前行，对吴王说：“大王的亡国之臣勾践派我来恭敬地告诉您：勾践请求做您的奴仆，妻子做您的侍妾！”吴王准备答应，可伍子胥阻拦说：“这是上天把越国赏赐给吴国，千万不要答应他！”文种回去后，把情况报告给勾践。勾践打算杀死妻子儿女，焚烧宝器，以与吴王决一死战。文种阻止说：“吴国的太宰嚭十分贪婪，我们可以诱之以利，请让我去暗中拉拢他。”于是，勾践便让文种悄悄给太宰嚭献上美女和宝器。伯嚭全部接受，并把文种引见给吴王。见吴王时，文种叩头说：“恳请大王赦免勾践的罪过，掌管越国所有的宝器。如果大王不能赦免他，他将杀死妻子儿女，烧毁宝器，并率领他的五千名士兵与您决一死战，您会付出不小的代价。”太宰嚭趁机劝说吴王：“越王已经臣服，如果赦免他，对吴国大有好处。”吴王正要答应时，伍子胥又进谏说：“现在不趁大好时机灭掉越国，以后必定后悔。因为勾践是贤君，文种、范蠡又是贤臣。若让他们回国，这是养虎贻患。”吴王不听，最终赦免了越王，撤军回吴国。

勾践被困在会稽时，曾深深叹息说：“我将死于此地吗？”文种安慰他说：“商汤曾被囚禁在夏台，周文王也被囚禁在羑里，晋文公逃到翟国，齐国公子小白（即后来齐桓公）逃到莒，他们先历苦难，都最终称王称霸。从这点来看，一时失败何尝不是一种福？”

越王被吴王赦免后，回到越国，殚精竭虑、忧心苦思，他把一个苦胆挂到座位上，无论坐卧，还是饮食，都仰头尝尝苦胆，说：“你忘记会稽之耻了吗？”作为国君，他亲自耕种，妻子亲自织布，也从不吃肉，不穿华丽衣服，又礼贤下士，厚待宾客，救济穷人，哀悼死者，与百姓共同劳作。越王本想让范蠡掌管国政，范蠡推辞，说：“用兵打仗，文种不如我，但镇抚国家，使百姓亲近归附，我不如文种。”于是，勾践就把国家大事交给文种，让范蠡和大夫柘稽到吴国做人质。两年后，吴国让范蠡回国。

勾践从会稽回国后的七年中，一直安抚百姓士卒，希望借此以报仇。大臣逢同进谏说：“我国刚刚经过动乱，现在才稍富足起来。如果我们整顿军备，吴国必定惧怕。它一惧怕，就要来攻打我们。再说，猛禽袭击目标时，一定先隐藏自己。现在，吴国军队进攻齐国和晋国，而且与楚国、越国也有深仇大恨，吴王虽名声显赫，但实际上危害周王室。他德行少而战功多，一定狂妄自大。为了越国考虑，我们就要结交齐国，亲近楚国，依附晋国，厚待吴国。吴国欲望很大，必然会轻易发动战争。这样，我们可以周旋三国之力，让三国攻打吴国，趁吴国疲惫之时我们出击，这样定能取胜。”勾践说：“好！”

又过了两年，吴王想讨伐齐国。伍子胥谏阻道：“不行！我听说勾践吃饭从没有吃过两样菜，与百姓同甘共苦。勾践不死，一定成为吴国的祸害。只有越国是吴国的心腹之患，而齐国只不过是一块疥癣。请大王不要攻打齐国，要先除掉越国。”吴王不听，便发兵攻打齐国。吴军在艾陵大败齐军，俘虏了齐国的大夫高张和国夏，凯旋归来。因此，吴王指责伍子胥当初阻拦他打齐国，伍子胥反驳道：“大王不要高兴太早了！”吴王勃然大怒，伍子胥想自杀。吴王知道后，制止了他。文种对越王说：“据我观察，现在吴王太骄横了！请允许我尝试向他给我国借粮，试探他一下。”于是，文种去向吴王借粮。吴王想借给他，伍子胥劝谏不要借，但吴王还是借了。越王暗喜。对此，伍子胥愤怒地对越王说：“大王不听我的话，再过三年，吴国将成为一片废墟！”太宰嚭知道以后，多次与伍子胥争论吴国对于越国的政策，进而在吴王面前谗毁伍子胥说：“伍子胥表面忠厚老实，其实心狠手辣。一个连自己的父亲和兄弟都不顾的人，怎么能顾上大王呢？之前，大王要攻打齐国，他坚决阻止。后来，您大胜而归，他一直怀恨在心。如果大王不早点防备他，他必将作乱！”伯嚭和逢同多次在吴王面前诽谤伍子胥。吴王开始并不相信，派伍子胥出使齐国，但当他听到伍子胥把儿子托付给齐国鲍氏时，吴王勃然大怒，说：“伍子胥果真欺骗我！”伍子胥回国后，吴王就派人赐给他一把属镂剑，令他自杀。伍子胥捧着剑，哈哈大笑，说：“我使你父亲称霸，又拥立你为国君。你当初想分吴国的一半给我，我没有接受。今天，你却因谗言杀我。唉，唉，你一个人绝对不能维持这个国家！”伍子胥请求使者说：“（死后）一定取出我的眼睛挂在吴国都城东门，我要亲眼看越军攻入都城！”伍子胥死后，吴王重用伯嚭掌权。

又过了三年，勾践召见范蠡，说：“吴王已杀死伍子胥，吴国阿谀奉承的人很多，可以攻打吴国了吗？”范蠡说：“还不行！”

第二年春天，吴王北上黄池会合诸侯，并带上了全部的精锐部队，只留老弱部队和太子留守国都。此时，勾践又向范蠡问计，范蠡说：“可以了！”于是，越王派出水兵两千人，训练有素的士兵四万人，近卫亲兵六千人，军官一千人，攻打吴国。吴军大败，吴国太子也被杀。吴国使者向吴王告急。此时，吴王正在黄池会合诸侯，怕诸侯知道此事，便封锁了消息。吴王在黄池与诸侯订立盟约后，马上派人带着厚礼向越国求和。越王估计也灭亡不了吴国，就暂时与吴国讲和了。

又过了四年，越国又攻打吴国。此时，吴国部队和人民已经非常疲弱，精锐部队全部在与齐国、晋国交战中损失殆尽。结果，越军大败吴军，并围困吴都三年。吴军彻底失败，吴王被围在姑苏山。吴王派公孙雄脱去上衣露出胳膊跪着向前行，请求与越王讲和：“孤立无助的臣子夫差冒昧地表露自己的心愿：从前在会稽得罪您，我不敢违背您的命令，与您讲和就撤军了。今天劳您亲自惩罚孤臣，我对您唯命是听，但我希望您会像会稽山我对您那样赦免孤臣！”勾践不忍心，想答应吴王。范蠡却说：“会稽的事，是上天把越国赐给吴国，可吴国不要。现在上天把吴国赐给越国了，越国还可违背天命吗？再说大王早上朝，晚罢朝，不是因为吴国吗？大王谋划伐吴已二十二年，现在就轻易放弃，可以吗？且上天赐予您却不要，反会受到上天的处罚。‘用斧头砍伐木材做斧柄，斧柄的样子就在身边。’您忘记了会稽之难吗？”勾践说：“我想听从您的建议，但我不忍心面对吴王的使者。”范蠡就击鼓进兵，说：“大王已经把政务委托给我了！吴国使者赶快离开，否则将有罪！”吴国使者哭着离开了。勾践怜悯吴王，就派人对他说：“我把您安置到甬东，治理一百家！”吴王推辞说：“我已经老了，不能侍奉您了！”于是自杀。吴王自杀时用手遮住自己的面孔，说：“我没脸面去见伍子胥！”越王安葬了吴王，并诛杀了太宰嚭。

【评述】

伯嚭曾祖公孙伯纠，是晋国郤氏旁支。公孙伯纠之子伯宗公忠体国，被权臣“三郤（郤锜、郤犨、郤至）”诬陷而死。伯宗之子伯州犁逃到楚国，任太宰，后为楚灵王所杀。伯州犁之子郤宛和伯嚭，均为楚国大夫，郤宛又被楚国令尹子常攻杀，伯嚭逃难于吴。

伯嚭初到吴时，因伍子胥与他同病相怜，伍子胥遂将他推荐给吴王阖闾。此时，伯嚭家仇未报，便与伍子胥共同为吴国强大而兢兢业业。伯嚭对伍子胥也恭敬有加。

二十年后，伯嚭官至太宰，为百官之长，权势显赫无以复加，他也不再是那位志在复仇的大夫了。他贪财好色，妒功嫉能。作为先王阖闾的顾命大臣，他对财货的贪求和美女的垂涎永不能满足。为此，他收受越贿赂，许越媾和，并屡进谗言，谮杀伍子胥，使吴国由强变弱，由弱而亡。正如子贡所说：“太宰嚭用事，顺君之过以安其私，是残国之治也！”（《史记·孔子弟子世家》）吴国灭亡后，他被勾践诛杀，其罪名是“不忠于其君，而外受重赂，与己比周（与越国勾结）”，得到了应有的下场。

伯嚭为私利而不顾国家安危，内残忠良，外通敌国，完全丧失了其祖辈的优秀传统，使吴国在拥有绝对优势的条件下，丧失有利时机，逐渐走向衰败。而一度挣扎在亡国边缘的越王勾践却“卧薪尝胆”，在“十年生聚，十年教训”的励精图治中东山再起，一举灭吴。在这场戏剧性的较量中，伯嚭是一个举足轻重又极不光彩的人物，贪婪淹没了他人性中仅有的一点良知。

（张姗姗注译　肖刚评述）

郭　开

【原文】

廉颇者，赵之良将也。赵惠文王十六年，廉颇为赵将伐齐，大破之，取阳晋，拜为上卿[①]，以勇气闻于诸侯。蔺相如者，赵人也，为赵宦者令缪贤舍人。

……

自邯郸围解五年，而燕用栗腹之谋，曰“赵壮者尽于长平，其孤未壮”，举兵击赵。赵使廉颇将，击，大破燕军于鄗，杀栗腹，遂围燕。燕割五城请和，乃听之。赵以尉文封廉颇为信平君，为假相国。

廉颇之免长平归也，失势之时，故客尽去。及复用为将，客又复至。廉颇曰：“客退矣！”客曰：“吁！君何见之晚也？夫天下以市道交，君有势，我则从君，君无势则去，此固其理也，有何怨乎？”居六年，赵使廉颇伐魏之繁阳，拔之。

赵孝成王[②]卒，子悼襄王[③]立，使乐乘代廉颇。廉颇怒，攻乐乘，乐乘走。廉颇遂奔魏之大梁[④]。其明年，赵乃以李牧为将而攻燕，拔武遂、方城。

廉颇居梁久之，魏不能信用。赵以数困于秦兵，赵王思复得廉颇，廉颇亦思复用于赵。赵王使使者视廉颇尚可用否。廉颇之仇郭开多与使者金，令毁之。赵使者既见廉颇，廉颇为之一饭斗米，肉十斤，被甲上马，以示尚可用。赵使还报王曰："廉将军虽老，尚善饭，然与臣坐，顷之三遗矢矣。"赵王以为老，遂不召。

楚闻廉颇在魏，阴使人迎之。廉颇一为楚将，无功，曰："我思用赵人。"廉颇卒死于寿春。

李牧者，赵之北边良将也。常居代雁门，备匈奴。以便宜置吏，市租皆输入莫府，为士卒费。日击数牛飨士，习射骑，谨烽火，多间谍，厚遇战士。为约曰："匈奴即入盗，急入收保，有敢捕虏者斩。"匈奴每入，烽火谨，辄入收保，不敢战。如是数岁，亦不亡失。然匈奴以李牧为怯，虽赵边兵亦以为吾将怯。赵王让李牧，李牧如故。赵王怒，召之，使他人代将。

岁余，匈奴每来，出战。出战，数不利，失亡多，边不得田畜。复请李牧。牧杜门不出，固称疾。赵王乃复强起使将兵。牧曰："王必用臣，臣如前，乃敢奉令。"王许之。

李牧至，如故约。匈奴数岁无所得。终以为怯。边士日得赏赐而不用，皆愿一战。于是乃具选车得千三百乘，选骑得万三千匹，百金之士五万人，彀者十万人，悉勒习战。大纵畜牧，人民满野。匈奴小入，详北不胜，以数千人委之。单于闻之，大率众来入。李牧多为奇陈，张左右翼击之，大破杀匈奴十余万骑。灭襜褴[⑤]，破东胡，降林胡，单于奔走。其后十余岁，匈奴不敢近赵边城。

赵悼襄王元年，廉颇既亡入魏，赵使李牧攻燕，拔武遂、方城。居二年，庞煖破燕军，杀剧辛。后七年，秦破杀赵将扈辄于武遂，斩首十万。赵乃以李牧为大将军，击秦军于宜安，大破秦军，走秦将桓齮[⑥]。封李牧为武安君。居三年，秦攻番吾，李牧击破秦军，南距韩、魏。

赵王迁七年，秦使王翦攻赵，赵使李牧、司马尚御之。秦多与赵王宠臣郭开金，为反间，言李牧、司马尚欲反。赵王乃使赵葱及齐将颜聚代李牧。李牧不受命，赵使人微捕得李牧，斩之。废司马尚。三个月后，王翦大举进攻赵国，杀赵葱，虏赵王迁及颜聚，赵国灭亡。

选自《史记》卷八十一《廉颇蔺相如列传》

【注释】

①上卿：春秋时期，卿分上中下三等，上卿的品位最高。

②孝成王：赵惠文王子，名丹。公元前 266—前 245 年在位。

③悼襄王：赵孝成王子，名偃。公元前244—前236年在位。

④大梁：魏国都城，今河南省开封市。

⑤襜褴（chān lán）：赵国北部的匈奴属国。

⑥桓齮（yǐ）：又称樊於期，原秦国将领，屡立战功，后为李牧所败，逃至燕国。荆轲拟借樊於期首级刺秦王，樊於期自杀。

【译文】

廉颇是赵国的优秀将领。赵惠文王十六年（前283），廉颇率赵军攻打齐国，大败齐军，夺取了阳晋。廉颇因战功被任命为上卿，也以英勇善战闻名于诸侯。蔺相如是赵国人，为赵国宦官头目缪贤的门客。

……

邯郸解围之后第五年，燕国采纳了相国栗腹的计谋，他认为：赵国的壮丁全都战死于长平，他们的遗孤尚未成人，随即派兵攻打赵国。赵王让廉颇率大军出击，在鄗城大败燕军，并杀死了栗腹，进而围攻燕国都城。燕国以割让五座城池的条件讲和，赵国才作罢。赵王把尉文这个地方封给廉颇，封号为“信平君”，并让他做代理相国。

廉颇在长平之战中被罢免回家，没有权力的时候，门客也都离开了他。当他再次统兵为将的时候，这些门客又回来了。廉颇说：“你们都走吧！”门客们说：“唉，您的见识怎么这样落后？全天下的人都是以市场买卖的方式来结交。您有权势，我们就追随您，您没权势了，我们就离开。本来就是这样，您抱怨什么呢?”过了六年，赵国又派廉颇进攻魏国的繁阳，又攻下了。

赵孝成王去世后，太子悼襄王即位，让乐乘接替廉颇的职位。廉颇大怒，便去攻打乐乘，乐乘逃跑了。于是，廉颇逃到魏国大梁。第二年，赵国以李牧为将，攻打燕国，攻下了武遂和方城两个地方。

廉颇在大梁住了很久，魏国并不重用他。赵国因屡次被秦兵围困，赵王又想重新起用廉颇，廉颇也想再为赵国出力。于是，赵王派遣使者去探听廉颇是否尚能起用。可廉颇的仇人郭开用重金贿赂使者，让他在赵王面前诋毁廉颇。赵国使者见到廉颇之后，廉颇当着他的面吃了一斗米的饭和十斤肉，又披甲上马，以表明自己还可报效赵国。可赵国使者回去，却向赵王毁谤廉颇说：“廉将军虽然已老，但饭量还不错，可陪我坐时，一会儿就拉了三次屎。”赵王以为廉颇真的老了，就再也没有召用他。

楚国听说廉颇在魏国，便秘密派人去接他。廉颇虽做了楚国的将军，但并没有建立战功，他解释其缘由说：“我想指挥赵国的军队。”廉颇最后死在了楚国的寿春。

李牧是镇守赵国北方边陲的名将，长期驻扎在代郡、雁门郡，抗击匈奴。当时，他可根据实际需要任免官吏，当地税收等也直接送入军营作军饷。他优待兵士，每天杀几头牛给士兵吃，让士卒每天骑马和射箭；又多派侦察人员，烽火台高度警戒。他规定：“如果匈奴来抢掠，立即退入营垒防守，有擅自捕捉敌人者，杀无赦。”匈奴每次入侵，烽火台报警，士兵随即退入营垒防守，不去应战。这样接连好几年，赵国军队没有任何伤亡。可是匈奴认为李牧胆怯，就连赵国这些边防兵也以为李牧将军胆小。于是，赵王开始指责李牧，可李牧还是一如既往。赵王很生气，召回并将他撤职，任命他人接替他。

新将领到任后，匈奴每次来犯，都领兵出战。一年多以来，每次出战，都以赵军伤亡惨重告终，赵国边境再也不能耕种、放牧了。于是，赵王再派人去请李牧。李牧称病不出。赵王就强迫他去带兵。李牧说："大王一定要我带兵，我就像以前一样。如大王同意，我就接受命令。"赵王只好答应他。

李牧到了边境之后，还是延续先前的做法。这样，匈奴又好几年一无所获，仍认为李牧胆小怕事。边境的士兵每天得到赏赐却没有用武之地，都跃跃欲试，想与匈奴决一死战。于是，李牧精心挑选了兵车一千三百辆，战马一万三千匹，因立功获奖赏的勇士五万人，弓箭手十万人，组织起来加强训练。李牧又组织大规模放牧，使得到处是牛羊。匈奴先派小部队潜入，李牧假装败走，留下几千士卒与他们周旋。单于听到这个消息，就派大部队来侵犯。李牧布下奇阵，从左右两边包抄，匈奴十几万人马被消灭，又灭了襜褴国，攻破东胡，迫使林胡投降，单于逃走了。此后十几年中，匈奴再也不敢骚扰赵国边境了。

赵悼襄王元年（前244），廉颇已逃到魏国，赵国派李牧进攻燕国。李牧攻下了武遂和方城两个地方。过了两年，庞煖打败燕军，杀了燕国将领剧辛。又过了七年，秦军在武遂大败赵国，并斩杀赵军十万人，赵国将领扈辄也被杀。于是，赵国派李牧为大将军，在宜安打败秦军，赶走秦将桓齮。赵王封李牧为武安君。又过了三年，秦军进攻番吾。李牧击败秦军，又向南抵御韩国和魏国。

赵王迁在位第七年（前229），秦国派王翦进攻赵国，赵国派李牧、司马尚率军抵御。秦国又以重金贿赂赵王的宠臣郭开，让他实施反间计，造谣说李牧、司马尚要谋反。赵王便派赵葱和齐国将军颜聚取代李牧。李牧不接受命令，赵王派人伺机逮捕并杀害了他，司马尚也被撤职。三个月之后，王翦大举攻打赵国，大败赵军，赵葱被杀，赵王迁和颜聚被俘虏，赵国灭亡了。

【评述】

千古兴亡，皆因人事。正如司马光所说："自古昔以来，国之乱臣，家之败子，才有余而德不足，以至于颠覆者多矣"，"挟才以为恶，恶无不至"，"其智足以遂其奸，勇足以决其暴，是虎两冀者，其为害岂不多哉!"（《资治通鉴·周纪一·周威烈王二十三年》）战国时期赵国郭开，就是这样一个"国之乱臣"，令强大的赵国毁于一旦。

郭开，平时善于谗媚钻营，颇得赵王欢心。但只因与廉颇有宿怨，在国难当前时，他不顾国家安危，用贿赂和谣言阻止了赵王重新起用廉颇。他又收受秦国重金，帮秦国除掉了屡战屡胜的名将李牧。就在李牧死后一年（前228），赵王被俘，强大一时的赵国灭亡。

郭开毁赵，并不是一个独立的事件。历史上用媚臣而吃大亏者，何止一个赵王？秦始皇用媚臣赵高，赵高亡秦；唐明皇用媚臣杨国忠、李林甫，生"安史之乱"，唐明皇皇冠落地。宋朝有高俅、秦桧，元朝有阿合马，明朝有刘瑾、严嵩，清朝有和珅，等等，不知有多少忠臣名将死于这类小人黑手。这类小人能让在上者"绝对放心"，对下则"毫不留情，甚至可以在一段时期内让在上的人毫不察觉，让在下者不敢言半个不字。郭开在赵国存亡绝续之际，收受秦国贿赂，诋毁李牧，灭亡赵国。此所谓“偏听亡国”也。

（刘杨注译　窦红玉评述）